ブラッドフォード・キーニー［著］■松永秀典［訳］
ブッシュマン・シャーマン
エクスタティックなダンスで
スピリットを呼び覚ます
Bushman Shaman
Awakening the Spirit Through Ecstatic Dance
by Bradford Keeney

コスモス・ライブラリー

世界中のヒーリングの知恵の保存を使命とする
リンギングロックス基金に捧げる

謝辞

いつもそばにいて愛情あふれる支援をしてくれた妻メヴ・ジェンソンに最大の感謝を捧げたい。そして、いつも親切で楽しい存在でいてくれた息子のスコット、ありがとう。彼は現在のフィールドワークのテクニカル・アドバイザーでもある。

カラハリのすべての師たちへ。あなたがたの確固とした導きと友情に感謝の意を表します。私たちは一緒にダンスすることを決してやめないだろう！

親愛なる友人で同僚のナンシー・コナーに深く感謝する。彼女が運営するリンギングロックス基金は、文化固有の伝統的な知恵の保存を支援している。この基金は、ひとりひとりの人がこの世界に確かな変化をもたらすことができるという希望を示している。ありがとう、ナンシー！

旅行会社を経営している友人のパディ・ヒルに特別な感謝。彼はカラハリの仕事になくてはならない存在だ。

そして最後に、この原稿の編集に貴重な力添えをいただいたスーザン・デヴィッドソン、ミーガン・ビーゼレ、そしてジョン・リンシカムにお礼を申し上げる。

日本語版への序文

私は本書の日本語訳が出版されることを特別うれしく思っています。本書で私は、現存する最古の文化である南部アフリカのカラハリ・ブッシュマンのもとにどのようにして導かれたのか、そして、どのようにしてその伝統的ヒーラーである「ヌツォム・カオシ」と認められるに至ったのかを書きました。これまでに、私はアフリカの村々からアマゾン熱帯雨林の奥地まで、文明から遠く離れた多くの場所を訪ねました。この長い人生の旅路の中で、私は二十世紀最高のヒーラーに出会うことができました。さまざまな文化のヒーラーから学んできた中で、ひとりの人物がひときわ高く私の中に存在しています。日本の大隅伊久子先生がその人なのです。

大隅先生は私にとって第二の母親のような存在です。私は大隅先生から、「生気」を活性化して人を癒す日本古来の技法である「生気術」を教わりました。大隅先生は生気術の達人でした。ほかにも生気という言葉を使う人はいますが、大隅先生は霊的な能力にも恵まれ、奇跡のような治療をされました。大隅先生の先祖に栄存法印《えいぞんほういん》という人がいて、栄存法印を祀る神社が、宮城県石巻市の牧山《まきやま》山頂近くにあります。そこで大隅先生は、自分が病気を治す人になることを子供の頃に告げられました。私はたびたび日本の大隅先生を訪ね、大隅先生も何度か合衆国の私の家に来られました。そのような交流ののちに、大隅先生に連れられて栄存法印の神社に行きました。そのご先祖の神社で、大隅先生は生気術を私に伝達する儀式をされたのです。

本文中にもあるとおり、私は自分が学んできたさまざまな文化の伝統的なヒーリングの映像を、大隅先生に見てもらいました。ブッシュマンのヒーリングダンスを見たとき、先生は感激して「生気！」と叫ばれました。世界最古のヒーリングの営みの中に、ご自身のヒーリングの方法を認められたのです。普遍的なライフフォースをさす日本の古い言葉である「生気」は、大隅先生が一生をかけて探求されたものです。大隅先生は日本だけでなく欧米でも多くの人を治療されました。最先端の

大隅先生と著者

病院が治療を諦めた患者もしばしば治されました。また、一生にわたって体内にもち続けることができる生気を多くの人に注入されました。大隅先生の患者の中には、科学者や芸術家や、大企業の経営責任者もいました。先生はご自身の方法で現代日本の発展に重要な貢献をされたのです。すなわち、それらの人たちに生気を注入することによって、彼ら自身のもつ創造性と人生の目的に目覚めさせたのです。その結果、その人たちは、新たなエネルギーと創造性、インスピレーション、そして目的をもって、科学や芸術の分野で発明や発展をもたらしたのです。

大隅先生は二〇〇八年にこの世を去られましたが、先生の生き方には、古い日本の良さと新しい日本の良さの両方が含まれていました。もしあなたが大隅先生と会うことができたなら、武家の伝統を感じると

ともに、時代を超えた修練と他者への献身が伝わってくるのを感じたでしょう。大隅先生に会った人はみんな同じことを言いました。大隅先生はこれまで出会った人の中で最も献身的で、稀有な集中力をもつ天賦のヒーラーだと。私はこの日本語版を、傑出した人間存在であったわが師、大隅伊久子先生に捧げます。

この本に書かれている話のいくつかは、まったく途方もない、信じがたいものであることを私も承知しています。私もまた、自分が体験したことでなかったなら、そのような話を理解することも、受け入れることもできなかったでしょう。しかし、この世界は偉大な神秘に満ちています。そして、一部の人は、その神秘を普通の人よりずっと容易に見たり、聞いたり、それに触れたりできるのです。私たちの心が理解し、説明できる範囲を超えたところに、私たちを生かし、創造的にする脈動《パルス》、律動的《リズミック》な流れ、「電流」があるのです。この本は、どのようにすればこの生気の脈動、すなわち生命そのものの流れにつながることができるかに関する、私自身の経験に基づく証言なのです。

私たちの時代の最も偉大な師、偉大な人間存在を生み育てた日本文化の深いルーツに私は感謝していいます。読者の方々が、大隅先生がされたように生命の神秘に耳を傾け、全力でその神秘を求める気持ちに心底からなっていただければうれしく思います。そのようにしてはじめて、大自然は私たちの前にその姿を現すのです。

私は、大隅先生にあてて詩を書きました。今この詩を日本の読者に贈りたいと思います。

空《から》の器《うつわ》から

手当ての拍動が生まれる。
大自然とつながる大いなる母が
不完全で、病み、疲れた人たちを
包み込む。

もう一度聞かせてください。

何もしないで、何にもなろうとしないで。
ただ静かにじっとしているのですよ。
動かされるまで待ちなさい。
力を入れずに動きなさい。
さあもう一度、
この運動になりきりなさい。

そう、こんなふうだった。
この完全に受動的な、日々の修練。

人に尽くしては深く頭を下げる、
その果てしない繰り返し。
空《から》の器《うつわ》となって、
無上の慈悲で癒す、
岩のように確かな母。

大自然こそが私たちのグレートマザーなのです。その生命力あふれる存在は、私たちの創造性をさらに刺激しようと待ちかまえています。私の人生の物語には多くの人の教えが書かれていますが、それらはみな別々のものではなく、互いに深く関連しています。読者の方々には、人間社会の始まりのときから知られていたこの神聖な円環と運動に加わっていただきたいのです。言葉を超えたところにあるこの真実を追求する営みが世界中にあります。それらの伝統をすべて尊重しましょう。それらは、同じ生命の大海につながる一筋一筋の流れにすぎないのですから。

ブラッドフォード・キーニー

ブッシュマン・シャーマン
エクスタティックなダンスでスピリットを呼び覚ます

◎

目次

一　大いなる愛《ザ・ビッグ・ラヴ》

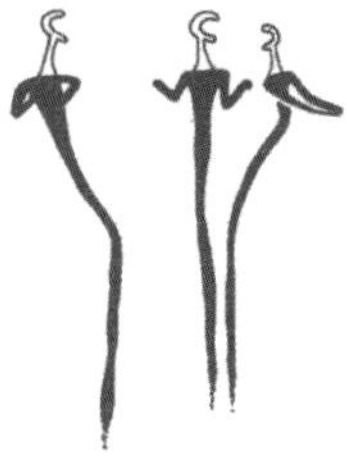

ミズーリ州セントジョーゼフのむし暑い八月の夜、伝道師の祖父W・L・キーニーは信仰復興《リバイバル》集会で説教をしようとしていた。

「今夜はイエスの御名《みな》のもとに、みんなで主を讃えましょう。」

祖父は赤レンガ作りのサバンナ・アベニュー・バプテスト教会の入り口に立って、人々を出迎えている。教会の入口の上には光り輝く十字架がかかっている。

「さあ、お入りなさい。遠慮はいりません。主のもとでともに喜びましょう。」

通路には、長椅子に座れなかった信徒のために折りたたみ椅子が並んでいる。会衆であふれかえった礼拝堂を見渡しながら祖父は続けた。

「みなさん、今夜、ここは暑いかもしれません。しかし、こんなことを私に言った人があります。ここを出て行けば、もっと暑い場所が待っている。」

ねばつく空気から少しでも逃れようと、会衆が持つ団扇《うちわ》が説教のリズムにあわせて動く。

「さあ、〈セイ・アーメン・サムボディ〉を歌いましょう！」

祖父の呼びかけに応じて、会衆から何度も太い唸り声が轟く。まるで嵐がすぐそこまで来ているようだ。教会の建物の中で今にも雷と稲光が炸裂しようとしている。

私はずっと、祖父は背が高い人だと思っていた。一九五センチまでいかなくても、一九〇センチ近くはあると思っていた。私は祖父を「パパー」と呼んでいたが、私の息子が大きくなったときに初めて、祖父がさほど長身ではなかったことに気づいた。実際は、祖父は一七五センチくらいだった。父の説明によれば、みんな祖父《パパー》は背が高いと思っていたが、それは祖父《パパー》にカリスマ性と情熱があったからであり、祖父《パパー》が示す深い共感、ユーモア、輝く笑顔のせいであり、そして何よりも、祖父《パパー》の響き渡る声が周囲を明るくしたからだった。

W・L・キーニーは、誰よりも気迫にあふれる伝道師だった。一九六三年のあの信仰復興集会《リバイバル》の夜、十二歳だった私は、真っ赤な蝶ネクタイをしめて祖父のすぐ後ろの椅子に座り、会衆と向き合っていた。人々の目は、神の福音を語る祖父に釘づけになっていた。みんなは、真剣に語る祖父を見つめながら柔和な表情を示すかと思えば、ときに大笑いもした。というのは、祖父《パパー》が、絶妙のタイミングでユーモアをはさむからだ。ハンカチも出番を待っていて、祖父の話が琴線に触れると涙を流す人もいた。

祖父《パパー》の説教のパターンはこうだ。まずソフトに語り始め、次第にドラマチックに盛り上げて緊迫した場面を創り出し、息抜きにユーモラスな話を織り込む。それから、まるで機関車がパワー全開で蒸気を噴きながら動き始めるように、祖父は汗をかき始め、音量を徐々に上げていって、ついにはライオンのように吼《ほ》えた。祖父の兄や弟、つまり私の大おじたちは、祖父のことをミドルネームで獅子《レオ》と呼んだ。それは、説教で最高潮を迎えたときの祖父《パパー》にぴったりの名前だ。

もしも読者の方々がその場にいたら、祖父が吼えるときには白いドレスシャツが汗でびっしょりになっているのに気づいただろう。説教がこの段階になると、祖父は足で床を踏み鳴らし、腕をふりまわし、こぶしで説教壇を叩き、前へ後ろへと忙しく動きながら、全身を使って説教をした。そして、福音《ふくいん》伝道の熱いエネルギーを生み出す発電機となって、まるで火の玉のように叫ぶのだ。これが、「主を賛美して叫ぶ《シャウト》」と言われる昔ながらの福音伝道の説教だ。人々は祖父のことを教区いちばんの「福音伝道師《シャウター》」だと言っていたが、私はそれを一度も疑わなかった。

伝道中の祖父は、興奮するにしたがって顔がだんだん赤くなり、呼吸が荒くなって体が自然に震え出し、熱狂状態に入る。教区の人たちが祖父のことを、「説教するたびに入信を繰り返しているようなものだ」と得意げに話していたのを思い出す。祖父があえぐと、会衆も同じようにあえぎ、祖父が涙で声を詰まらせると、会衆も涙をぬぐった。興奮の頂点で祖父は突然声を落として、静かな声でやさしく、神の救いや慈しみや許しについて、そしてキリスト再臨によってもたらされる恵みについて、その場であふれるように語った。聖歌隊が「『我に来よ』とイエス君《きみ》は（Softly and Tenderly）」や「勲《いさお》なき我を（Just As I Am）」を歌い始めると、会衆は神秘の力で前に引っぱられるように感じた。会衆は説教壇の前に進み出て祖父《パパー》の手をとって泣いた。祖父は、古い賛美歌「刈り入るる日は近し（Bringing in the sheaves）」にあるように、人々の心に信仰を植えつけ、実らせる名人だった。説教壇に進み出た人にとって、祖父は優しいおじいさんだった。祖父はそこでみんなを熱く支持し、スピリットの中で生まれた新しい命を大声で祝福した。

祖父《パパー》は地獄の業火について話すこともあったが、天国の平和な愛の宮殿に昇りつかずに話を終えることはなかった。バプテスト派の保守グループや、天罰や自分勝手な道徳をテレビで流している「福音伝道師」と異なり、祖父《パパー》は愛を説くことに誠実であり続けた。「神は愛だ。私たちの人生を変える大いなる愛《ザ・ビッグ・ラヴ》だ」と祖父は繰り返した。説教で祖父は、この言葉「大いなる愛《ザ・ビッグ・ラヴ》」を大声で叫び、小声でささやき、この愛のために涙を流した。祖父の説教は、人々の心を変える力をもっていた。人々は「大いなる愛」が毎日の生活の中に現れることを望んだ。

祖父母、両親、妹と著者

祖父《パパー》には秘密もあった。世界の未来をヴィジョンで見る不思議な予知能力をもっていたのだ。祖母や父から聞いたなかに、こんな話もあった。

「おじいさんは第二次大戦がどのようにして終わるかを、原爆が発明される前に預言していたんだよ。」

祖父《パパー》は釣竿を使ってその不思議な行為をしていた。祖父の釣り好きはよく知られていたが、釣りをしている時間のほとんどは、何もせずただ静かに水面を見つめていただけだったことを知っている人はいなかった。

私が子どもの頃、祖父は、自分の人生で偉大な神秘がいかに重要であるかをよく話してくれた。しかし、それが何のことなのかを明確に説明してくれることはなかった。高校生の頃、祖父は毎朝、ほかの家族が起きだす前に私に朝食を作ってくれた。蜂蜜を塗ったビスケットとフライド・グリーン・トマト［注1］を食べながら、祖父はよく自分の神秘体験をそれとなく話してくれた。そして長い間合《まあ》いをおいてから、ウィンクをして笑みを浮かべながらこう言った。

「いつかおまえにもわかるだろうよ。」

私はごく小さい頃から「大いなる愛」を信じていた。祖父の教会でも父の教会でも、信者が礼拝堂の通路を歩いていって、みんなの前で信仰告白をして、「『大いなる愛』を全面的に受け入れます」と言うと、その人の人生が大きく変わるのをこの目で見ていた。祖父も父も、大いなる愛の伝道者だった。ふたりとも、傲慢で二元論的な「審判主義者《ジャッジメンタリスト》」［注2］とはまったく逆だった。真に神を愛する人から見れば、審判主義者はキリスト教にとって恥ずべき存在だ。あるいは「根本主義者《ファンダメンタリスト》」［注3］たちも、いちばんの根本であるキリスト教のアガペとは正反対のことをしている。アガペは、苦しむ人を糾弾するのではなく、許し、救う愛だ。

父は、「自分はビル・モイヤーズやジミー・カーター［注4］のような南部バプテスト派［注5］だ」と言い、社会的不正と戦い、福音《ゴスペル》によって社会を変革することに身を捧げていた。父にとってイエス・キリストは、心の革命を創始した急進的な人だった。私は、父の書斎にある本を読み、『キリストに従う（The Cost of Discipleship）』を書いたドイツの神学者、ディートリッヒ・ボンヘッファー［注6］の思想に影響された。ボンヘッファーはナチスの人種差別的ナショナリズムに反対して、フロッセンビュルク強制収容所で絞首刑にされた人だ。ハーバード神学校の進歩的文化神学者ハーヴェイ・コックスもまた、私の知的想像力をとらえた。彼もバプテスト教会で育っていた。

私もまた、若き日の情熱をかたむけて、大いなる愛にすべてを捧げることを誓約した。私は十二歳のときに初めて、父の教会で礼拝堂の通路を前に進み出て信仰告白をした。そして、十代のあいだに再度、神への奉仕に身を捧げることを誓約し、みずからの信仰を次のようにみんなの前で明らかにした。

「神の愛——私は今それを大いなる愛《ザ・ビッグ・ラヴ》と呼んでいる——は、唯一、命を捧げるに値するものであり、全身全霊を捧げることができる唯一の使命です。」

思春期を通して、礼拝のときの私の居場所はピアノの前だった。私は、教会ピアニストとして会衆に奉仕した。音楽は、大いなる愛を、言葉だけでは決して表現できないところまで表現できるもののように思われた。日焼けした農夫や、頑丈で分厚い手をした肉体労働者や、スーツを着た医者や、少数のビジネスマンが集まる前で、私は指を鍵盤上で走らせるオーソドックスなアルペッジョを交えながら伴奏した。会衆はみな並んで立ち、自分の思いを古い聖歌の歌詞に乗せて歌った。彼らは、いわゆる「フィーリング」に満ちあふれた音楽によってしっかり結びついていた。私の役割は、ピアノで音楽に躍動感を付加して、そのフィーリングを増幅することだった。そのとき私は、スピリットを呼び降ろす際にいかに音楽が重要かということを学んでいることに気づいていなかった。音楽は、世界中のシャーマンが最も古くから使ってきた道具なのだ。

音楽をジャズにしてしまう才能は、母方の祖母であるベス・グナンから受け継いだものだ。祖母は小さい手でピアノを自在に弾き、ソフィー・タッカー［注7］のように歌った。私は、祖母が体をゆすりながら歌うのを聞くのが好きだった。彼女の血統をさかのぼればどこかにアフリカの先祖がいるといわれていた。それは、私の母と祖母が体を動かしながら歌っていた様子や、親戚中のだれの記憶にも残っていないずっと昔からの言い伝えに基づいていた。子供ながらに私の無意識の心は、何らかのかたちでアフリカにつながっていると感じていた。

説教壇のうしろに立つ祖父の力強い存在は、スピリットとの関わり方をまさに身をもって教えてくれていたのだが、当時はそれに気づいていなかった。それは、スピリットを自分の心の中に導き入れ、体がエネルギーに動かされるにまかせるという方法だ。私は、サンクティファイド派のブラックチャーチ［注8］の教会員になるよう刻印《いん》されていたのだ。のちに私は、サンクティファイド派のブラックチャーチで、「アフリカの電気を帯びた身体《アフリカン・ボディ・エレクトリック》」と私が呼ぶ体の動きを初めて目にすることになる。信者たちの体はすっかりスピリットで満たされ、主《しゅ》を讃えて叫ぶだけでなく、勝手に踊り出すのだ。「アフリカの電気を帯びた身体《アフリカン・ボディ・エレクトリック》」には、ブルースやゴスペルや、ジャズのリズムやコードから、アフリカのセレモニーでみられる体の震えや熱狂やダンスまで、魂あふれるさまざまな個性的表現のすべてが含まれる。

田舎の教会で子供時代を過ごし、躍動するリズムに喜びを感じていた私が、ブラックチャーチと結びついてもなんの不思議もない。しかし、ボツワナとナミビアのカラハリ砂漠まで出かけて行って、現存する世界最古の文化を生きているブッシュマンの人たちと一緒にダンスすることになろうとは、想像さえしなかった。実際、ブッシュマンはみずからを「最初の民《ファーストピープル》」と呼び、自分たちがスピリットを呼び降ろす最初の方法を行っていると言う。アフリカで私は、ブラックチャーチで見たよりももっと変化に富んだ自動的な体の動きを初めて目にした。それは、「アフリカの電気を帯びた身体《アフリカン・ボディ・エレクトリック》」の働きによって、無意識のうちに自然に生じていた。

自分でない声で喋ったり、スピリットに突き動かされて踊ったり、歓喜の叫び声を上げたりといったスピリットの表出は、のちにサンクティファイド派のブラックチャーチで私も慣れ親しむようになった。しかし、ブッシュマンの人たちとのダンスではさらに高いエネルギー空間に入って行き、そこで出される声や、体の動き、ヴィジョン、体の触れ合いは、それまでの私の経験をはるかに超えるものだった。ブッシュマンの人々の中でそのような経験ができたのは、スピリットに満たされた父と祖父の教会で私の中にまかれた種が、多くの人々の喜びや深い悲しみを吸収して育ち、開花して実を結んだといえるかもしれない。

私は、ブッシュマンのスピリチュアルなヒーリングの伝統の一端を担うようになることを、自分の運命として受けとめるようになった。彼らは私を導き、彼らのスピリットの世界の奥深いところまで入らせてくれた。彼らはそれに対して何の見返りも求めず、また、私が大いなる愛《ザ・ビッグ・ラヴ》をどのように受け入れ、人にどのように伝えるかについて、何の制約もしなかった。

成人してミズーリを離れた私は、世界中を旅して多くのシャーマンや、ヒーラーや、スピリチュアルな師たちに会った。彼らは異なる言語を話し、異なる服を着ていたが、共通するものがひとつあった。それは、いちばん大切なものが大いなる愛だということだ。長い旅の中でわかったことがある。目には見えず名もないが、大いなる愛を信じる者たちが一堂に会する特別な場所があるのだ。スピリットが融合して一体となるこの場所にある祭壇は、すべての存在に対して裁きではなく、許しと、深い思いやりと、慈悲をもたらす。さまざまなスピリットや霊が集うこのふるさとでは、神は大いなる愛だ。

私は人生をとおして、大いなる愛を探求してきた。その中で私は「アフリカの電気を帯びた身体《アフリカン・ボディ・エレクトリック》」も繰り返し体験した。それは、スピリットの源泉へと私たちを導いてくれる方法だ。そのとき体は、即興的な動きで歓喜を表現する。私は、大いなる愛のために闘う志願兵となり、永遠の歓びを求めてスピリットの世界を旅する巡礼者となり、愛にあふれる精霊《ホーリー・ゴースト》の代弁者となった。私がそうなったのは、カラハリ砂漠で神と出会ったからだ。「コカコーラのビンが空から落ちてきた」というシーンで有名になった映画『コイサン・マン』［注9］に出てくる、あのブッシュマンの人々の中で神を見出したからなのだ。

本書に記した私の人生の物語は、神というものがどれほど本当に途方もない《クレージー》かを示すものだ。神の愛は、私たちを完全な満足と幸せで満たす、途方もない愛なのだ。神は大いなる愛を運ぶ。そして、ブッシュマンの場合と同様、私たちの体を神を祝福する道具に変え、避雷針になった私たちにいつスピリットを落としてくるかわからない。このようにして、途方もない知恵にあふれた愛の神は、その存在を素直に受け入れるすべての人たちを根本から変えるのだ。

本書は、神が確かに存在し、私たちに力を貸してくれることを示す私の証言だ。その神の尊い名前は、「大いなる愛《ザ・ビッグ・ラヴ》。」

［注］

1　フライド・グリーン・トマトは、輪切りにした青いトマトに小麦粉をつけて、少なめの油で揚げ焼きにする米国南部の郷土料理。

2 審判主義《ジャッジメンタリズム》は、最後の審判を重視し、戒律を重んじる考え方。

3 根本主義《ファンダメンタリズム》は、二十世紀初頭に米国に起こったプロテスタント教会の教義で、聖書の記述、特に創造説・奇跡・処女受胎・キリストの復活などをそのまま信じることを信仰の基本とする。

4 ビル・モイヤーズ（一九三四年～）は、米国のジャーナリスト。エミー賞（米国でテレビに関連した業績に与えられる賞）を三十回以上受賞。ジミー・カーター（一九二四年～）は、第三十九代アメリカ大統領（一九七七～一九八一年）。二〇〇二年、ノーベル平和賞を受賞。

5 アメリカ合衆国の南部州では、プロテスタント信者の入植により、初期には聖公会、長老派などのプロテスタント系教会が広まったが、その後、十九世紀にバプテスト教会系の宗派によるリバイバル（信仰復興）運動が人気を集め、バプテスト派が主流を占めるに至った。リバイバル運動は、薄れつつあった信仰心を復活させようとするもので、リバイバリストは優れた説教家であった。

6 ディートリッヒ・ボンヘッファー（一九〇六～一九四五年）は、ドイツの福音ルター派神学者。一九三〇～三一年には米国に留学。邦訳『キリストに従う』は、森平太訳、新教出版社、一九六六年。

7 ソフィー・タッカー（一八八四～一九六六年）は米国の歌手。アフリカ系アメリカ人の音楽の影響を受け、彼らから歌のレッスンを受けて、作曲も依頼した。初期の頃、マネージャーから「太っていて見苦しい」と言われたのを機に、顔を黒く塗ってピアノの弾き語りをするようになったという。

8 合衆国のブラックチャーチ（黒人教会）はプロテスタントのバプテスト派とメソジスト派が主流だが、ほかにホーリネス系とペンテコステ系を併せてサンクティファイド派とよばれるプロテスタントの一派がある。サンクティファイド派教会ではアフリカ的な熱い礼拝を行い、メンバー間のつながりが強い。楽器を多用した音楽とリズム、そして「精霊に満たされること」を重視する。ここでの音楽がゴスペル音楽の母体となったという。

9 原題は *The Gods Must be Crazy*（神は途方もない存在にちがいない）。

I　ミズーリでの至福体験

一九六九年五月、高校生だった私は、国際的な科学論文コンテストに「ハイドロコーチゾン、インシュリン、エピネフリンが試験管内肝臓組織中のグリコーゲン量に及ぼす影響」というタイトルの論文を提出して最高の賞をもらった。私の受賞は「小さな町の少年が大きな賞を受賞」というトップ見出しとなって『カンザス・シティ・スター』紙の一面を飾った。

実験器械と著者

小さな町とはミズーリ州スミスヴィルのことだ。この町は平凡な農業の町で、リトルプラット川が毎年春に増水して町中が水浸しになることで知られていた。五百年に一度といわれた一九六五年の大洪水では、町全体が荒れ狂う濁流にのみこまれた。川の水位がどんどん上昇し、ついには橋の高さを越えて、泥混じりの水が一気にメインストリートに流れ込んできた、こんなドラマのような光景が脳裏に残っている。町に流れ込んだ濁流は、みるみるうちに急流になった。救助隊は、家や倉庫の屋根の上に避難した住民を、ボートやヘリコプターで救助してまわった。雨は何日も降り続いた。「ノアの洪水もきっとこんなだったに違いない」と思ったのを憶えている。

水が引くと、父は信者を呼び集めた。そして、大洪水にもかかわらず教会の聖書が水に濡れずにすんだことをみんなに伝えた。洪水は教会の天井近くまで達したが、聖書が入っていた祭壇はずっと水面に浮かんでいたのだ。ほかのものはすべて泥まみれになったにもかかわらず、聖書だけが濡れずにすんだのはちょっとした奇跡だった。みんなはこの出来事に強く勇気づけられて、みずからの手でごみの山を片づけて、日常生活をとり戻すことができた。集まった信者たちが礼拝から帰ったあと、私は自分の目で確かめるために、聖書の置かれているところへ行ってページをゆっくりめくってみた。確かにどのページもまったく濡れていなかった。私は、「これは神がなせる業《わざ》だ」と言った父と祖父の言葉を受け入れた。

このできごとは、私の信仰心が芽生え、育つもとになった体験のひとつだ。子供のときから私は自分の聖書を読み、毎晩祈りを捧げていた。そのようにすると気持ちが落ち着くように感じられたからだ。子供の頃、自分の家の教会で不愉快な思いをしなかったのは幸運だった。教会に行き始めた頃につらい体験をしたという人の話をときどき耳にするが、最大の悦びをもたらすべき教会が、その使命をきちんと果たさないのは悲しいことだ。私にとっては、スミスヴィル第一バプテスト教会の隣にある牧師館で暮らし、十三歳で教会ピアニストになったことは幸せ以外の何ものでもなかった。このようにして子供時代に十分に信仰心を育ててもらったことに、私は心から感謝している。子供の頃の私は、科学実験も、そしてもちろん、ジャズピアノも大好きだった。私の生活は、教会と、科学と、ピアノから成り、この三つの世界を存分に楽しむことができた。

ある意味で、スミスヴィルは時間が止まった町だった。わが家の近くには鍛冶屋があって、朝から晩まで仕事をしていた。ほとんど毎朝、ハンマーが鉄敷《かなしき》を打つ音で目を覚ました。妹と二人で大きく開いた鍛冶屋の入り口から中をのぞくと、フル稼動するふいごと燃えさかる火が見えた。この鍛冶屋はいつもたくさんの仕事をかかえ、黒くて長いエプロンを巻いた職人たちが、工具を手に休みなく働いていた。

ふた筋ほど離れたところにある床屋は、一九二〇年代からまったく変わっていないと言われていた。壁のひとつには、犬がポーカーテーブルでトランプをしている絵が飾られていた。私が好きだった絵は、散髪台のまうしろの壁に掛けられていた絵で、ベーブ・ルースがホームランを打つ前に外野席を指差した、あの歴史的瞬間を描いたものだ。友達や私はこの散髪屋に行くたびに、ルースが打ったボールはどんなに遠くまで飛んだんだろう、メジャーリーグでホームランを打ったらどんな気分がするだろう、などと空想にふけったものだ。

この町にはハンスという年とった農夫がいた。ハンスはトラクターを使おうとせず、鋤で畑を耕していた。誰もハンスが人と話しているのを見たことがなかった。しかし、毎年木の芽どきになると、畑に出て黙々と働くハンスの姿があり、それは町の人にとって日常の風景となっていた。あるとき、ハンスが荷馬車に乗って道路を走っていると、丘の向こう側から急にトラックが現れ、衝突が避けられなくなった。荷馬車のうしろの金属の棒にトラックが触れた瞬間、年とったハンスとその妻は空中高くはね上げられた。ところがふたりとも、牧草地に干し草を積み上げてあったまさにその上に無事着地したのだ。この話が町の人たちをどんなに喜ばせたことか。今も人々に語り継がれている。

小さな町で噂になる人物はほかにもいた。町の貯水池の水質検査と水処理を担当していたロビン・ウィリアムズは、独学の詩人で、発明家でもあった。私はよく午後からロビンの仕事場に行って、彼が湿地用エアボートに似た奇妙な乗り物を作っているのを見て過ごしたものだ。中西部特有の吹雪が吹きすさぶ日に、ロビンはそれをそりにして道路を飛ぶように走った。ロビンの最高傑作は、古い蒸気機関車を自動車風に改造した乗り物だ。ロビンはこの車で田舎道を走って、州の共進会（農産物品評会）に通っていた。

また、ルーベンという人がいた。彼には家がなく、列車で放浪の旅をしているとき以外は、町の鶏小屋で寝ていた。一九六五年七月の大洪水のとき、ルーベンは銀行の屋上に避難して、すぐ下を濁流がごうごうと流れているときも、いびきをかいて寝ていたという。字は読むことができ、列車の中では本をむさぼるように読んでいた。彼はまるで世界中のあらゆる国に行ったことがあるような話し方をした。子供の私には、本を読んで行った気になっているだけなのか、それとも実際に行ったことがあるのかまったくわからなかった。おそらく全部嘘でも全部本当でもなく、実際のところはその間なのだろう。父が伝道集会でルーベンに洗礼を施した夜のことを憶えている。そのとき、ルーベンが救われたという噂がまたたくまに町中に広がった。それは小さな町では大ニュースだった。

そんなスミスヴィルの住民のひとりが、国際的な科学論文コンテストで一等をとるなどということは、想像を超えた快挙と受けとられたかもしれない。しかし、その背景を考えればありえないことではなかった。

私の生活は、教師だった母のおかげで、本と実験器具と音楽で満たされていた。私は、ピアノと、専用書庫と、三つの地下実験室とともに大きくなったのだ。母は、ロケットを作る計画であれ、古いラジオの収集であれ、ジャズバンドを始めることであれ、私が考え出した夢は何でも全面的に応援してくれた。私はそんな家で学び、遊び、眠り、夢見ていた。

高校の頃によく聴いた音楽は、ラムゼイ・ルイス、オスカー・ピーターソン、ビル・エヴァンス、スタン・ゲッツ、ルイ・アームストロング、それにエロル・ガーナーで、なかでも、音楽の喜びを教えてくれたいちばんのミュージシャンはエロル・ガーナーだった。他方では、アルバート・シュバイツァーをはじめ、さまざまな神学者の宗教関係の著作に親しんだ。私は自分の世界、自分の洞窟の中で暮らしていた。そして、すばらしい家族と家に恵まれていることを、毎夜の祈りで神に感謝していた。

しかし、あのころの私がユートピアで暮らしていたかのように思われたとすれば、それは事実とは異なっている。私は、年に数回は病院の酸素テントに入る、病弱でちっぽけな子供だった。慢性気管支喘息から肺炎になって死にかけたことも何度かあった。町の医者や看護師はまるで家族のようだった。子供時代に何度も病院で過ごした体験は、優しく触れるという触覚的コミュニケーションが人間の健康にいかに大切かを教えてくれた。

私が初めて宗教体験を経験したのは十二歳のときだった。ある伝道集会で、近くのバプテスト大学の宗教学科長だったデヴィッド・ムーア博士が、「主とともに走るのは簡単だが、毎日の一歩一歩を主とともに歩むのはとても難しい」と説教するのを聴いた。憶えている言葉はこれだけだが、その集会の最後に、会衆が古い賛美歌「恵み深きみ声もて（Softly and Tenderly, Jesus Is Calling）」を歌い出したとき、体が熱くなってぞくぞくとうずくような感じがした。体の中の何かが熱せられているようだった。私はいちばんの親友ロニー・ジョンソンと並んで立っていたが、何かが私をその場所から引っぱり出そうとした。その力は私の抵抗をものともしなかった。前の席の背もたれをつかむ間もなく、足は勝手に歩き始めて父のほうへ向かった。説教壇の前に立つ父は、信仰告白と誓約をしようとする人を受け入れるために待ちかまえていた。

私は父に抱きしめられ、涙が頬を伝わるのを感じた。

父は、教会の洗礼用水槽に潜らせるという昔ながらの洗礼をしてくれた。父もまた、ずっと以前に自分の父親から川の中で洗礼を受けていた。私は、バプテスマのヨハネがイエス・キリストに洗礼をしている場面が描かれた壁画を見ながら、水槽の階段を降りていった。父は私を抱き、手を取って私の鼻をつまませた。父は、私がスピリットの世界で新しい命を受けたことを宣言し、私を水中に沈めた。そして引きあげられた。

まだ子供だったが、この儀式のもつ力は私の心を動かし、高揚感に満たされた。水からあがると、天国の聖歌隊が賛美歌を歌っているような感じがした。わが家では、洗礼は人生の中で起こりうる最も重大な出来事であり、大きな財産を手に入れたり、子供がディズニーランドに初めて行ったりするよりもはるかに重大なこととされていた。あるとき祖父は自分のスピリチュアルな生活についてこう言ったことがある。

「人は私のことを金持ちとは思わないだろうが、私は世界一裕福な男だ。心の中の財産のことを言っているんだよ」

あの洗礼は、私がシャーマンに向かって踏み出した第一歩だった。こう言うと唐突で驚かれるかもしれないが、こんなふうに考えていただきたい。シャーマンという言葉の語源であるシベリア原住民族の言葉「サーメン」は、スピリットと交流して体が興奮している状態を指す。それはまた、スピリットとの交流に目覚めた人の内部に沸き上がる熱をも意味している。さらに語源をさかのぼれば、「サーメン」は歌を意味する古代インドのサンスクリット語からきているのだ。「神聖な歌に感応して生じた熱と震動によって体が動かされる」というのは、まさにシャーマンの体験そのものだということを理解していただきたい。

私はこれまでに世界中のたくさんのシャーマンに会ってきた。私の（そして彼らの）見方によれば、シャーマンの営みの根本にあるものは神を愛することだ。そして、彼らの能力の源泉も、神への愛にほかならない。私はこの神のことを「大いなる愛《ザ・ビッグ・ラヴ》」と呼んでいる。この神は多様な顔をもっており、世界中の人々や文化に深い慈悲と恵みをもたらしている。シャーマンは、文化の違いを超えて、神を愛するさまざまの努力や営みや伝統のすべてをこよなく愛し、尊敬し、大切にするが、それは求めるものがひとつだからだ。

私も同じように感じる。私も大いなる愛に従うすべての宗教に共感するし、大いなる愛を受け入れるあらゆる方法に惹《ひ》かれる。私はこれまでの人生でさまざまな宗教を探究してきた。そうするなかで私は、表面上は違っていても、その中心には同じ教えがあることを見出した。同じ教えとは、神の愛をとおして人を愛するということだ。神の手に触れられると、人は神から贈り物を受ける。それは心の内部のスピリチュアルな熱として感じられるかもしれないし、歓喜に満たされたダンスかもしれない。あるいは、神聖なヴィジョンを見るかもしれないし、神を賛美する歌が聞こえてくるかもしれない。大いなる愛から何度も贈り物を受ける人はシャーマンだ。神の深い恵みに触れて涙を流したことのある神秘家、行者、巡礼者、聖者は、みなシャーマンだ。私は、人々が神の愛にたち戻る手助けをしたい。そして神の愛に触れることが、すべての宗教や、スピリットに満たされた人生における根源的な経験であることを知ってもらいたい。スピリットが体内に留まるようになると、想像を超えたすばらしい出来事が起こるようになる。たとえば、人生の方向を示すヴィジョンを見たり、神話的なイメージの中で示唆を得たり。あるいは、裏庭の木を抱きしめたり、教会や寺院に行きたくなったりするかもしれない。

祖父について家族が好んで話すエピソードがある。宣教師だった祖父キーニーがまだ若かった頃、田舎の教会へ馬に乗って出かけて行って、伝道集会の説教をしていた。ある夜の礼拝のこと、町でいつもトラブルを起こしているブラックという男が教会に乱入し、「教会の言うことなんかみんな嘘っぱちだ」と言って祖父を真っ向から挑発したあと、嵐のように立ち去って行った。ブラックは翌日の晩も仲間を連れてやってきて、教会の外から会衆をやじった。祖父は、コートを脱いで白いドレスシャツの袖をまくり上げると、聖書を頭上にかかげ、わき目もふらずに教会を出ていった。祖父はこの無法者たちの目をまっすぐ見すえながら説教し、彼らにメッセージを送り届けた。恐れを知らない祖父に圧倒されたブラックは沈黙し、まさにそのときその場で、宗教的な核心にふれる体験した。ブラックは目に涙を浮かべて許しを乞い、自らの人生を主に捧げると約束した。そして祖父は川でブラックに洗礼を施した。しかし話はこれで終わりではない。町の住民はこの出来事に大いに感動し、大人も子供もこぞって祖父に洗礼をしてもらおうとやってきた。祖父《パパー》は、最も純粋で過激な福音主義宣教師、クリスチャン・シャーマンだったのだ。

一九六九年五月に国際科学論文コンテストの大賞を受賞したとき、高校生だった私はこのような家族のサポートと宗教的雰囲気の中にいたのだ。授賞式で私は、審査員だったマサチューセッツ工科大学の入学担当責任者から、学費免除の特待生として入学を誘われた。

ところが家に帰ると、別の誘いが待っていた。私が初めて神に呼ばれたあの伝道集会で説教をしたデヴィッド・ムーア博士から、奨学生として地元の宗教大学に受け入れるという手紙が来ていたのだ。両親ともこの大学を出ていたし、祖父はその大学の卒業式で祈りを捧げたこともある。私は迷わずマサチューセッツ工科大学を断り、ミズーリ州リバティにあるウィリアム・ジュエル・カレッジへの進学を決めた。

大学一年になって、最高に居心地がよかった繭《まゆ》の中から初めて外に出た。ミズーリ州は「証拠を見せろ(show me)」というニックネームをもつ。ミズーリ州出身の私は、人の言うことは、メディアであれ、政府であれ、教科書であれ、何も信じなかった。すべて自分で確かめなければならなかったのだ。一九六九年は、六〇年代の中でも若者の暴動などで世界中が一触即発の騒然とした年だった。社会がいかに腐敗しているかを目にした私は、世の中のあり方に強く疑問を抱いた。そして、人権問題や、資本主義戦争や、地球環境の破壊・略奪に怒りを表明するカウンターカルチャー運動に近づいていった。

私はジャズピアノを弾くことが多くなり、急進的な神学文献を読むようになった。そして、『キリストのために（For Christ's Sake）』というアンダーグラウンド新聞を創刊した。この新聞で私は、世界中の精神的指導者の発言とエッセイを載せて、全面的な解放と自由を提唱した。

当然ながら、このような主張は保守的な宗教大学のキャンパスに大きな混乱をもたらした。物理学の教授は、講義中に名指しで私を「すべての元凶」と決めつけ、町で暴動が起こったのは、私が社会を批判して権威への反抗を煽《あお》ったせいだと非難した。マクスウェル・テーラー将軍〔注1〕がキャンパスに来たとき、チャペルの壁に「帰れ、マックス。恋をしろ。戦争反対」とペンキで落書きされたが、それも私のせいにされた。保守系の学生たちが学生部長に私の退学を要求したという噂を聞いて、私は大学を去る決意をした。

ウィリアム・ジュエル・カレッジで、ひとりだけ味方になってくれた教員がいた。その人は物理学の助教授だったが、ある日、私のニュースレターに賛同している学生たちを呼んでホームパーティをしてくれた。そして、不合理で不適切な非難や要求に惑わされず、私自身の気持ちに素直に従うようにと勇気づけてくれた。彼はまた、著名なインド人ヨギ（ヨガ行者）であるスワミ・ラマ〔注2〕の公開講座に誘ってくれた。それはスワミ・ラマが米国で行った最初の講演で、メニンガークリニック〔注3〕の先進的な研究者エルマー・グリーンが米国に招いたものだった。私は聴衆のひとりとして、スピリチュアルな生き方についてのスワミ・

ラマの話を聞いた。それは、当時の私にはかけ離れた世界のように思われたが、その数ヵ月後に二度目のスピリチュアルな覚醒を体験したとき、ずっと身近なものとなった。

社会的な活動によってさまざまな混乱に巻き込まれた大学生活の中で、私はリラックスとインスピレーションを求めてピアノに向かった。私はジャズを弾くようになり、ピアノトリオを結成してカンザスシティの高級ステーキ店「ハーファドハウス」で一年間生演奏を続けた。やがて音楽が、なかでも即興的に奏でる旋律が、私の心を開かせるとともに、人と強く結びつく経験を生み出してくれることに気づいた。私は音楽を通して、世界を相手に熱い恋に落ちていった。そして、「この地球と我々自身を真剣に守ろう」と主張しながらみずからの気持ちをかきたてていた。

これが、私が人生で最も重大な夜を迎える直前の状況だった。私はジャズと、社会を何とかしたいという思いと、宗教への愛で満たされた十九歳の学生だった。私は自分でも知らないうちに、生まれ直して、覚醒するという、二度目のスピリチュアルな贈り物を受け取る準備をしていたのだ。

一九七一年一月のある昼下がり、私は当時在籍していたミズーリ大学のキャンパスの歩道を、いつもと変わらない調子で歩いていた。

冬にしては異常に暖かく、おそらく気温は二十四、五度まで上がっていただろう。通常ならシャベルや鋤を持ち出して総出で雪と氷を取り除く季節だが、みな半袖シャツ姿だった。私はジャズの一節を口ずさみながらレコード店に向かっていた。そのとき、過去に経験したことのないような濃密な快感と悦びが、なんの前ぶれもなく突然生じるのを感じた。完璧な静寂、リラックス、幸福感が、私という存在の全体に広がっていった。道を歩きながら体はどんどん軽くなり、ついには体重がなくなったように感じた。不安はなかった。こんなに気分がいいのは、あまりにもすばらしい日和のせいだろうと思っていた。

しかし、この至福の感覚はだんだん強く、そして、だんだん精緻なものになっていった。まもなく私は、それまで経験したことのないある種の覚醒状態のただ中にいることに気づいた。私の意識は不自然なほどの深い静寂と、ゆるぎない平安に満たされ、言葉では表現できない人生の確かさを感じた。その瞬間、人生の意味に関するすべての疑問に即座に答えられそうな気がした。私は完璧な平和と愉悦を感じていた。しかしそれは、自分が世界の中心にいるというような感覚とは違っていた。逆に私は、個としての存在を失おうとしていた。私は、純粋な意識の中に漂っていた。この意識は、そのとき起こりつつあることを振り返ったり分析したりせず、また、そのときの喜びや驚き、あるいは好奇心や賛美を表出するのでもない。それは、覚醒と存在の全体がごく小さな一点になるまで圧縮されると同時にもとの場所に戻され、肉体的な重量や観念的な重荷から解き放たれたような感じだった。逆説的だが、小さくなることによって大きくなっていくように感じられ、時間と空間の感覚が失われていくとともに、永遠の存在に気づき始めた。今この出来事を書きとめながら思うに、私がある種の神秘体験をしていたのは明らかだ。しかしあのときは、自分の身に何が起きているかを客観的に理解することはできなかった。内的思考は完全に停止し、私はその体験と一体となっていた。

私の体は何の労力もなしに勝手に動いた。飛んでいるようだったと言ってもまちがいではない。少なくとも、筋肉を使っている感覚はまったくなく、まるで歩道の上を滑っているようだった。体は自動的に動いていた。そのとき、純粋な知の感覚にのみ焦点が合わされ、そこには自分という意識はなかった。私の体は勝手に歩いていき、大学の小さなチャペルの石段を登って行った。

中にはだれもいなかった。鉄製のシャンデリアが小さな光を灯している以外に明かりはなく、中は暗かった。十二個の木製の長椅子がゴシック様式の祭壇に向かって並んでいた。最前列まで行って腰をかけると、自分の居るべき場所に落ち着いたような気がした。何も考えず、身動きひとつせずに、黙って座っていた。そして、宇宙の調和と全体性というようなものを感じていた。

どれくらいそこに座っていたかわからない。しかし、これから述べることが夜遅くまで続いたことは確かだ。

それはまず、絶対的な愛という川に入っていく洗礼から始まった。意識の底にある知の感覚は溶解して、すべての生命に愛され、かつすべての生命を愛するという、より深い気づきに変わっていった。もっと正確に表現すれば、私は最愛の存在としっかりとつながっていると感じ、最愛の存在とは世界そのものだった。広大無辺なこの愛の大海にさらに深く沈んでいくにつれ、体の内部が熱くなり始めた。背骨の基底部が熱せられたオーブンのようにどんどん熱くなり、ついには真っ赤な石炭と一緒に燃えているように感じた。内部の熱が流動する溶岩のようになり、体が震え始めた。

起こりつつあることに対して、恐怖や不安をまったく感じなかったと言うと、奇妙に感じられるかもしれない。それは、私がその体験と二元論的な関係になかったことと関連していると思う。「体験」をしている「私」はいなかった。検証されない体験があっただけだ。本来の自我の境界は、縮小して目に見えない極小の点になると同時に、大きく広がって宇宙全体を包みこんだ。愛の無窮の大海をさらに深く沈んでいくにしたがい、はるか高みにも上昇していって、頭上の天国と足元の大地の奥深くを同時に感じていた。

内部の火の玉が背骨をゆっくりと上昇し始めた。火の玉はそれ自体の目的をもっており、止めようとするものはなにもなかった。破水のあとの胎児のように、この誕生は一つの方向に向かって着実に進行した。溶岩のようなものが背骨を這いのぼるにしたがい、熱が体じゅうのすべての細胞に広がっていき、ついにからだ全体が燃え上がった。手も足も、そして腹も。特に手は、その熱で金属さえも溶かして通過できそうなほどに感じられた。

火の玉が心臓に達したとき、私はスピリチュアルな稲妻に打たれた。それは知的な理解を超えた何かに貫かれたようだった。私の心臓は開かれた。私の心臓は破裂するのではなく、どんどん大きくなっていった。もっと正確に表現するなら、心臓と頭が最初は数センチずつ、やがて数十センチずつ、あるいはそれ以上の速度で膨張していくように感じられた。まもなく、私の体は境界を失った。心臓と頭は、すべての時間と空間を包みこんだ。

私は激しく震え、揺さぶられ、震動し、汗をかいていた。内部で燃える炎はさらに温度を上げ、内部の溶岩は蒸発して純粋なエネルギーとなって頭の中に入ってきた。この蒸気は頭頂部から外に出て私のすぐ目の前で光る球となり、それが伸びて卵のような楕円形になった。

震えは止まらず、体は沸騰し続けた。そのとき、イエス・キリストのイメージに満ちた聖なる光を見た。非常に強く集中した状態であり、イエスを見たという言い方ではその体験を正しく表現していない。私はイエスを見ると同時にその声を聞き、存在を感じた。からだ中のすべての感覚が全開し、聖なるものとの多次元的かつ全体的な接触が生じたのだ。

イエスを見つめ、その存在を感じながら、両手が火のように熱いのに気づいた。その瞬間、私はどんな病でも治せると感じた。そのあとイエスは、神聖な知恵と光を備えた人たちを示してくれた。イエスのイメージが溶けて消えたあと、十二使徒や処女マリアなど、多くの聖者のイメージが次々に現れた。そのうちの何人かは私の知らない人物だった。このヴィジョンはゆっくりと展開しながらいつまでも続いた。神秘的で多重感覚的な映像は、過去のすべての聖人がどういう人物だったかを示してくれた。ほどなく、ヴィジョンはキリスト教の範囲を超えて、世界中の宗教の真理を示すような包括的な啓示となり、ガンジー、ブッダ、ムハンマド、伝統医、シャーマン、ヨギ、神秘家など、多くの聖人のイメージが現れた。彼らはみな、光に包まれていた。

このようにして、すべての宗教とスピリチュアルな営みは、同じ源泉から発して、同じ源泉に回帰することが示された。その源泉とは、無限で絶対的な愛から生まれた神聖な光だ。この愛は、内なるスピリットの容器の中で沸騰し、その存在をわずかでも感じた人の体を震わせる。あとで知ったことだが、この光は、「神の直接の啓示」、「悟り」、「宇宙的意識」、「スピリチュアルな至福」などと呼ばれる。この光を浴びながら、私は汗びっしょりになり、とめどなく流れる涙の洗礼を受けていた。人が経験しうる最も大切な体験をいま自分がしているということに、私ははっきりと気づいていた。このとき以来、この種の体験は人が受け取ることのできる最高の贈りものだということを疑ったことはない。

いま思うに、私はこのとき、時間を超越した宇宙的な知の源泉につながっていたにちがいない。その知とは基本的に、ものごとは互いに関連しあい、生態学的《エコロジカル》に結びついているということにほかならない。すなわち、世界は、個々のものが直線的な因果関係だけで結びついているのではない。こうして私は、いわば「スピリットの給油所」へ行って、ある種のスピリチュアルなエネルギーと知とを補給されたのだ。その夜、私の心の内部は完全に「再構築」された。私は生まれ直し、まったく別の人格に作り変えられ、スピリットに関して教わるべきことをすべて、その夜に教わったように感じた。その後の私の人生は、このときに教わったものを理解するためにある。十九歳のあの瞬間から、私は体の内部にスピリットの熱をずっともち続けている。それは、スピリットと関連したものに注意を向けるとすぐに震えと震動となって現れる。

しかし、今から三十三年前のあの夜は、起こった出来事を何と呼んでよいかわからず、どう説明すればよいかもわからなかった。そしてあの体験にどう対処すればよいかもわからなかった。それから数週間が過ぎて、ようやく自分がクールダウンしてきたことに気づいた。

私の身に何が起きたのか、手がかりになりそうな本を探そうと、大学の書店へ出かけた。書棚の間を歩いていると、一冊の本が足元にころがり落ちてきた。ゴーピ・クリシュナ［注4］の自伝だった。私はこのとき初めて、「クンダリニー」〔注5〕という言葉に出会った。ヨガの言葉で内的なスピリチュアルエネルギーをさすクンダリニーがどのようにして熱せられ、活性化されるかということに関するゴーピ・クリシュナの説明を立ち読みして、私は人が自分と似た経験をしていることに驚いた。しかし、ゴーピ・クリシュナの場合はクンダリニーの覚醒が強すぎて彼自身が傷ついたという。私が純粋な愛と至福と啓示だけを受けることができたのは非常に幸運だった。初めてクンダリニーが覚醒したあのとき、苦痛や恐怖はなかった。

のちにクンダリニーと同じものに気、生気、マナ、ワカンダ、ジョジョ、ヴードゥー、マニトウ、イエソド、バラカ、ルアハ、精霊《ホーリーゴースト》、精霊のパワーなどがあることを知った〔注6〕。どのような名前であろうと、それは同じものだ。私たちはだれでも、自分自身の内部（背骨の基底部）にこのライフフォースを生み出す泉をもっており、それを目覚めさせることができる。それは、目覚めるとどんどん熱くなって脊柱をのぼっていく。私は、自分に何が起こったかを知るにつれ、なぜクンダリニーが私の中で覚醒したのだろうかと問わざるをえなくなった。偶然だったのか、それとも、起こるべくして起こったのだろうか。

私はこの世における自分の役割について、ある考えを内に秘めて成人期にさしかかっていった。人がスピリットに触れる手助けをするために、私はこの世に存在する。どのようにすればそれができるのか、直接的にか間接的にか、あるいはどんな状況でそれができるのかはわからないが……。しかし一方で、私の内部にある熱を、あのときと同じ強さで再び活性化させることはできないと感じていた。私は、クンダリニーの体験をだれにも話さなかった。内なる声はこう言っていた。再びあの体験に身を置くためには、準備とトレーニングに長い時間が必要だと。

［注］

1　マクスウェル・テーラー（一九〇一～八七年）は、ベトナム戦争期の将軍。一九六二～六四年の間、統合参謀本部議長。

2　スワミ・ラマ（一九二五～一九九六年）は、幼少時よりヒマラヤでヨガ教師に育てられ、サンキャヨガのマスターとなり、師の勧めで西洋世界に出てヨガの普及に貢献した。自らの体を科学者の研究に供し、脈拍や血圧・体温を随意に変えられることを示した。

3　メニンガークリニックは、カール・メニンガー（一八九三～一九九〇年）とウィリアム・メニンガー（一八九六～一九六六年）兄弟が一九二五年にカンザス州トピーカに設立した精神科医療機関。一九四五年にはメニンガー精神医学校を設立した。

4　ゴーピ・クリシュナ（一九〇三～一九八四年）は、インドのヨガ行者、社会運動家で、クンダリニー研究財団の創始者。

5　英語ではクンダリーニ。脊柱の基底部、尾底骨付近（ムーラダーラ・チャクラ）に眠っていると言われる非常に強いエネルギー。とぐろを巻いたヘビで象徴される。

6　マナは、オセアニア先住民の用語で、自然界に内在する超自然的な力。ワカンダは、北米先住民スー族の言葉。ヴードゥーは、ハイチを中心に西インド諸島で行われる西アフリカ伝来の民間信仰。マニトウは、北米先住民の神、霊、魔、超自然力。イェソドは、ユダヤ教の神秘思想カバラにおける十要素のひとつ。バラカは、中東の諸宗教で預言者や聖者、または自然物などに天与のものとしてあると考えられている霊力。ルアハは、ヘブライ語でスピリット、風を意味する。聖霊 holy ghost と同じ。

三　線を円にする

あの至福の光に出会った結果、私は大学での教育にいっそう懐疑的になっていった。大学の教室は、想像力を閉じ込めてしまう退屈な牢屋だった。学生は、ただ従順に教師の指示どおりのことをして報酬をもらうだけだった。記憶して、反復して、点をとる——それは代わりばえのしない陳腐な教育だ。当時の私は、人生をゆるがせたあの神秘的な出来事を少しでも理解して自分のものにするために、関連する本や知識を見つけたいと願っていたのだ。しかし、大学での勉強に見切りをつけてしまう前に、米国で最も名の通ったあの大学だったら何を見出せるだろうかと考えた。

一九七一年夏の早朝、私はマサチューセッツ州ケンブリッジにあるマサチューセッツ工科大学へ行って学生課のドアの横に立ち、入学担当責任者が現れるのを待っていた。出勤してきた入学責任者は、すぐに国際科学論文コンテストを思い出してくれ、丁重に部屋に迎え入れてくれた。だめかもしれないと思っていたが、奨学生の約束はまだ生きており、翌週、入学を許可された。

講義が始まったのは秋だった。しかし残念ながら、すぐに私はマサチューセッツ工科大学が魂のない場所だと感じ始めた。建物の中も天候も、冷え冷えとしていた。そのすばらしい名声にもかかわらず、ここでも他の大学とまったく同じ教育をしていた。ただ、ほかよりも競争が激しいだけだった。学生たちは、いい点をとるためにわき目もふらず勉強していた。

マサチューセッツ工科大学に来て一ヵ月が過ぎたとき、私は指導教官から学科主催の昼食会に誘われた。ラウンジに立派なグランドピアノがあったので二、三曲弾いたところ、自分が主催する別のパーティで弾いてくれないかと指導教官から誘われた。これがまた次の機会を呼び、ほどなく、ボストン社交界から演奏依頼を受け付ける窓口ができるまでになった。私は音楽に心を奪われ、自分がインスピレーションを求めてジャズクラブに逃避していることに気づいていた。

その年の秋のある夜、ポピュラーソング「ミスティ」の作曲家、エロル・ガーナー〔注1〕のピアノライブを聞きに、ボイルストンストリートのクラブに行った。地下にあるそのクラブは、煙草の煙がたちこめていた。ガーナーは、私が聞いた中で最も悦びにあふれる即興演奏家だ。姿勢を整えるときには決まって恍惚の笑みを浮かべながら大きなうなり声を出したが、聴衆に向かって話すことはなかった。彼は、体と音楽だけで聴衆に語りかけた。

ガーナーの音楽は並はずれたイントロで始まった。ドラムやベースの奏者にも、どんな音楽が始まろうとしているかの手がかりさえ与えなかった。そしてガーナーは音楽の流れに没入していき、曲がリズムに乗って躍動し始める頃には、部屋にいる全員がガーナーと一緒に揺れていた。ガーナーは楽譜を読めなかったが、神秘的な音楽を生み出す源泉とつながっており、その旋律は聞く人を感動させた。本人でさえ、どんな音楽がどのように始まるのかわかっていなかった。ガーナーの音楽は、大地の根源から直接流れ出てきた。ガーナーは、独創的で、ジャンルに属さないアーティスト、生まれながらのミュージシャンだった。

あの底冷えするボストンの夜、私は、神の言葉を直接伝える演奏に立ち会ったと思った。私は、かつてのあの至福体験と再びつながったように感じ、小さいカクテルテーブルの前で、演奏中ずっと涙を流していた。ガーナーの美しい音楽が私の細胞のすみずみまで浸透し、脈打つ音の世界と一体になったように感じた。

翌日、大学でピアノの前に座って弾いてみた。自分でも驚いたが、私は前夜の音楽をいくらか自分の中に吸収していた。「ガーナー・モード」で弾くことができたのだ。鍵盤上でガーナーの指を走らせていたのと同じ源泉に、私もつながれたように感じた。その瞬間、私は高校や大学の教育とはまったく違う学び方があることにはっきりと気づいた。それは、「吸収《アブソープション》」、すなわち、インスピレーションの源との融合によって得られる学びだ。エロル・ガーナーの音楽を学んだ私の体験がそうだったし、ミズーリ大学の小さなチャペルでの至福体験もそうだった。これは、何かあるものについて学ぶのではなく、それになることによって生まれる学びだ。この場合の「それ」が何なのかは必ずしもわかっている必要はない。――ガーナーの言葉を引用しよう。あるときインタビュアーがガーナーに、あなたはほんとうに楽譜を読めないんですかとたずねたとき、彼は皮肉を込めて応じた。

「おい、あんた。あんたが楽譜を読めたってだれも音楽を聞けないんだぜ。」

エロル・ガーナーがピアノを弾くのを聞けばだれでも、彼が創造性と悦びの根源につながっていることを疑わないだろう。ガーナーは神が演奏する楽器だった。ガーナーは非日常的な現象と無縁ではなかった。演奏中、彼にはときどき普通でない出来事が起こっていた。まるで「分身《ダブル》」を経験するシャーマンのように、自分が聴衆の中にいて、ステージで演奏している自分自身を見ているように感じることがあったという。

エロル・ガーナーのライブ演奏を初めて聞いた夜は、私のターニング・ポイントとなった。その夜以来、本を読んで学ぶという従来の学び方から、「吸収による学び」へと移行した。この学びは、私の心が広く開かれているときにのみ起こった。我を忘れるほどの愛（あのときはガーナーの音楽への愛）を感じたときに、この「吸収」が起こるのだ。これが起こると、私はただちに別の存在に変化した。いったんそうなると、愛を感じた対象は永遠に私とともにあり、私の中で常に生きて存在し、いつでも引き出すことができた。

学ぶ人と学ぶ対象が融合する、そういう学び方について書かれた本を探し求めた。私は、「他者」（それが音楽・知恵・人にかかわらず）と「私」との関係を、直線的な構造では考えたくなかった。線あるいは直線的な関係では、「私」は一本の線の片方の端に位置し、「他者」は同じ線の反対の端に位置する。これが、現在の主流である二元論的な学び方の枠組みだ。「私」は「それ」を学び、観察し、知り、マスターしなければならない。しかし私は、その両者を結び付けている線を曲げて、端と端をくっつけることによって円にしたいと思った。マルティン・ブーバー［注2］の見方を使えば、「我―それ」というよそよそしい関係を、「我―汝」というしっかりつながった関係に変えたかったのだ。これを表現するために私ができた唯一の概念化が、「線を円にする」というものだった。

自分の心に従うことが大切だと率直にアドバイスしてくれた大学の進路カウンセラーのおかげで、私は第三セメスターの終わりで大学をやめ、わずかな荷物をまとめて、ポンコツのフォード・ピントに乗って西へと向かった。車は頼りないエンジン音をたてながら、時速五、六十キロで走った。以前から私は、アリゾナに住んでみたいと思っていた。子供の頃、医者が、「この子の健康が回復しなければ一家でアリゾナに引っ越すのがよいかもしれない。あそこで喘息が治る人がいる」と両親に何度も話していたのを耳にしていた。祖父もアレルギーに苦しんでいて、やはり西への移住を夢見ていた。長い旅の末に車はようやくフェニックスにたどり着いた。

フェニックスで私は、音楽への愛を携えて街へ繰り出し、機会があればどこでもピアノを弾いた――あるときはタキシードを借りてアリゾナ・クラブで、またあるときは、ひもタイをつけてムース・クラブで。結局、私はアリゾナ州立大学に籍を置き、心理学で卒業した。

フェニックスという町で、私は自分が本当に求めているものを大切にする感覚を養い、新しい人生に踏み出す準備をすることができた。私は、自分の夢に従い、自分の心とイマジネーションが呼ぶ方向に進路を見定めることが決して難しくないことを知った。

一九七四年、大学を卒業して数ヵ月が過ぎた頃、文化人類学者グレゴリー・ベイトソンが書いた『精神の生態学』［注3］という本に出会った。私は、この本こそがずっと自分が求めてきた本だと感じた。大学にいる頃にこの本の存在を知らなかったのは確かだ。ベイトソンもやはり、人間関係や因果関係に対して、直線的な理解では満足していなかった。ベイトソンは、システム理論とサイバネティクスに着目した。そして科学のこの領域が、彼の言う「サイバネティック認識論」――すなわち円環的な知――に到達するために非常に有用であることに気づいていた。

サイバネティクスは、「円環的（相互作用的）因果律の科学」と定義できる。そこでは、連続的に評価されている結果が、現在進行中の行為を決めるのに利用される。結果が決定を連続的に誘導するそのような円環を「フィードバック」と呼ぶ。たとえば、幾何学的な一直線のルートでは月に着陸することはできない。すなわち、月に向けて直線的に目標を設定してロケットを一回噴射したとしても、月に到達することはない。宇宙船が月とどのような位置関係にあるかを常に確かめ、軌道を修正し続けなければならない。連続的に変更を加えて安定を維持するこの円環的なプロセスは、サイバネティクスの基本だ。

グレゴリー・ベイトソンは、工学機械の調節・制御に使われるこのメカニズムがもつ奥深い意味を見抜いて、その円環的相互作用という概念を人間の日常行為や社会関係に適用した。円環的な関係についてベイトソンが好んで使う例のひとつに次のようなものがある。

森で一本の木を切り倒そうとしている人がいる。私たちが教えられてきた見方では、人が一方的に木の幹に対して斧で刻み目をつけていく。木はその行為に何ら参加していない。しかしこの状況を、円環的プロセスを含むものとして解釈すると別の記述が可能となる。木の表面に作られるひとつひとつの刻み目は、実際には、その人が次のひと振りをどう打ち込むかを指示し、行動全体を目的にかなうものにしている。その刻み目は、次の一振りがどこにどんな角度で必要かを決める要因のひとつだ。因果関係を言うなら、それは双方向に存在する。人は木に働きかけ、木は人に働きかけている。

円環的（相互作用的）に見ることによって、この関係について異なる解釈ができるわけだ。木と斧と人は、その木が切り倒されるために、すべて一緒になって働かなければならない。あるいは別の角度からみると、三者すべてが協同して働かなければ、木を切るというその作業を完遂することができない。

このパラダイムを私がピアノを弾く場合に適用してみた。そうすると、最高の音楽が生まれるのは、ピアノの鍵盤に私の指が動かされていると感じているときだった。そんなとき、私には音楽を演奏しているという感覚はなく、音楽が私の指を鍵盤上で走らせていた。同様の円環的（相互作用的）な説明は、文章を書くときや、絵を描くとき、あるいは、料理やスポーツやダンスをするときにも適用できるだろう。

何年か前にチャペルで経験したクンダリニーの覚醒について、私は沈黙を守り、一度も人に話さなかった。しかしそのようにしていてもなお、神秘的な出来事から距離をおくことはできなかった。書店でクンダリニーについて初めて知ったあの出来事を思い出させるように、ある日、大学の図書館の中を歩いていて、黒い表紙の本が一冊、私の前に落ちてきた。それは、ホセ・アルゲレスがシカゴ大学で博士論文として書いた「シャルル・アンリにおける精神＝身体的な美の形成」という本だった。シャルル・アンリはソルボンヌ大学の感覚生理学研究所の所長だった天才的な学者で、スーラ、シニャック、ヴァレリー、マラルメなど、多くの新印象主義の芸術家たちの詩神《ミューズ》だった。この本の末尾には、彼が作り出そうとしていた新しい技法に関する彼の考えが付録として収載されていた。それは精神《サイコ》＝共感覚的《シネスティック》［注4］な体験に基づく治療で、一種の全体的《ホリスティック》な啓示の感覚と結びついたものだった。それは存在全体に変化をもたらす治療だが、当時の私にはほとんど理解できなかった。

　大学卒業後も、私は円環的思考についてさらに学ぶために大学で研究を続け、他方では、神秘的な体験が再びわが身に起こらないよう最善を尽くした。あの体験に対処する準備がまだできていないと感じていたからだ。私は熟考したすえに、勇気を出して当時カリフォルニアに住んでいたグレゴリー・ベイトソンに電話をした。そして、一九七六年十月に彼と会うことができた。ベイトソンは私の学問上の師となった。しかしそのベイトソンにも、あの至福体験を打ち明けることはなかった。

グレゴリー・ベイトソン

　一九七九年、ベイトソンと私は、サイコセラピスト（心理療法家）を対象としたカンファレンスを企画した。カンファレンスに招聘したのは、詩人のゲーリー・スナイダー、詩人でエッセイストで農業もしているウェンデル・ベリー、ユング派精神科医のジョン・ペリー、文化人類学者でグレゴリー・ベイトソンの娘のメアリー・キャサリン・ベイトソン、それに、カンザス州トピーカのメニンガー財団の人たちだった。テーマは、「メンタルヘルスにふさわしい大きさ《サイズ》と形《シェイプ》」とした。このカンファレンスで私たちは、「精神疾患の原因は生化学的な異常であり、したがってそれは適切な薬で治せる」という、原因と結果を単純に結びつける考え方に疑問を投げかけた。さらにベイトソンは、ものごとの物質性のみに注意を向けるのではなく、治療における変化、家族のコミュニケーション、あるいは、即興の音楽、禅の修業など、システム全体を成り立たせている動きそのものにもっと注意を向けるべきだと教えた。

ベイトソンは、超自然的な力を信じてはいなかった。彼は、ブレーズ・パスカルの言う「心《ハート》の道理」［注5］に人を導くような「心《マインド》の働き」に注目した。この「心《マインド》の働き」に沿った知の方法は、あの至福体験について、新しい見方をもたらしてくれた。先の例をもう一度分析してみると、ピアノが演奏されているとき、関係性の円はひとつの心《マインド》を形成しているが、その心は、演奏者と曲と鍵盤と震える弦の間を行き来している。この視点から見ると、「ピアニストがピアノを弾く」というのは、起きている事象の一面を記述したにすぎない。ピアノもまた、ピアニストを動かしているのだ。もっと正確に言えば、音楽の心《マインド》が、楽器と演奏者の両方を動かしているのだ。

円環的理解は、仏教的認識論の西洋版と言ってよいだろう。それは、体験の「関係性」より「物質性」を偏重する西洋社会の幻想を解体するものだ。数年にわたるベイトソンとの共同研究から得たものの見方は、結局、スピリチュアルなものを研究した場合に私の中に生まれたであろう見方と、ほとんど変わらないように思われる。ベイトソンは、サイバネティクスのスピリチュアルな意味についても言及している。

サイバネティックなエピステモロジー（認識論）は、これに新しいアプローチをかけるものであります。サイバネティックスで考える一個の内在する精神とは、体だけに内在するのではありません。体外の伝達経路やメッセージにも内在するものであります。そしてさらに、こうした個々の精神を、ひとつの小さなサブシステムとして含む広大な〈精神〉（Mind）がある。この〈精神〉は、神にたとえることができるでしょう。実際、これを神として生きている人たちもおります。ただしこれはあくまでも、相互につながり合った社会システム全体とこの惑星のエコロジー全体に内在するものであります。（『精神の生態学』下、六六四頁）［注6］

ベイトソンの円環的な見方によって、あの至福体験を、聖なるものとそれを見る者とを区別せずに検討し直すことが可能となった。さらに、神を具体的な形として知覚しようとすることが、逆説的に神から遠ざかるということにも気づくようになった。「自分自身」や「神」の存在を証明しようとすればするほど、その人と信仰の対象はむしろ離れていってしまう。自分は他者と何ら違わない存在だということを自覚して潔く受け入れたとき、線は円に変わり始める。

言い換えると、神秘家として成功する人は、自分と他者（超越的な神の概念やその存在も含めて）とを区別しようとはしない。宇宙に内在する神は、万物を包含する円環性に気づいたときに現われる。自分自身と小さな「もの」（たとえばスズメや砂粒）との区別がつかなくなればなるほど、私たちはより神に近づくのだ。

フォン・フェルスターと著者

幸い私は、ハインツ・フォン・フェルスターという、もうひとりの学問上の師を得ることができた。フォン・フェルスターは、ルートヴィッヒ・ヴィトゲンシュタインの甥にあたる人で、物理学者であると同時に生物物理学のパイオニアであり、サイバネティクスと円環的思考にも傾倒していた。フォン・フェルスターは、（人を）理解する（understanding）ということは、「（人の）下に立つ（standing under another person）」ことによって、その人が自分の最大限の可能性に気づかせることだと考えた。フォン・フェルスターは、彼の言う「人間らしくなる」ための原則を次のように教えてくれた。

一　知るためには、まず行動しなくてはならない。

二　その行動は、常に関係するすべての人の選択肢を増大させるものでなければならない。

フォン・フェルスターの教えは、ベイトソンの次の考えを実際に行動に移すものといえる。

「重要な真実は、選んで切りとった一部分における真実ではなく、そこで現在進行している網目状の全相互関係からなる複合体における真実だ。その中で私たちは踊る。それはシヴァのダンスだ」（スチュアート・ブランド：『二つのサイバネティック最前線（Two Cybernetic Frontiers）』に記されたベイトソンの言葉）。

「吸収による学び」を追求する中で、どんな円環もそれが動き始めるには、まず行動しなければならないことを学んだ。音楽を頭で理解して、それからそれに基づいて演奏するなど不可能だ。どうすれば音楽を演奏できるかを完全に理解するのを待っていては、決してピアノを弾くことはないだろう。「吸収」のために必要な最初の行動は、どのような音であれ、とにかく音を出すことしかない。どれでもいいからピアノの鍵盤を叩くことだ。音楽を作るということは、最初の音の次にどんな音を出すかにかかっている。ジャズピアニストのオスカー・ピーターソンによれば、「ジャズに間違った音や失敗はない」。即興演奏とは、その瞬間に存在する音を使って次にどう演奏するかに尽きるからだ。はずれた音を叩いてしまっても、それはそのときの音の流れに創造的に織り込まれるべき意外性にすぎない。

この見方によれば、音楽家は、音楽（と楽器）の誇り高き支配者になるのではなく、逆に、従者になるよう求められている。ここで音楽家に求められる役割は、起こっていることに十分注意を向け、それを美的に満足のいく方向に導くことだ。これこそ、純粋にサイバネティクスのプロセスだ。円環的な知とそのあり方からすれば、人は必然的に、与えられた状況を構成するすべての要素と関わり、ともに動く。このとき、関連するすべての要素にとって良い方向に行動することが、線を円に変えることにつながる。神秘を大切にするためには、社会的地位に価値をおく人生を放棄しなければならない。より大きなものを得るためには、より小さくなることだ。

サイバネティック理論を研究していた一九七〇年代の終わりから八〇年代初めにかけて、私はカンザス州トピーカのメニンガー財団で「コミュニケーション分析家」という肩書きでファミリーセラピスト（家族療法家）になるために勉強し、パーデュ大学の家族療法の博士課程にも在籍していた。初期の家族療法では、心の問題を解決するために、他の治療法とはまったく異なる見方を提案していた。ドン・ジャクソンや、ミルトン・エリクソン、カール・ウィテカー、ヴァージニア・サティールら、家族療法のパイオニアたちは、精神科薬物療法を重視せず、人間関係や経験を全体として動かしている円環的（相互作用的）パターンを探り出し、そのうえで、家族全員にとってよりよい結果を導き出せるよう介入した。診断、すなわち、クライエント（患者）の状態の評価には、変化を引き出そうとするセラピストの動きにクライエントがどう反応したか（すなわちクライエントとセラピストの相互作用）も含まれていた。

このような診断のしかたは、円環的、あるいは、相互作用的診断と呼ばれた。初期のファミリーセラピストは、いわゆる統合失調症からうつ病まで、さまざまな心の問題が、その人を取り巻く人間関係への介入によって効果的に改善させられることを示した。彼らのやり方は医者よりシャーマンに近く、この方法によって心理療法の領域に革命を起そうとしていた。しかし残念なことに、一九九〇年代になると、巨大な製薬会社の経済力が、生物＝医学モデル《バイオメディカル》を切札にして、精神療法《トークセラピー》の足元をすくってしまった。生物＝医学モデルを使えば、だれもが容易に病気の理由を説明し、薬物で治療ができるというわけだ。

研究と治療を始めて間もない時期から、私は、変化をもたらす有効な治療をすることと、クライエントや家族を理解することとは無関係だと提唱した。セラピストはクライエントを決して理解できないし、クライエントも自分自身を決して理解できない、そういう前提から出発した方がよいと考えたのだ。理解したという一時的な幻想をもつことで人生に区切りをつけられることもあるが、概して、人間という存在に関する壮大な理解や物語的枠組みは、どれもばかげた虚構にすぎない。

人間が理解可能であるという神話、なかでも心理学的説明が可能だという神話に依存している文化の中で、理解するのをあえて「やめる」ことによって、私たちは自由に動けるようになる。そして、まわりの出来事が自分の動き方と密接に関連していることに気づけば、より責任をもって行動するようになる。このようなラディカルな構成主義者《コンストラクティヴィスト》の立場に立った私は、世界とかかわるのに「デイタ」よりも、「カプタ」を使うというR・D・レインの提言に共鳴した。「デイタ」とは、抽出し、客観化し、具体化する働きで、発見や現実重視の基盤であるのに対して、「カプタ」とは、全体を捕え、解釈し、組み立てる働きで、発明やフィクションの基盤となるものだ。患者に心理学的な検査をすることは、病理性を明らかにするというメリット以上に、病理性を作り出すというデメリットをもたらす。そのような行為の是非は、それが親しい人に対してすることかどうかを考えてみればわかるだろう。それよりも、患者と一緒になって喜んだり、驚いたり、冗談を言い合ったり、あるいは、その人らしさを出せるよう配慮したりすることの方が、より人間らしい付き合い方だろう。

このようにして、私は二十年以上前に、サイコセラピーにおける擬似科学的な文脈理解をすべて捨て去り、即興（その場での気づきに基づく動き）を基礎にした治療法を考えだした。すなわち、それぞれのクライエントのそれぞれのセッションの中で、新しい治療法を創り出すのだ。一九八〇年代に私は、新たな展開を引き出す方法として、（心理学や医学ではなく）演じるという技法を使った。そこでは、舞台の上にいるような経験をクライエントに提供し、とり上げた問題を解決する際に、クライエントとセラピストがともに想像力を十二分に働かせることを目ざした。最終的に私はこの即興的な治療法を「能力を引き出す治療（resource focused therapy）」と名付け、この方法が、病理性を増幅させずに劇的な治療効果をもたらしうることを示した。

円環的な考え方と、治療に役立つ動き方を探究していた時期をとおして、私は内的なスピリチュアルな覚醒に対しては意識的にふたをしていた。ピアノを弾けば内部の熱が再燃するため、数年間はピアノも弾かなかった。このようにしながら、他方では本を書き、世界各地で学生たちを指導した。メニンガー財団、ニューヨーク市のアッカーマン家族療法研究所、フィラデルフィア・チャイルド・ガイダンス・クリニックなどの心理療法研究所で働き、家族療法のふたつの博士課程の指導教官をしながら、私は、サイコセラピーの中で円環的な考え方と相互作用をどう使うかについて教える経験を重ねた。

家族療法の分野に最も強くかかわっていた一九八二年、私はこの分野の主力雑誌のひとつ、『ファミリープロセス』誌に論文を投稿した。この論文は、以前、あのバプテスト派の大学にいたときのラディカルなニュースレターが起こしたのと同様の混乱をひき起こした。私はこの論文で、ベイトソンの足跡をたどりながら、人間の経験を理解するうえでの「パワー（力）」というメタファー（捉え方）に異議をとなえ、治療における美の重要性を論じた。それは、過度に実利的でテクニック中心の治療技法がもたらした横柄な認識と、それに伴う誤った感覚に一矢を報いると思われた。

この提言は、サイコセラピーの世界のヒエラルキー（序列構造）を大きく揺がせ、私を批判する論文が次々に発表された。「パワーというメタファーは治療を考えるうえで実り多い方法だろうか？」という私の問いかけ自体が、批判の的となった。彼らは怒りと嫌悪の論調で私を無責任だと非難し、次のように続けた。「人間はパワーやヒエラルキーを互いに行使するものだという前提を無視して、いったい誰が人間関係を考えるというのか」と。家族療法の歴史に詳しいリン・ホフマンは、この頃の状況を家族療法の世界の「暗黒期」と呼んでいる。そこでは、人間らしい社会的行動を尊重しようとする立場が脅かされていた。この時期をとおして私は、サイコセラピーのリーダーの多くが、「愛」や「美」という概念にいかに深い嫌悪をもっているかを思い知らされた。代わりに彼らは、パワーとコントロール（操作）という認識論で一致団結していた。私は、物質的な欲望、自我の偏重、そしてヒエラルキーが幅を利かせる一面的な文化的価値観に突き当たった。「愛」という言葉を口にするだけで、ライフル攻撃のようにあらゆる批判の言葉が撃ち返されてくる。この国は、なんと奇妙な文化的風土を作ってしまったのだろう。私は、共感と許容、分かち合うことと助け合うことをもっと大切にする文化を見つけたいと願った。

これらの攻撃や批判に対して、私は一九八二年に、『ファミリープロセス』誌上で「エステティクス（美学）でもプラグマティズム（実利主義）でもなく」というタイトルの論文で答えた。私は、それぞれの声は真実の一部であり、議論の全体（エコロジー）を尊重し、維持しなければならないと書いた。そして控えめに、「私が批判した考えと私の考えに優劣はない」とも書いた。

大学のチャペルでの至福体験から十年以上がたっていた。あのとき以来、私はしばしば昼だけでなく夜も働き、世界を円環的に知るための方法を探究してきた。私の修道院は大学であり、家族療法やサイバネティクス理論の世界だった。それは、「線の人々《ラインピープル》」と戦って、私自身が目指したように、彼らの中の線を円に変えさせようと奮闘した日々だった。

いまや闘い疲れ、若かった頃よりいくらか賢くなった私は、まわりの空気に大きな変化を感じた。もしかすると、私の全存在を根本から揺り動かし、神聖なヴィジョンの体験をもたらした、あの神秘体験を受け入れる準備ができているのかもしれないと思った。私は毎晩眠りにつく前に、人生の次章が始まりますようにと神に祈った。

［注］

1　エロル・ガーナー（一九二一年〜一九七七年）。音楽好きの両親のもとで三歳からピアノを弾き始めた。左利きによる強烈なビートと微妙に遅れる右手が独特の雰囲気を生み、その奏法はビハインド・ザ・ビートと呼ばれた。

2　マルティン・ブーバー（一八七八〜一九六五年）は宗教哲学者・社会学者。彼の「対話」の概念は、デカルト以後の近世的自我哲学を超える新たな方向を示した。主著に『我と汝・対話』(植田重雄訳、岩波文庫)。

3　原著は *Steps to an Ecology of Mind* で一九七二年刊。邦訳は『精神の生態学（上・下）』佐伯泰樹・佐藤良明・高橋和久訳、思索社、一九八六、一九八七年刊。

4　共感覚は、あるものを見て臭いを感じるなど、ある種の感覚的刺激によって別の種類の知覚を感じること。

5　ブレーズ・パスカル（一六二三〜一六六二年は、フランスの哲学者・数学者・物理学者。「人間は考える葦である（Je pense, donc je suis）」と言った人。「心には理性すらも知らない道理がある（Le coeur a ses raisons que la raison ne connait point）」という言葉も残した。

6　この文章は一九七〇年一月、一般意味論研究所の後援によって行われた「第一九回コージブスキー記念年次講演」から収載されたもの。

四　再スタート

一九八八年十月、内部の熱と神秘的な興奮が再びその存在を現わした。当時、私は、フロリダ州フォート・ローダーデイルのノヴァ大学で、家族療法の博士課程の創設に携わっていた。ある日、大学で机に向かっているとき、突然、何年も前に一度経験したあの静けさと冴えの感覚に包まれていくのを感じた。あのときはひとりでチャペルに向かって行ったが、今回は友人のメアリーを誘うことにした。メアリーは生まれつきの共感覚をもっていて、多重感覚的に体験していた。彼女は、「色を聞く」「音を見る」とよく言った。「一緒に歩いてほしい」と言うと、迷わず来てくれた。

南フロリダの晴れわたった昼下がり、私たちは一言も交わさず公園のほうにゆっくり歩いて行った。そして地面の上に座って向きあい、手をとりあった。まもなく、内部の熱が燃え出し、体が震え始めた。メアリーの手もまた震え始め、ふたりは一緒になって震えた。ふたりはしっかりと抱き合い、ハリケーンのような力に翻弄されそうになるのをこらえた。内部の熱はますます熱くなり、震えも強くなっていった。ふたりの震えは同期し、拍動とリズムで強く結びついた。

震えのエネルギーがさらに強くなるにつれ、体が蒸発してしまいそうに感じた。私はただ震動だけを感じていた。今回は、エネルギーに満ちた熱が背骨の基底部ではなく、頭の中から生じていた。内部の熱が光の雲に変わることもなかった。その代わり、頭全体が宇宙に向かって突き進んでいくように感じた。まるで銀河系の星々のように、たくさんの小さな光の点が広大な黒い虚空の中にちらばっていた。私は真っ暗な中をただよっていた。それはおそらく、私の想像を超えた場所だった。私はただ至福を感じ、メアリーも深く感動していた。ふたりとも涙を流しながら、エクスタティックな抱擁に圧倒されていた。

この体験を言葉で伝えあおうとして、私たちは思わず笑ってしまった。人が聞いたらセックスの話のように聞こえるだろうと思ったからだ。たった今体験したものがいったい何だったのか、私にはわからなかったが、もっとそれを探求したいと思った。ひとりで身を震わせるのではなく、ふたりの人間が一緒になって体を震わせ、震動を伝え合うときに生じるこの至福の感覚を、私はその後も繰り返し体験した。私と一緒に体を震わせてみたいという人がいれば、喜んでその人とこの現象を追求した。

このようにして、人と一緒に体を震わせる体験の世界が開けた（このようなやり方やその教えが、チベットからアフリカまで、世界のあちこちにあることをあとになって知ったが、それらは通常、秘密裏に行われていた）。このようにして、私は人の体に震動を誘発できることを発見した。「震え」を人に伝えられるのだ。震えを受け取った人が心を開いて至福の境地に入ることもあった。神聖な光を見たと言う人もいた。このようなスピリットに満ちた悦びを人に伝える方法を、何年にもわたっていろいろな方法で試してみた。相手は知り合いだったり、セレモニーに集まった大小のグループの人たちだったりした。スピリットとのかかわり方を学んだこの段階を、私は「スピリットのカーニバルで何でもした時期」と呼んでいる。このような自由な試みの中で、私はイメージ豊かな体験を数多く重ねることができた。

フロリダでメアリーとともに身を震わせた神秘体験から六年前のこと、私はミネソタ州のミネアポリスを訪れていた。一九八二年の冬だったが、憶えている限り最も寒い夜だった。そこで私は、人を援助する方法が円環的・システム論的思考によってどのように変わるかについて講演をした。聴衆の中にサム・グルノーというオジブウェーのメディスンマン（伝統医）〔注1〕がいた。講演のあと、サムは私のところへ来てこう言った。

「私たちは生命の輪のことを知っていますよ。システム論的に生きること、円環の中で生きることは、私たちの自然な生き方そのものです。一度私たちのところへ来ませんか。そして、あなたの言うような生き方を実際にしている文化をどうぞ見てください。」

私はそのとき、いつか再びミネソタを訪れて、サムから教えを受ける日が来るだろうと思った。

フロリダで人と一緒に身を震わせる体験をし始めてほどなく、サムの居住地の近くにある大学で教える機会が訪れた。私はその仕事をひき受けてミネソタに移り住んだ。そしてこのとき、私の人生は全面的に再スタートすることになった。

一九八九年の秋、私はサムのところへ行ってタバコを勧めた。これは彼らの文化で、人に助けや教えを請うときのやり方だ。このようにして、私はサムに教えてもらう準備ができたことを伝えた。それから一ヵ月足らずのうちに、サムはミネソタの森に囲まれた澄みきった湖のほとりにスウェットロッジ〔注2〕を用意してくれた。私は数人の男たちと一緒に、柳の枝の骨組を毛布で覆ったドーム型の建物に腹ばいになって入った。熱した石がいくつも持ちこまれ、その強烈な熱が室内に充満したとき、サムは祈り、神聖な歌を歌った。

サムは、私を崖の上に連れて行くヴィジョンを見た。サムの内なる目は、崖の上のスウェットロッジの中で私が創造主に導きを求めるのを見た。サムはそのヴィジョンを私に伝え、こう言った。

「あなたがたの伝統が持っている力をあなたが見出せるように、私たちの伝統がお手伝いできるでしょう。」

そして、心をこめて言った。

「兄弟として祈りましょう。そしてそれぞれが育った心のふるさとから魂の糧を見出すのです。」

その後、ヴィジョンを求める断食をするために二カ月にわたって準備をした。その間、サムはこの伝統を育んできた文化と歴史を教えてくれた。大自然の中へ車で出発する前夜、目を覚ますとヴィジョンの中にいた。

部屋の隅にメディスンマンの長老がひとり立っている。そして、他の長老たちが輪になって立っているところに加わるよう私に手招きした。みんな伝統的な服を着ていた。長老たちは、神聖なパイプやその他の神聖な方法について話し始めた。彼らは自分たちの言葉で話していたが、私は話されている内容を直観的に理解した。スピリチュアルな師たちの会話を聞きながら、私の意識は清明で、目覚めていた。

その朝、私たちは車でミネソタ州西部にある崖の多い森林地帯へ向かった。到着すると、そこでスウェットロッジを作って祈りを捧げた。サムの指導は厳格で、いろいろな場面での伝統的な作法を私がちゃんと理解しているかどうかたえず確認し、言葉と歴史と慣習を繰り返し教えてくれた。翌朝、サムは私を起こして、私の好物のホットシナモンロールを勧めてくれた。私がそれを断ると、サムは言った。

「よし。準備ができたようだ。」

そこから歩いて崖の近くまで行き、サムに手伝ってもらいながら、祈りの旗とタバコの供えものを用意した。サムは祈りに使うパイプを私に手渡すと、私を残して帰って行った。ひとりになった私は日が暮れるまでずっと導きとヴィジョンを求めて祈り続け、不安を抱きながら夜を迎えた。森の中で過ごすのはまったく初めてで、キャンプをしたことさえなかった。季節は早春だったが、ミネソタのその時季は一年のうちでも非常に寒かった。手元には毛布一枚と、パイプとタバコしかなかった。やるべきことは、できる限り真摯に祈ることだけだった。星が出て、夜の美しさがその魅力を露わにしたときのことを今も憶えている。私は深い眠りに落ちた。

ほどなく、身震いするような声で目を覚ました。毛布の下からのぞくと、すぐそばにコヨーテがいた。

コヨーテの声には、北米先住民の歌で聞き慣れた抑揚があった。私はコヨーテを怖れて身を固くするのではなく、逆にコヨーテと一緒に歌いだした。まさにそのとき、私はスピリットを込めて「声を開く」ことを体得した。

かつて私の体を震わせたエネルギーが、今まさに私の口から声となって出ていた。私は歌い続けながら、コヨーテとつながっていると感じた。コヨーテは私のためにここに来てくれた。私はコヨーテが来てくれたことに感謝した。

ようやくコヨーテが去ったあと、私は、この野性的な夜のひとときに私の体を通過した激しい歌の震動に疲れ果てて、再び眠りに落ちた。

次に目覚めたとき、一瞬どこにいるのかわからなかった。まわりには霧がたちこめ、霧の中にかすかに輝く光があった。まるで雲の中で寝ているかのようだった。突然、異次元から現れたかのように一頭のワシが目前に飛来した。私はその小さな目をじっと見つめた。ほんの一秒ぐらいだったかもしれないが、いつまでも続くように感じられた。強いエネルギーが目から流れ込んで、背骨の基底部まで降りていった。その瞬間、私の体は垂直に揺さぶられ、思わず大きな叫び声が出た。私はコヨーテの声で歌い、崖の上で踊り始めた。私は踊り、歌い、至福の境地へと入っていった。

ワシとの親密な接触は、私たちの間に存在する違いを消し去った。きわめて生き生きとした感情の結びつきは、翼をもつ生き物と人間とのあいだの区別をものともしなかった。ワシとの接触とそれに続く歌と踊りの中で、私は周囲の自然の中にしっかりと織り込まれた。ワシもまた、私をとおして、私と一緒に歌った。それは、かつて大学の小さなチャペルで体験し、その後、公園でメアリーと一緒に再体験したときと同じ電流をよみがえらせた。このとき私は、大自然との関係の中に吸収されるという文脈の中で、あの内部の熱と、震えと、ほとばしる歌の震動を再体験していた。

この神秘体験によって、私の心は「より大きな野生の心」に向かって開かれた。私はそのことに感謝しながら次の日を過ごし、自分自身の旅を続けるエネルギーを充電して帰宅した。このとき私は、内なる超現実的な世界への扉をいつのまにか開けてしまったことに気づいていなかった。これは、その後の人生の方向に決定的な影響を及ぼした。寝室に現われたあのメディスンマンのヴィジョン、そしてコヨーテとワシとの出会いは、ヴィジョンや夢をしばしば受けとるようになった私の新たな人生の出発点となった。私が見るヴィジョンは、その深い意味を読み解かなければならないようなものではなかった。ほとんどの場合、行動を直接指示するもので、どこへ行ってだれと会い、そこで何をして、何を言うべきかを告げるものだった。私はミネソタのあの崖の上で、ヴィジョンに導かれる巡礼者となった。

円環的思考の研究者から即興（improvisational）セラピストへ、そして、ヴィジョンを求めて身を震わせるシャーマンへという遍歴の中で、私は自分の考え方や人との付き合い方を変える必要はなかった。即興セラピストになることによって円環的思考にさらに近づくことができたし、同様に、シャーマンになることで、よりいっそう円環的にセラピーに関われるようになった。その中で繰り返し発見した最も重要なことは、私がどのようなメタファー（見立て）や治療システムを使おうと、すべての道が同様に、愛の肯定と、それによる円環的関係の促進に導かれるということだ。そこで私たちは、愛する人とひとつになったと感じる。愛は最も神聖な円であり、心の奥深くにある知と創造と魂の渇きを癒してくれる唯一のものなのだ。

あるとき私は、好奇心からひとつの臨床実験を試みた。催眠療法家に、私をトランス〔注3〕に導入して、あの初めての至福体験の状況をもう一度体験させてほしいと依頼したのだ。そうすることによって、あの一連の出来事を再体験できるだろうか、あるいは何か新しいことが起こるのだろうか？　私はリラックスした状態に導かれた。そして、すべての風景、音、臭い、身体感覚を含めて、あの場所と体験がよみがえった。私は想像の世界の中で、あのキャンパスのチャペルに戻ることができた。たしかに、再びあの光を見た。しかし、ヴィジョンは現れなかった。白い光があるだけだった。そして、静かに語りかけてくる声を聞いた。

人間の心は、神聖なものを知覚する道具だ。ヘンリー・コービンの本、『イブン・アラビのスーフィズムにおける創造的イマジネーション』を手に入れなさい。

イブン・アラビやコービンがいったいどんな人物なのか知らなかったが、トランス状態から戻ったとき、私はその本を入手できる書店の場所がわかっていた。そしてその本を購入して開いてみると、そこに同じ言葉が記されていた。

「心は神聖なものを知覚する道具だ。」

この一節のあとには、「心は神の霊的認識《グノーシス》を生み出す器官である」と記されていた。さらに、心に備わった力は神秘的なエネルギーであり、「あたかも小宇宙の姿をした神を映す鏡のように」、神の実在を直接知覚することが可能だと書かれていた。

その後、この種の神秘体験がたびたび現れるようになり、それにあと押しされるようにして、私は、円環的思考やサイコセラピーやシャーマニズムの経験を重ねながら、神秘の光と愛についてさらに多くを学び続けた。そのような探求の中で、私は次のことを見出した。それは、最も賢明なシャーマンや、世界各地の文化に固有の伝統的ヒーラーは、直線的な因果論の線上の動きのみに捕まってしまうのではなく、心の円環的な動きに近づいてそれとつながろうとするということだ。より広く包摂する結合の円が動きだすにしたがい、聖なるものはより現われやすくなり、体験されやすくなる。夢はヒーリングを導き、人生のヴィジョンを示すようになる。これが、神が生きている世界であり、そこでは、神からの働きかけが予期せぬときに電撃のように届いて、人生を根底から揺さぶるのだ。

世界中のシャーマンやメディスンピープル（伝統医）の伝統的な治療法を、円環的な思考という視点から研究するうちに、私は、自分の経験を分析して線を引きたくなる誘惑に惑わされなくなっていった。私は、「文化人類学者とその研究対象、治療者とクライエント、観察する人とされる人がたいして違わない」

ということを説明する理論をわざわざ作りたいとは思わなくなり、ただ「結合の円」の中に入るために人々と交わった。たとえば、ブッシュマンが経験している世界を知るために、ブッシュマンの伝統医とともに一晩中ダンスして、エクスタティックな交流がひき起こす震動に身をまかせ、共感覚的な体験の世界へと入っていった。その高められた覚醒状態の中で、私は感じたものを見、触れたものを聞くことができた。シャーマンの世界が示してくれたのは、個人的な幻覚の世界ではなく、存在のもうひとつの円への入口だった。

シャーマンは心を、コンピュータのような大脳の中から胸へ、そして全身へと移動させる。この全身による知は、私たちを「つながる心」へと運んでくれ、「他者」がより親密で生き生きと感じられるようになる。そのようにして自分の周囲とのより大きなつながりの中に吸収されるとき（それが人とのつながりであれ、アメリカ杉の森とのつながりであれ）、私たちは聖なる心の領域へと入っていく。より多くを包摂するこの心は、互いの結びつきを刺激して目覚めさせ、結びつきを深め、知と存在のさまざまなあり方を包含する「自然の心」（すなわちエコロジー）の内部へと、私たちを導いてくれる。

すべてのシャーマン的ヒーラーが他者と共有する最もパワフルな体験は、ヒーラーと患者との関係における深い結合と愛だ。スピリットにあふれる震えとダンスに身を投じると、至福の感情が湧き上がり、それによってみずからの心を開放する。そしてシャーマンはスピリットに富む交流を促進し、他者との円環的で吸収し合う結びつきへの扉を開く。これが、大いなる愛への入口だと私は考えている。

大自然《エコシステム》は、人間の介入がなければそれ自身で完結している。生命が誕生するプロセスもまた、大自然《エコシステム》を支えている。シャーマンが村人を「大自然《エコシステム》の心」の内側に連れて行くとき、すべての村人は、完全な円の内側につながれる。これが、「（だれかが何かをする必要もなく）自然につながり合って、正しい方へ向かう」というヒーリングの働きとなる。このようにみると、シャーマンの行為は、特定の症状を治そうとするのではなく、人々を心のもうひとつの円に連れて行くものといえる。すべてが参加しつながって響きあう中で、「大自然の心《エコシステム》」が祈るとき、それに呼応して生命の拍動がシステム全体に脈打つ。このようにして、すべての根源にある生命が癒しを行うのだ。

いろいろな表現で言われていることだが、人生の問題を解決するには、より深く人生に踏み込まなければならない。しかしそうしたからと言って、必ずしもすべての症状が消えるわけではない。新たな症状が現われることもあれば、生き生きとした状態を保っているのだ。エコシステムは、そのようにしながらヒーリングの反応をひき起こし、死に直面することさえある。私たちもまた、ときには病気になったり、「罪」を犯したりしなければならないが、それは、私たちが健康を大切にし、罪をあがなう気持ちを新たにして生きていくためだ。人の死や、さまざまな社会的試練に直面したとき、エコロジーは、その力を発揮して生命を支え、人が変容するのを助ける。

円環的な見方を使うと、シャーマンの方法を理解しやすい。シャーマンはふたつの変化を仲介する。まず「心理学的な心」という閉じた円を切って開かせ、次にそれを別の円環的プロセスの動きの中に再結合させるのだ。それはたとえば、円の外側にいる（想像上や実在の）他者を内側に取り込むことだったり、家族の関係をダンスのように生き生きと動かすことだったり、あるいは生きて震動する生態系《エコロジー》の動きそのものだったりする。いずれにしても、シャーマンは私たちの心を開かせ、心のより大きな円に再結合させる。

そうすると、システム全体の自己修正作用が働いて、自然な治癒が促進されるのだ。

円環的思考をする人が「霊性の実現」に向かって神聖な梯子《はしご》をのぼっていくとき、矛盾することや、ばかげたことや、特定しがたい心の表現に次々に遭遇する。神聖なダンスの輪の内側に立ったとき、生命のパラドックスと矛盾が深奥から浮かび上がる。この視点から見ると、対立する双方はともに震動そのものとなり、その生命の脈動を維持するために互いに他方を必要としている。ここで、夜と昼が一緒にダンスし、苦しみと喜びがともにダンスする。愛は憎しみの親しい友として見出される。より大きなダンスの輪の内側には無数のダンスがあり、すべてのものを関係性と相互共存の中へと連れて行く。

その秘密は最も高いスピリチュアルな領域に存在し、霊性の高い僧や尼僧のほかには、ほとんどだれもとりあげることがない。そこでは、聖人が娼婦とベッドをともにする。あるいは、ウィリアム・ブレイク［注4］がヨブ記の挿絵に描いたように、あごひげをたくわえた神の顔とサタンの足が同じ体に存在する。神の裁きの庭では、愚者が最も神聖なパワーと知恵をもっている。ここに入って静かに立っているためには、善にも悪にも近づきすぎないことが必要だ。この渦巻く強風のただ中でバランスを保っているためには、判断を完全に停止させなければならない。相反するものが接するちょうどまん中から、スピリットの円運動が生じる。それは生命の呼吸そのものだ。これが高いスピリチュアルな領域からの見え方であり、それを鏡に映せば地の底からの見え方でもある。

法律的判断や心理学的説明といった平板で直線的な世界は、このより大きな知の心からは除外される。検事やセラピストは、人々を助けるために神聖なヴィジョンを見る必要はない。検事は人間関係のエコロジーの切片を一枚とりだして、被害者や加害者という区別をつけ、そのうえで自分たちの手で罰や報いを与えようとしているだけだ。

エコシステムの中のあるひとつの要素に過度に焦点をあてることは、たとえそれが大きな善を実現させる手段であったとしても、円環的、すなわち、シャーマン的、霊的、宗教的な知恵に逆行する。存在のより大きなエコロジーの中では、どんな出来事も、それをとりまく状況から切り離して考えることはできない。神聖なエコロジーの内側では、悪魔が聖者を求め、一緒にダンスをしている。神聖なのはこのダンスであって、両者のいずれかではない。「正しい人たち」(自由主義者であれ保守主義者であれ)がこのダンスを禁止したとき、あるいは、両者の存在を等しく認めようとしなかったとき、エコロジー全体が病んでしまう。そして、そのような一面的な善の無知でおろかな行進は、破壊的な結末をもたらし、みんなが甚大な被害を蒙ることになる。円を切り開いてそれをのばして線にすることは、エコロジーに対する暴力なのだ。

ヒーリングやセラピーや矯正指導に、判断(あるいは診断)は必ずしも必要ではない。そして、何か特定の部分(一方向的な行動であれ、相互作用であれ、個人であれ、グループであれ、国家であれ)に注意を向ける必要もない。円環的な知恵の伝統は、敵を赦し、愛することを教えている。円環的思考は、この世の中で最も重要なもののひとつであり、世界中の宗教のスピリチュアルな真実と相通じるものだ。

［注］

1　オジブウェーはアルゴンキン語系言語を話す北米先住民。五大湖周辺から合衆国北部およびカナダに広く居住している。北米大陸で四番目に多い先住民。メディスンマンは、先住民の文化の中で受け継がれている伝統医。

2 スウェットロッジは儀式を行うために使う小屋。焼いた石を中に入れて水をかけ、熱い蒸気で室内をスチームバス状態にする。

3 トランス（状態）は、現実への注意が低下して想像の世界を鮮明に体験する一種の意識変容状態。催眠や宗教儀式で意図的に生じさせる。

4 ウィリアム・ブレイク（一七五七〜一八二七年）は、イギリスの画家・詩人・銅版画職人。

五　ブッシュマンに会う

崖の上での断食は、イマジネーションの世界への内なる目を開かせてくれた。サムの指導のもとであの体験をしたのち、私は世界中のシャーマンやヒーラーや、メディスンマンの夢を見るようになった。それらの夢は、そこに隠された意味を心理学的に考察したり分析したりしなければならないものではなかった。私が見たのは、人や本や地図や、儀式や場所だった。そして文字どおり、どこへ行って何をするべきかを告げる声を聞いた。ヴィジョンで得た情報を実際に確かめてみたが、ほとんどまちがっていなかった。

どのようにして、あるいはなぜこのようなことが起こるのか、私には説明がつかなかった。このようなコミュニケーションの通路を開くために、意識的に何かをしたわけではなかった。夢とのそのような関係がありうることも知らなかった。サム・グルノーとともに彼らの文化的伝統の中で過ごした時間が、何らかのかたちで、より広い知の領域に私を結びつけるスイッチを入れてしまったのだろう。

夢に教えられるということがわかり始めて、私の人生は劇的に変化した。私は、ヴィジョンの中で受けた指示に従って予定を決めるようになった。夢に従った私は、北米先住民のさまざまな部族の長老に会い、大都市の下町にあるアフリカ系アメリカ人の教会へ行った。このようにして合衆国内での人間関係を広げていったが、夢はまた、遠く離れた文化へ旅をして、シャーマンとしての営みを今なお行っている長老たちにも会うよう指示してきた。

スピリットとともに震えるという、あの初めての至福の覚醒体験をして以来、私は自分と同じような体験をした人がいるのだろうかという疑問をもち続けていた。クンダリニー・エネルギーと呼ばれるものを呼び覚ましてそれを扱うヨガの伝統は、ひとつの発見だったが、私が突然遭遇したやり方とまったく同じではなかった。私は瞑想をしたことがなかったし、スピリチュアルな稲妻に打たれたあとに自然に内部に生じるライフフォースを、どうやって動かすかを教えてくれるスピリチュアルな師もいなかった。さらに私は、この震え、震動する体験を人に伝えることができるという事実を偶然発見した。それは、ちょっとおかしな表現だが、情熱を込めて自然に行う「スピリットの伝達ゲーム」のようだった。

一九九〇年夏のこと、私は『ンツォム・チャイ』というタイトルの、ブッシュマンのヒーリングダンスを収録した短いドキュメンタリー映画を偶然目にした。すぐに私は、そこに自分が慣れ親しんでいる世界を認めた。人々が体を震わせ、至福の中で体の震動を伝えあっていたのだ。現存する最古の文化のエクスタティックな表現が、私には即座にわかるものだった。映像に記録された動き、震える声、そして互いのやりとりは、すべて私自身が体験してきたものだった。そうとは知らないうちに私は、震える手で人に触り、相手と一緒に至福に達するという、ブッシュマンのやり方と同じことをしていたのだ。

ブッシュマンを訪ねたいと思った。奇妙なまでに親近感をもったこの経験がまだ色あせないうちに、私は鮮明な夢を見た。その夢の中で、私の行くべき場所が中央カラハリ砂漠の地図上に印で示されていた。その印は、ボツワナのクツェ動物保護区の南の境界付近を指していた。図書館に行ってアフリカの地図を調べてみると、夢に出てきた場所は実在していた。

この夢からさほどたたないうちに、南アフリカ大学から電話があり、客員教授として招聘したいと言ってきた。私は次のように答えた。

「この話を受けるにあたって条件がひとつある。ブッシュマンに会いにカラハリに連れて行ってもらいたい。」

これに対してこんな返事が返ってきた。

「ピーター・ジョンソン教授がそのフィールドワークを手伝ってくれるでしょう。」

一九九二年三月、南アフリカでしばらく暮らしたのちに私は、客員教授をひき受けるに至った理由をピーター・ジョンソン教授に話した。ピーターは、私がカラハリの旅のたいへんさを少しもわかっていないのではないかといぶかっているようだった。その一方でピーターは、私が南アフリカのサンゴマ［注1］を訪ね歩いていることや、夢をきっかけに、私がサンゴマと深く付き合うようになったことをすでに聞いていた。私が同僚のスタン教授の家を訪ねたときに尋常でない体験をしたことも、すでに知っていた。

それはスタン教授の家で仮面を見ていたときのことだ。私は震えを伴うある種のトランスに入った。その夢のような覚醒状態の中で、次のようなヴィジョンを見た。

巨大なワニが私を狙っている。逃げ場はない。私の魂は、すでにこの運命を受け入れている。ワニのあごが開き、歯が私の肉に食い込み、ぞっとするような声が叫ぶ。

「おまえを決して放さないぞ!」

ドラムが鳴り始める。太古の動物の鼓動のようだ。最古の恐怖と結びつく陰鬱な血のにおい。人知を超えた原始的なパワー。破壊するために創られたこの生命体は、血にまみれ、ガチガチと歯を鳴らしながら、飽くなき欲望にさらに火をつける。この生命体は、一瞬の猶予もなんの警告もなく、弱くてやわらかい餌食をずたずたにしてむさぼり食う。

善悪の次元を超えた存在である神話のワニは、私を水中深くへ引き込んでいく。そしてもうひとつの生命の誕生だ。私の知識はここですべて消されてしまい、この熱い腹の中で再び教え込まれる。死んだ私は地中の水脈に出会い、水中で呼吸する。

「ヘイ・シー・モー・カ・メイ・ヘム!」

詠唱がわき上がる。あたかも最後のひと呼吸でできた泡が水の底から上がってくるように。

「モー・ケイ、ナー・ソマ!」

ライオンが吼え、サルが叫ぶ。雷のような太いうなり声と、耳をつんざく金切り声。そのあと、喉の奥でスタッカートのように切れ切れの呼吸。あえぎ、鼻が鳴る音……。

そして、私は地上に産み落とされた。全身が濡れ、手足は胎児のような姿位に折り曲げている。床の上でけいれんし、最後のあえぎをしようとするが、息ができない。ようやくの思いでぬぐった汗を口に入れ、水を強く求めるが、他方では人間としてどう呼吸するかも思い出さなければならない。

黒いトンネルに入る。闇の中で加速し、突然後方に投げ出される。体は再び床に打ちつけられる。目は上を向いたままだが、下の方に裸で泥まみれの人が見える。男はワニの歯のネックレスをしている。突然、大学時代の友人が私に挨拶する。

「おはよう。ご先祖様。お帰りなさい。」

このヴィジョンの旅が何を意味するのかを知るために、スタンと私はジープに乗って地元のサンゴマに会いに行った。サンゴマは年配の女性で、ワニとの境界を越えることに精通しているヒーラーだった。彼女はビーズを身につけ、動物の毛の杖を持っていた。杖で私をなでたあと、ワニの血を乾燥させたものを私に手渡して、飲むように言った。飲むとアフリカの夢風景が再びわき上がり、私をとらえた。

今度はヘビの内部に入った。床を横切ってズズズズとすべりながら心地よさを感じた。あの汚い床と雨もりするトタン屋根の粗末な小屋は、アメリカ中西部の少年の想像を越える世界への入口だ。その小屋で私の体ははっきりと宣言した。

「アフリカよ。私はあなたを抱きしめる。」

部屋にいる人たちに再び気がついたとき、サンゴマの女性は初めて口を開いた。

「あなたを食べたワニの歯を今すぐ捜しに行って、その歯のネックレスを作りなさい。」

私は、食うか食われるかに直面している動物のように、手を震わせながら燃える目で彼女を見た。私には彼女が真実を言っているのがわかった。私は震えに身をまかせ、あたかもハンターが獲物の居場所を捜しだすように内なるレンズの視界を広げ、スタンに頼んだ。

「村の中心へ連れて行ってくれ。そこに店がある。行けばわかるだろう。」

車はプレトリア郊外の集落のそばを走った。そこではすべての小屋の至るところに貧困が見てとれた。炊事の火が焚かれ、あちこちに煙がただよっていた。そして私は目的の場所を見つけた。目の前にあるブリキ小屋は、伝統的な薬「ムティ」を売る店だった。隙間だらけのその小さな建物に入ると、サルの頭蓋骨や毛皮、奇妙な骨の壷、ハーブ、得体の知れない物などが目に入った。私は迷うことなくうしろのカウンターへ行き、木の箱の上に登って、ガラスの壷のうしろに手を伸ばした。私の手は袋を探りあて、それをひっぱり出した。中には完全な一揃いのワニの歯があった。女性店員はびっくりして、おびえながら叫んだ。

「どうしてそこにあることがわかったの？　あなたはサンゴマなの？」

彼女は何かをつぶやきながら店から飛び出して行った。私は、彼女が警察を呼びに行ったのではないかと不安になった。何かのタブーを破ってしまったのだろうか？

まもなく、女性店員は地元のサンゴマである年配の男性を連れて戻ってきた。男は私になぜワニの歯に関心があるのかとたずねた。私が見たヴィジョンのことを話すと男は言った。

「私の家に来なさい。儀式をして先祖を呼び出す必要がある。」

男の小屋の戸口には、垂直にのぼる何匹ものヘビの図柄が描かれていた。泥を固めて作られた入口から中に入ると、壁にはライオンの毛皮がかけられていた。サンゴマは近所の人たちを呼び集めた。村人たちは象の皮が張られた大小のドラムを手にとって叩き始めた。スピリットを誘惑し陶酔させるそのリズムは、私を行くべきところへ送り込んだ。

「エー・シー・モー・カ！　ノ・ショ・マ・カー！」

私は再び虚空にいた。そこでは動物と人間が、元型的なさまざまの音や姿を示しながら次々に通り過ぎていった。ひとつの形から別の形へと姿を変えながら、大地、火、水、空を通っていった。

老サンゴマが、今度はシャーマンの装具を身にまとって現れ、私の知らない言葉をしゃべった。私の内なる野生の獣は、再び夜の闇に旅立つこのシャーマンの詩と音楽を完全に理解した。私は儀式の中でもういちど死を体験し、別の場所へ行って別の声を聞いた。今度は大昔の獣の声ではなく、歴史の記憶の中の隠れた裂け目から現れた年老いたアフリカ人の声だった。そのアフリカ人と話すと、唇が同調して動いた。そしてすべての音が消える。静寂の中で私は叫び、そして泣いた。再び昼の光の中に戻った私は、頭の先から流れ落ちる酸味の効いたビールのにおいをかいだ。踊るように言われた。私は自分の体の中にいるスピリットに敬意を表し、その知恵をたたえ、スピリットに身を任せた。そしてそのあと、スピリットを眠りにつかせなければならなかった。そうするとスピリットは、拍動するアフリカン・ドラムの指令によって再び呼び出されるまでの間、私の体の深いところにとどまっているのだ。

老サンゴマは大いに喜び、私の背中を軽く叩いて祝福してくれた。
「よく来てくれた。楽にするがよい。我々は仲間だ。たくさんのスピリットがすでにあなたを認めている、あなたはスピリットに属している。あなたのじいさんは非常に強い。じいさんはあなたを守っている。ああ、もういちど若返って不自由なく歩きまわれたら、だれも見たことも聞いたこともないようなアフリカらしい所へ連れて行ってやるのだが。しかしあなたはそこへ行く道を自分で見つけるだろう。マコーシ、マコーシ。」（マコーシは先祖のスピリットに近づくときにズールーのサンゴマが使う、敬意を示す言葉。）

その日の帰り際に、老サンゴマは私にライオンの毛皮を贈りたいと言った。それは、やはり尊敬されるサンゴマだった祖父から彼がもらったものだった。私は、サム・グルノーが教えてくれたことを思い出した。
「スピリチュアルな贈りものを受けとるときには注意しなければならない。スピリチュアルなパワーをもつものは、夢で見たもの以外は決してもらってはならない。」

私はワニの歯だけをもらうことにして、毛皮は丁重に辞退した。

翌日もまた、奇怪な、しかしそれも私にとってだんだん普通のことになりつつある、ふたつの世界が交差する別の体験をした。そしてその日のうちに、サイコセラピーを教えるために大学に戻った。

ピーターは、私に関するこの種の話をすでに聞き慣れていた。だから、夢で見た地図の場所に行くと聞いてもショックを受けることはなかった。ピーターは、街頭に立つ娼婦にインタビューしてその実生活を理解しようとする民族学者だ。だから、私が下町の民家の中で、ビーズの頭飾りを着けてゾウの皮と金属缶でできたドラムを叩く老いた男女と抱き合っていても驚かないし、そんな客員教授の私を観察し質問を投げかけるのは、彼には普通のことだった。ピーターは、この冒険の今後の展開に好奇心をふくらませていた。

出発のときに備えて、私たちは小さなトラックに水と食糧と必要な物品を詰め込んだ。そして、体を震わせるブッシュマンと会うために、カラハリ砂漠をめざして北へ向けて出発した。

車は砂漠の砂の上をひたすら走り続けた。深い砂は、地下二〇〇メートルから四〇〇メートルにある玄武岩層の上に堆積しており、玄武岩層のすぐ上には地下水が溜っているという。私たちは中央カラハリ動物保護区に隣接する小さな保護区を目ざした。中央カラハリ動物保護区は、五万二八〇〇平方キロメートルを占める世界第二の広さの保護区だ。突然、ゲムスボック〔注2〕が私たちのそばを走りぬけた。この動物は水なしで生きる優れた能力をもっている。

駆け抜けるゲムスボック

タイヤは何度も砂に埋まり、そのたびに深く埋まったタイヤの前に溝を掘って車を脱出させなければならなかった。「これはカラハリの旅につきものの厄介な仕事だ」とピーターが説明してくれた。

カラハリは砂漠と名付けられているが、カラハリの一部の地域では年間百五十ミリの雨が降り、乾燥に強い木や草は十分生育できる。カラハリは砂漠というより「雨の少ない乾いた土地」と呼ぶ方が正確だ。ここでは、木の根は地下深くの玄武岩層へ向かって伸びており、地下水にまで届いている。カラハリ砂漠は何の準備もない生き物にとっては死の場所だが、そのような場所にも生命は息づいているのだ。

ピーターは額の汗をぬぐった。声は不安の色を隠せなかった。

「燃料が足りなくなるかもしれない。さっきも言ったが、この二日間、何の手がかりもない。慎重に考えないと、砂漠の中で動きがとれなくなってしまう。そろそろひき返すべきだと思う。」

私は楽観主義に徹して答えた。

「もうこれ以上行かなくていいぐらいのところまで来ているよ。もう少しだよ。」

ピーターは肩をすくめて大きなため息をつき、さらに北をめざした。

カラハリは二〇〇万平方キロメートルもの広がりをもつ、世界で最も大きな砂の連続体だ。足元にある砂の深さは、二十メートルから百メートルに達する。子供の頃、母が歌ってくれた子守歌の一節、「眠りの精《ミスター》さん《サンドマン》、私に夢を運んできておくれ」を思い出した［注3］。私が歌い始めると、ピーターのしかめ面が笑顔に変わった。私たちはカラハリのドリームタイムに入って行った。

燃料がまさに限界に達しようとしたとき、地平線に目をやると、遠くにブッシュマンの人々が見えた。私はトラックを止めて彼らの方へ走った。その中で最も年配の人のところへ行くと、それはまさに夢で見た人だった。私たちは互いに腕を差し出し、まるでふるさとに帰ってきたように抱きあった。村のチーフでマンタグという名前のその老人は、すぐに震え始めた。私も一緒に震えた。私たちはすでに言葉を使わずに通じ合っていた。ふたりは体で挨拶し、はるばる地球の裏側からやってきて何を「語り合おう」としているかを、震動をとおして表現した。ふたりが体を震わせていると、子連れの女性たちが集まってきて、歌を歌い、手を叩いて力強いリズムをとり始めた。これが、私が初めてブッシュマンと一緒に体を震わせた体験だ。

他の男たちもやって来てみんな一緒に震えながら抱擁をかわし、ブッシュマン・シャーマン特有の歌を歌い、特有の声を出した。落ち着きをとり戻したのち、私は通訳の助けを借りて自己紹介した。ここに来るよう指示する夢を見たことを話すと、老マンタグは答えた。

「ああ、知っているとも。あんたは我々が待っていたブッシュマンだ。」

遠くの木を指さして、マンタグは続けた。

マンタグ

「あそこのあのキャメルソーン〔注4〕の木があなたの家だ。あなたはあそこの住人だ。あなたが死ぬと、あなたのスピリットはあそこに戻るのだ。今夜はダンスしよう。私は知っていることを何でも話そう。すばらしいダンスになるぞ。」

村に着く前日に、私は夢を見ていた。その中で、すばらしい笑顔をみせる、茶色の輝く目をした細身の男性を見た。夢の中でその男性は言った。

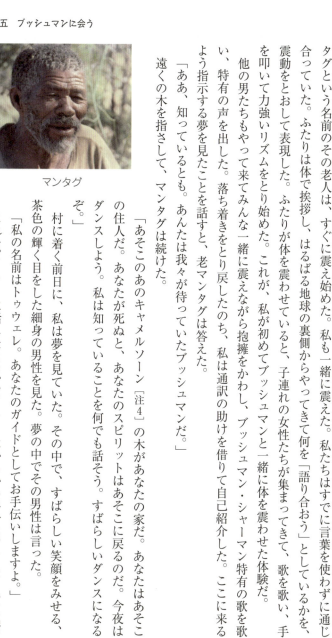

「私の名前はトゥウェレ。あなたのガイドとしてお手伝いしますよ。」

これをピーターに話したとき、ピーターはからかい半分に、そして私を気づかいながら言った。

「よし、それならその夢が当たるかどうか確かめることにしよう。ぼくはこの目と耳でトゥウェレを探すよ。」

もの静かな民族誌学者でシステミック・セラピスト〔注5〕でもあるピーターは、またとない検証の機会が訪れたことに喜びを隠せなかった。

テントを張りながら、ピーターは、野生動物に注意を払わなければならないことを思い出させてくれた。

「キリンやチータ、クドゥ、ハニー・バジャー〔注6〕、それにヒョウやライオンに出会うかもしれないぞ。」

顔をあげた私は、動物ではなく、細身の男が歩いてくるのを見た。男はオリーブ色の作業着を着ていた。近づいてくるにつれ、額に刻まれた三本の深いしわと、笑ったときにできる、鼻からあごを包み込む円形のしわが見えた。男はまっすぐ私たちの方に歩いてきて自己紹介した。

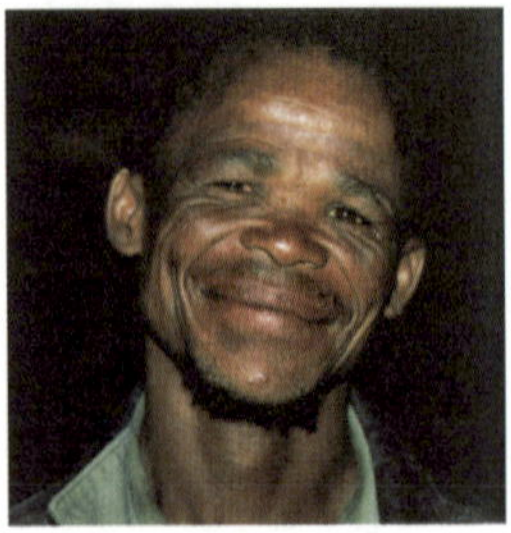

トゥウェレ

「私はトゥウェレ。あなたのガイドをするために来ました。私たちのことは何でも聞いてください。私たちのシャーマンが、あなたもシャーマンだと言ったんです。」

私は感激のあまり手を叩き、トゥウェレを抱いた。私たちは、さっき老人たちとしたのと同じように一緒に体を震わせた。私は言った。

「よし、それじゃあ始めよう。あなたたちはダンスの中にいるときどんなことを体験しているのか教えてくれないか。」

トゥウェレは、彼らの最も親密な表現方法を使ってわかり合える白人と会ったことを喜び、話し始めた。

ダンスは私にとって非常に特別な時間です。私はダンスが大好きです。ブッシュマンはみんなダンスが好きです。私たちは嬉しいときにダンスをするだけでなく、悲しいときにもダンスをします。狩りの準備ができたときには動物を見つけるためにダンスをするし、狩りに成功して肉を持って帰ったときにもダンスをします。病気のときもダンスをします。ダンスは病気を取り除いて元気にしてくれます。ダンスは私たちの人生で最も大切なものなのです。ダンスは私たちの祈りであり、薬であり、教えでもあり、楽しみでもあるのです。私たちのすべての生活がダンスと結びついているのです。

シャーマンの場合は、ダンスをしているとエネルギーが高まってきて体が震え出します。このことをあなたはすでに知っていますね。私の場合、ダンスの中で人に手を当てるとき、手がすごく熱くなっているんです。みんなが大きな声で歌っている中でダンスすると、パワーが足から入ってきます。私が非常に熱くなれるのは、みんなが思いをこめて歌う歌のパワーのおかげです。足から上がってきたパワーは、頭の中で蒸気のようになって、そのせいで頭が大きくなったように感じます。そして、ダンスの上に光が現れます。そうすると、体が軽くなって地面から浮いているように感じるのです。今夜、一緒にダンスをするのが楽しみだ！

地平線の上に夜が訪れるとともに、村人たちは集まってダンスの準備を始めた。トゥウェレは言った。

「このあたりにはまだエランドの群れがいますよ。エランドはブッシュマンにとって特別な動物です。」

トゥウェレが話している間、遠方にダチョウが黒い点のように見え、頭上にはムナグロチュウヒワシが飛んでいた。火を作るために近くから集めてきた木の枝が持ち寄られた。女性たちは輪になって手拍子を打ち、歌い始めた。村じゅうの人々がダンスにやってきて、満天の星が見守る下で、大気中に電気を満たす準備が整った。

最初、私はダンスの輪の外に立ってピーターと一緒に見ていた。この旅でピーターはずっと冗談を欠かさなかったが、今回はうって変って真剣だ。ピーターはすっかりその場に入り込んでいた。彼が黙ってそこにいてくれたおかげで、私は思い切ってダンスの中に飛び込むことができた。今なら慣れている足のゾクゾク感がくるのに、二、三分しかかからなかった。ふくらはぎと太ももに針が刺しこまれるように感じた。刺すような痛みが内部電流の回路を刺激すると、足はぴくつき、ぐいと動いた。私はピーターに言った。

「電気を感じる。足を見てくれ。」

ピーターは笑って言った。

「そう。きみは完全に電源に接続されているよ。」

そして思いもかけず、尻の筋肉が動き始めるのを感じた。まるで空の上の人形遣いに、尻に付いている糸を上げ下げされているかのようだった。私はダンスに捕まった。ブッシュマンたちは、それを見て手を叩き、うれしそうな声をあげた。彼らも私が捕まったことに気づいたのだ。

その夜、私は踊ったのではない。踊らされたと言う方が正確だ。私はまったく力を使わなかったし、何の意志や意図も働かせなかった。トゥウェレとマンタグは流れるようにやってきて、私を火のまわりでダンスしている男の列の中に連れて行った。私はダンスの輪に加わり、踊り方や、今何が起こっているかについて何の説明も受けないままダンスをしていた。

空を見上げると南十字星が見えた。ブッシュマンにとって、南十字星は群れの中の二頭のライオンを意味する。そのライオンの話をしてくれたとき、女性たちは、開けた口に手を当てて、その手を動かしながら、ライオンのような声で吼えた。目に見えない手で強く引っぱられる感じがしてふり向くと、たくさんの木が火に投げ込まれていた。火花が天に向かって一直線に飛んでいくと同時に、体の各部分にスイッチが入り、体内にある発電所は、夜のヘビーな仕事のための準備を完了した。この瞬間にすべてをゆだねて、人々のエネルギーの上昇と下降の大きなうねりの中に身をまかせていると、音や、砂や、星々の波動が融合し始めた。

即興は、私のいつものやり方だ。カラハリでもそれは変わらない。ずいぶん前に、『即興心理療法』[注7]という本を書いたが、その本で私は、治療というものは個々の状況に応じてその場で創りだすべきものだと主張した。それぞれのクライエントの個別性を最も有効な方法で十分ひき出せるように、すべてのクライエントに特別仕立て《テーラーメイド》の治療が必要だ。私は、治療は即興で行う一種のドラマのようなものだと書いた。この考えを私は、教えるという行為にも広げた。個々の講義も、学生ひとりひとりの人生に役立つ体験をその場で創りだす機会と考えるのだ。私は世界中のシャーマンと会ってきたが、彼らもまた、即興的なふるまいによって魂あふれる出会いを創り出し、人々の心を動かしていた。

いろいろな文化を旅しながら、私もまたスピリットによって動かされる即興をもっぱら大切にしてきた。儀式に参加したときには自分からは何もせず、その場のスピリットに呼び覚まされ、強い力でぐいとつかまれて初めて、その力に動かされるにまかせた。何か特別な結果を得たいと思って参加することはなかった。実際、何も起こらなくても不足はなかったし、ただ外で見ているだけでもよかった。目的や意図といえるものはすべて捨て去った。ただそこにいて、そこで起こっていることにすべてをまかせるように心がけた。判断し評価しようとする心は封印しておき、そのとき私を動かすもののみに従った——それが大いなる愛のためのものでありさえすれば……。私という存在の最も深い部分（それを無意識の心と呼んでもいい）が大気中のスピリットやライフフォースを感じるときには、必ず体が自動的に動いた。揺れ、震動し、ぴくつき、震え、ダンスする。私は形にとらわれずにただ動き、起こるがままにまかせた。それが仏教徒の集まりであれ、キリスト教徒、ユダヤ教徒、オジブウェー、グアラニー、ズールー［注8］、あるいはブッシュマンの集まりであれ、私はただ、そのときのスピリットに動かされるにまかせた。

スピリットは、その気になればいつでも私をぐいと捕まえる。そのとき私が純粋な思考の中にいようが悪いことを考えていようが、あるいは何も考えていなかろうがおかまいなしだ。事実、「スピリチュアル」になろうとか、「宗教的」になろうとか、「真剣」になろうとかしていないときの方が、スピリットがやってきやすかった。このようにして私は、どうすればシャーマニックな経験に入ることができるかを学んだ。それは、何も考えず、何かを起こそうと努力したりせず、ただ物事をあるがままにまかせることだ。私は、心を空《から》にして何も求めないよう心がけた。

ブッシュマンと初めてダンスしたその夜、火のまわりで踊りながら、私はエネルギーの小さな波動が体の中を上下に動くのを感じた。人々の顔には火影《ほかげ》がちらついていた。それは、この世を閉じて夜に属するもうひとつの世界を開くように思われた。それは私にとって、これまでの人生でずっと待ち続けてきた、魂のふるさとへの帰還だった。私は二十年近くのあいだ、自分流に体を震わせてきたすえに、震動を人に伝える実験を始めていた。しかし、文化全体がスピリットの体験やスピリットとの交流に価値をおき、実生活の中にそれを取り入れている――そんな文化と親しく接したことはなかった。

私たちは火のまわりを何度も何度もまわった。体の内部はますます熱くなり、皮膚のあらゆるところから汗が流れた。めまいを感じてダンスの外に出ると、カラハリのスピリットの影響を受けて少しよろめいた。トゥウェレが来て、両手を私の腹に当てた。私はびっくりして倒れそうになった。それまでに経験したことがないほど熱い手だったからだ。それまでにも、いろんな文化のヒーラーの温かい（ときには熱い）手を経験していたが、トゥウェレの赤く熱したような手には驚いた。彼の手は特別だった。一瞬、トゥウェレが熱い炭を持っているのではないかと思った。しかし、彼はただ、両手で私の腹に優しく触れ、さすっているだけだった。

私もお返しに、自分の手に熱を感じながらトゥウェレに両手を当てた。別の男性ドクターも数人やって来て加わった。みんなの手が互いに交錯し、拍動し、震動した。深い響きのうめき声とかん高い叫び声が聴空間を満たした。それは、純粋なエクスタシーの交歓だった。たくさんの体が向き合い、折り重なって倒れた。私たちはみな地面の上に倒れ込み、震動の山となった。自分の皮膚がどこから始まるのか、人の皮膚がどこで終わるのかもわからなくなり、体の境界は溶解した。あるのはただ、震動とエネルギー、そして熱と汗と声だけだった。私たちは、何の制約も受けない、スピリットに満たされた体の動きによって融合したのだ。トゥウェレは、老マンタグの両腕に抱かれながら、私たちふたりを抱きしめた。まわりでは、ドクターたちが互いに手を当てながら叫び、女性たちは歌いながら手を叩き、ときどき立ち上がってダンスもした。

私は地面に横たわって空を見つめた。目を閉じても空の星々が見えていた。ひとつの星を見つめていると、自分が目を開けているのか閉じているのかわからなくなった。その星の輝きはどんどん強くなっていった。明るさが増すにつれ、光は徐々にトンネルのようになり、一本の光の線となって、空のはるか彼方から私の頭の中心まで伸びてきた。驚きとともに、ひとつの考えが浮かんだ。

〈あの星は私とつながろうとしている。〉

私のところまで届いた光のトンネルによって、その星が私の体と一体となったように感じた。その星はこう語りかけてきた。

私たちはずっと昔のシャーマンです。私たちは死ぬと空の星になるのです。私たちは、あなたと一緒にダンスするためにやってきました。年老いたマンタグはいつか私たちの仲間になるでしょう。それでもマンタグはいつまでもあなたとともにいるでしょう。地上ではなく天空に漂う状態で。

だれかが私の頭を揺さぶり、別のシャーマンは私の耳に息を吹き込んで私の意識を引き戻そうとしている。しかし、星からの働きかけの方が強かった。

光のトンネルが再び現われ、今度は星のネックレスをした女性のところへ連れて行かれた。女性は言った。
「そして私がもう一度地上に降ろされたときに、私たちは結婚するのです。」

マンタグを含む数人の男が私をひきずり、腕をひっぱって私の目を覚まさせた。男たちの表情から、何かを真剣に心配しているのがわかった。何か危機的なことが起こっていて、助けを求めているようだった。男たちはみな、クリック［注9］のコーラスのように早口にしゃべった。クリックはブッシュマンの言語の特徴だ。私は彼らの声のただ中で、音楽的な響きをもつ叙情詩のようなその美しい会話を耳で追うのをあきらめてしまった。そのとき私は、彼らが言おうとしていることを理解し始めた。あのような意識変容状態では何が起こってもおかしくないが、言葉そのものを理解したと言っているのではない。言葉のやりとりよりも深い部分での交流によって、彼らが何を言おうとしているかを理解したように感じたのだ。

私は別のブッシュマン・ドクターのところへ連れて行かれた。男は地面に横たわり、意識を失っていた。深いトランスか昏睡状態のように見えた。あとで知ったところでは、男の魂が体から離れて、男が死にかけているとみんなが感じていたらしい。私はそばへ呼ばれて、男をこの世に連れ戻すのを手伝った。私は何も考えずに、他のドクターとともに彼の上におおいかぶさった。私たちは震動を彼の体へ送り込んだ。私は、周囲のブッシュマンの歌や声と違和感なく混じり合う速い激しい声を出した。私たちの体は拍動と波で束ねられた。そしていま一度、ブッシュマン・シャーマンたちから成る、より大きな体の一部であるという感覚へと入っていった。私たちは、他人に命を送り込もうとするひとつの大きな心臓となった。

みんな自分の汗をぬぐって男にこすりつけ、高い鋭い叫び声を出しながら身を震わせ、男の体のあらゆる場所を触った。突然、男は稲妻に打たれたようにぴくりと動き、体を震わせ始めた。最初は粗大な激しい動きで震え、それから、よりスムーズに私たちと同期して震えた。まさに生の側へ連れ戻されたかのようだった。肌と肌を合わせ、心臓から心臓へ、そして心を心の中に……。これは最もエクスタティックな形のヒーリングだ。これがブッシュマンのヒーリングの方法だ。そしてそれは、隠れたシェイカー（体を震わせる人）としての私の人生のひとつひとつの体験に、確かな意味をもたらした。文明からはるかに隔たったこの広々とした大地で、そこに住むブッシュマンのすべての村人と体験を共有し、カラハリの空の生きた星たちに見守られながら、いま私の魂は完全に自由で、何の制約も受けていない状態だ。

ダンスは一晩中続いた。何度か地面に倒れてシャーマンたちの震える手でエネルギーを補給してもらったが、疲れはまったく感じなかった。シャーマンは、車のバッテリーがあがったときに呼ぶ修理屋のようなものだ。バッテリーにケーブルを接続し、エンジンをかけて、再スタートをきらせてくれる。シャーマンの両腕がケーブルで、体の震動が電気エネルギーだ。

これが、ブッシュマンとの初めてのダンスだった。それは、子供のときのスピリットに満たされた洗礼や、大学のチャペルでの稲妻に打たれたような至福体験に匹敵する、私を根本から変える体験だった。このとき私は、自分の体験がそれまで考えていたほど異常ではなかったことに気づいた。それは、現存する最古の文化を生きる人々が使う交流の方法だったのだ。学術的な文献はないけれども、これは間違いなく人類最古の純粋なヒーリングの形、祈りの形、スピリットを迎える形だと私は考えている。私はアフリカに本当のふるさとを見出した。アフリカの根が、私の心と魂に届いた。

翌朝、私は昨夜のことについてどうしてもトゥウェレと話をしたいと思った。トゥウェレは、私のために小さな彫り物を作って持って来てくれた。それは木製の人形で、振るとダンスした。

「そう、昨夜のヒーリングダンスはすごく強かった。私たちは新しいシャーマンを見つけてとてもうれしく思っています。あなたはたいへん強い。みんなあなたに触ってもらいたいと思っていますよ。ところで、きのうの夜、何人かのシャーマンがあの光を見たのに気づきましたか？」

「あの光？　どういうことかもう少し話してくれないか。」

「ぼくはその光を子供の頃に初めて見ました。ダンスの中で座っているときふいにその光がきて、それかららいろんなことを感じるようになったんです。ぼくは驚きませんでした。自然なことのように感じたからです。きっとあなたもその光を見たことがあるのでしょう。」

「そのとおりだよ、トゥウェレ。初めてそれを見たときの体験は、私の人生でもっとも大切な体験なんだ。」

マンタグがやって来た。私はコーヒーを一杯差し出し、マンタグも話に加わった。

「そう。それはいつもそんなふうにして見えるものだ。強力なシャーマンはみなこの光を見ている。そして我々がこうしておれるのもその光のおかげだ。その光がなかったらダンスもないし、何もないだろう。ヒーリングも、狩りも、何もかも……。我々は生きてさえいないだろう。」

トゥウェレが口をはさんだ。

「その光を見ると、ぼくは宙に浮かびあがるように感じます。その経験はほんとうにすばらしくて気持ちいい。最高の気分ですよ。まわりにいる人たちは、いつぼくがその光を見ているかわかります。みんな、それが特別なさずかりものだということを知っています。」

ほかのシャーマンたちも話に加わり、その光に関するそれぞれの体験を語った。天空へつながる糸かロープのように見えたと言う人もあれば、トゥウェレのように、ダンスしている人たちの上にかかる光の広がりとして見た人もいる。ある年とったシャーマンは、人の体の内部に光が見えるために、病気を見つけることができた。病気の部分だけ暗い点のように見えるのだ。男女を問わず、すべてのシャーマンがこの光のことをよく知っていた。おそらく、それはブッシュマン・シャーマンのスピリチュアルな世界で最も重要な体験なのだ。

マンタグが私の手をとった。

「大いなる神は、あなたに特別な手を与えた。その手で私に触《ふ》れてくれ。我々はみな、あなたに触れてもらいたいと思っている。」

私たちの滞在中、ブッシュマンたちはテントのそばにやってきて、私に触れてほしい、震えを伝えてほしいと求めてきた。そこでダンスが始まって、みんなでダンスすることもあった。このようにして一日じゅう体を震わせることで、私はスピリットに酔っぱらって過ごした。意識は深く変容し、目覚めながらにして次々にヴィジョンを見て、指示する声を聞いた。星につながる光の糸も繰り返し見た。私は、自分が生まれ育った文化の心の外側に出た。しかしそこは、思いやりとつながりをもっと大切にするもうひとつの心、ブッシュマン・シャーマンの心の内側だった。


再び私は星とつながる一本の線を見る。ひとりの女性がいる。彼女は言う。

「私はシスター・エリーゼ。あなたと結婚します。」

私たちは天空で結婚する。ふたりは愛し合い、彼女は私の子供を産む。すべてのできごとが同時進行で起こる。彼女は母親であり、花嫁でもある。私たちは神聖な結婚に導かれる。

一、二ヵ月後、南アフリカ、ソウェトの偉大なヒーラーであるマンマ・モナの家を訪ねた。マンマ・モナは彼女のスピリットを私の体に入れ、そして戻ってきてこう言った。
「あなたはシスター・エリーゼと会いましたね。シスター・エリーゼは私を導いてくれる精霊です。」

スピリットが入ってきて、身ごもり、子供を産む。これを何度も繰り返す。スピリットの世界では、生命

マンマ・モナと著者

を創りだすサイクルに終わりはない。ドリームタイムが繰り返し生成する。すべての相違が、結合と繁殖に変化する……

村人たちは、マンタグは最高齢のヒーラーだと教えてくれた。マンタグは、病人から病気を取り除き、自分の震動のエネルギーを人に伝えてその人を震わせることができた。村人たちは、私にもその同じ能力があるという。マンタグと私は、震動と震えがどのようにして自分の体に起こるかについて話し合った。マンタグは次のように説明した。

それは我々の中にあるスピリットだ。それは大いなる神から与えられたもので、いろんな現われ方がある。それは祖父のスピリットだったり、別の時代や場所のさまざまなスピリットだったりする。

マンタグはヒーラーになる方法を誰からも教わっていなかった。若かった頃、ある日ブッシュの中へ入って行って神と出会い、パワーをさずかった。そのあとマンタグは、どうやって人を癒すかを夢の中で教わった。私が村を去る前にマンタグは言った。

私は、あなたのような人がここに来て私を助けてくれるようにと、ずっと祈ってきた。あなたは、我々が自分自身の生き方を続けていくために、大きな力になってくれた。

ときおり私は、目覚めているのか眠っているのかわからなくなった。私は、深くカラハリのドリームタイムに入り込んでいた。ブッシュマンとダンスしていると、ときどき祖父が、古い聖歌を歌いながら微笑みかけてきた。そして、これまで私を導いてくれた人たちが声をそろえて言うのを聞いた。

「線は円だ。そして、円はそれ自身で生き続ける。」

そして、星たちが呼びかけてきた。

「我々がその円だ。ふるさとに帰って来なさい。」

アフリカの原野の中への最初の旅のあと、私の人生はそれ以前と同じではなくなった。一九九二年六月に合衆国に戻った私は、体を震わせる体験をあえて隠そうとはしなくなった。そして、私の話を聞いてエクスタティックな触れ方で触れてほしいと言う人とは、喜んでその体験を分かち合った。カラハリから帰って以後、私は自分のことを「シェイキング・シャーマン」と呼ぶようになった。そして、自分の体験と考えを伝えたあと、こんなふうに声をかけたりもした。

「どう、ちょっとシェイクしてみない？」

アフリカを何度も訪ねるなかで、私はボツワナ、ナミビア、ザンビア、ジンバブエ、南アフリカ共和国など、アフリカ南部のあらゆるところへ導かれ、多くのヒーラー、シャーマン、ウィッチドクター（呪医）に会った。私は彼らの儀式に参加して、そのとき私の中に現れたヴィジョンや、声や、直観の内容を話した。訪れる村々で、私は先祖のスピリットや自然の力とコンタクトできるシャーマンとして受け入れられた。ワニの皮やビーズのネックレスや、見たこともない神聖な物体など、さまざまなスピリチュアルな贈り物の申し出を受けたが、私は夢に見たものだけを受けとった。私が仕事に使う道具は、大学の卒業証書から動物の皮や骨に変わった。私は白人のアフリカン・シャーマンとなり、多くのサンゴマやアフリカのスピリチュアルな長老たちから誇りをもってこう紹介された。かつて我々と同じ肌の色をしていた白人だと。

ブッシュマンの人たちと付き合い続けるうちに、最初に体験したあの光、内部の熱、震えの体験が、ブッシュマンのシャーマンが誕生するときの体験と同じであることがわかってきた。また、シャーマンのやり方は、本を読んだり人から聞いたりしてわかるものではないこともわかってきた。この方法は、経験によってのみ学ぶことができる。人は、光を受け、激しく揺さぶられ、スピリチュアルなスイッチが入ることによってシャーマンとなる。いったんそうなれば、彼らの残りの人生は、さらに熱し、震え、光を受けながらスピリットを表現する旅となるのだ。

ブッシュマンの人たちは、私のことを、彼らのシャーマンとまったく変わらないブッシュマン・シャーマンだと考えている。しかし私は自分からそう名乗ることはできない。私はカラハリで生まれ育ってはいないからだ。しかし、この言葉をメタファーとして使うことはできる。人間は震え、熱くなることによって、スピリチュアルな経験を次々にするようになる。そういう自然の力にゆだねる方法を示す言葉としてこの言葉を使うことはできる。

　世界中で行われているさまざまな方法、すなわちクンダリニー・ヨガ、気功治療、太極拳、クエーカーやシェイカーの方法、ユダヤ教の祈祷（体を揺らす祈り）、イスラム教の体を揺らすジクル（称名）や、踊るデルヴィッシュ、女神の回転舞踏、ディオニソス信仰のエクスタティックな秘儀、フラメンコ、ベリーダンス、ライヒの生物エネルギー、精霊のダンス、あるいはブッシュマンの方法――これらには共通するひとつの側面がある。それは、人がスピリチュアルなエネルギーを蓄える器《うつわ》となり、それを人に伝えることができるということだ。少なくとも実際そのように感じられるし、これらの多くの文化的伝統が、高められたエネルギーの経験についてそう語っている。

　私は、だれもエクスタティックなシャーマニズムの全容を理解することはないと思っている。過去から現在まで、シャーマニズムについて教えてきたすべての師たちについてそう言えると思うのだ。神秘というものは、体験すればするほど、それが数学的なイコールで理解したり言い換えたりできないことを知るだろう。スピリットに関する抽象的な論文を読むと、ブッシュマン・シャーマンたちにそれを読み聞かせたときのことを想像して思わず笑ってしまう。彼らは笑いころげてこんなふうに言うだろう。

「スピリットの世界に入ることを知っている人が、どうしてわざわざ時間をたくさん使ってそれを理解しようとしなければならないの？」

　もしあなたがスピリットに満たされているなら、それを人に伝えればよい。このエクスタティックな状態について言えることは、そういう状態が実際に起こるということだけだ。

シャーマンは、どうすれば「空《から》の器」になれるかについて語り合うことがある（テトン・スー族［注10］のメディスンマンであるフールズ・クローは、その器のことを「中空の骨」と言った）。「空の器」になることによって、スピリチュアルな電流が体の中を流れやすくなるのだ。これは、自分と聖なるものとの関係について、驕らず控えめでいるべきことを意味している。一部の伝統では、自分たちの営みを口外しないようにしているが、それは、自我肥大のためにスピリットの伝達を閉ざしてしまわないためだ。しかし、沈黙を続けることは大きな声で言うのと同じぐらいの危険性をはらんでいる。沈黙と秘密がひとりよがりや盲目的反復につながると、沈黙は逆噴射となってスピリットのバルブを閉めてしまう。

器《うつわ》を空《から》に保ち、いつでも使えるようにしておく最良の方法は、冗談でころげまわることだ。自分や他人の最も真剣な関心事や営みをいつも笑い飛ばしているのがよい。私はこれを、ブッシュマンの師たちから学んだ。こういったことに関しては、おもしろおかしく、ぶっきらぼうであればあるほど、より多くのスピリットが流れ込んでくる。だから、もったいぶって「私はシャーマンだ」と言ったり、逆に何も言わないでいたりするよりも、「絶対保証付きのシャーマン」とか「調子はずれのトリックスター」［注11］、「天気を治す医者」などと書いた名刺を用意するのはどうだろう。これを冗談がわかる親しい友人に見せれば笑いを誘うだろう。その笑いの震動が、スピリットが流れる動脈の詰まりを取り除き、神聖なものがスムーズに流れるようにしてくれるだろう。

ブッシュマン・シャーマンは、冗談がとびきりうまいトリックスターだ。世界の多くの土着の伝統と同様、ブッシュマンの世界にもトリックスター神のモチーフがある。ブッシュマンの神話がつかみどころがなく、常に変化しているのは、このトリックスター神の働きによる。ブッシュマンの視点からみれば、スピリットに関するどんな表現や文章も、それがあまりにも明快で、理論的・説得的になることは、疫病と同じように避けなければならない。自分や人を過度に仰々しくとらえると、確実にスピリットを追い詰めてしまう。

私がブッシュマン・シャーマンとして成長していく過程（比喩的な表現と受け止めていただいてもよいが）で、次のことに気づいた。それは、スピリットとともに動くことができるのは、無理せず自然に震えているときだということだ。それは、ひとりで震えているときでも、だれかと一緒に震えているときでも変わらない。私はまた、滑稽な考えやパーフォーマンスに対して、深い敬意を抱くようになった。震えには、コインの両面のように、敬虔な側面と不遜な側面がある。すなわち、畏れによって震え、冗談によっても震えるのだ。

私は十年以上のあいだにカラハリを何度も訪れ、ボツワナとナミビアのいろいろな地域で多くのブッシュマン・シャーマンから教わってきた。初期の頃の師は、マンタグ、トゥウェレ、マボレロ、モタオペ、マトペ、ングワガ、キアケで、ボツワナの人たちだ。その後、ナミビアで、ツォンタ・カシェ、ガオ、テミ、ツォンタ・ボー、トエラエ、トマ・ダーム、そしてパワフルな女性ヒーラーであるテカエ、トゥリゴ、ナエ、チョア、ツォワから学んだ。それぞれのシャーマンには、独特の動き、震動、震えのスタイルがあり、震える手や、エクスタティックなエネルギーを帯びた体で触れる、独特の方法があった。みんな笑い、冗談を言うのが大好きだが、体を震わせて神聖な歓喜の中に入り、神秘の心の最奥へ行き着く旅もした。

私のガイドのひとりで、何度もカラハリの旅に連れて行ってくれたイサック・バーナードは、ブッシュマンにたどり着く最初期の足跡を作った人だ。政府が再定住政策をとり、学校や病院を与え始める前のブッシュマンの文化について、私たちはよく話し合った。その頃、ブッシュマンの人々は完全に自立しており、食物や水を探し当てたり、病気を治したりする際に行う自分たちのスピリチュアルな方法を信頼していた。

イサックは、何年も前にカラハリ南部で会った、あるブッシュマンの集団のことを話してくれた。彼らは大いなる神に相当する言葉をもっていた。それは「ものごとを見渡す神」という意味だった。しかし二年後に再会したとき、大いなる神の名前は変わっていた。このとき、神は「蛙」を意味する言葉で呼ばれていた。長い乾期のあとにようやく雨が降ったとき、再び蛙の声が聞こえた。その状況にぴったり合うように、神の名前をその場で変えて悪い理由はないだろう。

イサック・バーナード

彼らの物語やメタファーや理解のしかたは、常に新しい形に変化しうるが、ブッシュマンの経験的な世界観の中で変わらないのは、生命維持に必要なライフフォースを信じ、それを使う治療だ。ジュンツォアン・ブッシュマン〔注12〕はこのライフフォースを「ンツォム」と呼ぶ。これは、ブッシュマンの世界観で最も重要な概念のひとつだ。ブッシュマンにとって、生きている世界はこの活き活きとした力、スピリットに富む生命エネルギーで満ちている。それなしには何者も生きることができない。シャーマンは、それを自分の体の中に呼び覚まし、自分の体を熱することに集中し、自身を高められた覚醒状態に変容させる。そうすることによって彼らは他の人たちを癒し、問題や緊張の解決を助け、希望をもたらすのだ。

このスピリチュアルエネルギーに関して非常に大切なことは、個人のパワーが高まったかのような錯覚に陥ったときに、そのエネルギーは最も弱くなるということだ。スピリットをできる限り熱く、沸騰するほど熱くするには、「力／戦士」という視点から離れて、「愛／母親」に身を委ねることだ。男性性から女性性へとも言えるこの移動がンツォムにその力を発揮させ、それがヒーリングと変容の引き金となるのだ。偉大なシャーマンは、偉大な愛の人だ。彼らは何も見返りを求めず、自分の心をいっぱいに広げる。そうすると、ンツォムがシャーマン自身の中で循環するとともに、他人にも流れ込む。おそらく、ンツォムに対する最も適切な訳語は、「愛の電流」という言葉だろう。そしてこの訳語は、クンダリニーや精霊に対しても使うことができる。それは目には見えないが、私たちを神聖な神秘の大海へ押し流し、私たちの人生を変える力をもっている。

ブッシュマン・シャーマンは、「愛の矢」を人の体内に入れる「愛のドクター」だ。キューピッドのように、彼らは活き活きした愛で人に触れる。それは、エロティシズム（性愛）やアガペ（神の愛）をも超えるほどの強さだ。神聖なものとの結合を求めるのもこの愛だ。この「愛の矢」に深く貫かれるほど、人は神のもとに近づいていく。これがブッシュマン・シャーマンの秘密だ。

［注］

1　サンゴマは、ズールー族とコサ族の伝統医の総称。南アフリカ共和国では、人々は普通にサンゴマに治療を求め、そのための医療保険もあるという。

2 ゲムスボックは、長いまっすぐな角をもつ美しい大型のレイヨウ。顔には歌舞伎役者の化粧ような紋様がある。南部アフリカに分布。別名オリックス。

3 ドイツの民間伝承で、サンドマンが背負っている袋から砂をまくと、目が開けられなくなって眠くなるという。

4 キャメルソーンはアカシアの一種で大木になる。ソラマメを大きくしたよう形の幅の広いさやの実をつける。

5 システミック・セラピストは、システム理論を取り入れて治療をする心理療法家。システム理論では、とりまくすべての要素がその患者と関連しているとみる。

6 クドゥはレイヨウの一種。背中に白い線がある。ハニー・バジャーはアナグマに一種。

7 邦訳は『即興心理療法――創造的臨床技法のすすめ』亀口憲治訳、垣内出版、一九九二年刊。

8 オジブウェーは北米先住民。59ページの訳注参照。グアラニーは南米先住民で、パラグアイに住む。ズールーは南アフリカ共和国の主要民族のひとつで、同国東部に住む。

9 クリックは、コイサン語族に特有の吸着音と舌打音。

10 テトン・スーは、北米先住民ラコタの別称。181ページの訳注参照。

11 トリックスターは、神話や伝説、物語の中に現れるいたずら者で、何ものにもとらわれず本能のままに動いてまわりを引っかきまわす存在。権威に反抗したり、一見破壊的な行為をしたりするが、それが結果的に創造をもたらす。天と地をつなぐもの、笑いをもたらすものでもある。」

12 ジュンツォアンは、ナミビア北東部、ボツワナ北西部に住むブッシュマンの一グループ。

六　愛の矢を射る

アフリカへの最初の旅から帰ってきたのは一九九二年の夏だった。それから何日もたたないうちに、日本から手紙を受け取った。日本家族心理学会の第十回記念大会で講演をしてほしいという招待状だった。それは真に名誉なことで、すぐに東京大学臨床心理学教授の亀口憲治氏（当時福岡大学助教授）に感謝をこめて受諾の返事をした。手紙には次のように書き加えた。

「日本の伝統的な治療者のことを最近聞いて、その人に会ってみたいのですが、どこに住んでおられるかわかるでしょうか?」

七十代半ばの日本の女性、大隅伊久子先生は、ライフフォースを扱う技法である「生気術」の最後の生きた達人だった。大隅先生は、ライフフォース――大隅先生はそれを「生気」と呼んだ――を人に入れることができるといわれていた。東邦大学医学部解剖学教授の橋本長《たけし》博士は大隅先生の患者のひとりで、大隅先生の自伝［注1］に序文を書いている。

亀口教授からの返事は次のようなものだった。

「調べてみたところ、橋本教授は最近亡くなっておられ、残念ながら、他に大隅先生の消息を知る手がかりが見つかりません。」

そのまま何ヶ月かが過ぎ、日本に出発する前夜になって、大隅先生の消息がわかったというファクスが届いた。大隅先生は、私の講演会場である世田谷区の昭和女子大学ホールのすぐ近くに住んでおられた。連絡をとったところ、大隅先生は面会を承諾されたという。

日本へ出発したのは十月だった。講演のあと、案内されて大隅先生の自宅に行くと、先生は和服姿で迎えてくれた。着物は、卵の殻のような白色のサテン（光沢のある絹織物）に方形の線で木が描かれ、枝が互いを包み込むデザインだった。大隅先生は、お手伝いさんと一緒に昔ながらの武家のような暮らしをしていた。驚いたことに、大隅先生の話し方やお辞儀や身ぶりは、まるで帰ってきた息子を迎えるかのようだった。

大隅伊久子先生

私を家の中に通すと、大隅先生は金縁のめがね越しに、まるで隠された記録を読もうとするかのように、私の目をのぞき込んで話し始めた。通訳は大隅先生にほとんどついていけなかった。大隅先生はいつのまにか私の過去の人生に触れ、私がどこを旅してきたか、何を学んできたか、どんな困難に直面してきたか、そして、私の人生だけでなく私の家族のことまで細かく言及した。そしてこう結論づけた。

ご家族に電話をして、帰国の予定をキャンセルしたと言いなさい。あなたは私と一緒に暮らす必要があります。あなたの人生を変える古来の知恵を教えてあげましょう。それは、あなたが学んできたことのすべてを結びつけるでしょう。

想像もしなかった言葉に私は一瞬固まって、どう答えてよいかわからなかった。しかし、この年配の女性の権威には逆らえなかった。どんなことになるのかわからないまま、私は首をゆっくり縦に振った。香を焚くにおいに気づいて見まわすと、神棚があり、めずらしい蘭のコレクションや、患者さんたちからのおびただしい贈りものが目に入った。

以前読んだ本に、「大隅先生から教えを受けようとする人は、入門してすぐに自分がおかしくなってしまいそうに感じる」と書かれていたのを思い出した。大隅先生の弟子になるには自分を犠牲にしなければならない。それが日本の伝統的なやり方だ。西洋的に見ると、そのような師弟関係は前近代的であり、過激で残酷とさえ感じられるかもしれない。しかし、教える側と教えられる側の適切な人間関係への西洋的なこだわりは、自我を解体することから始まる知恵の伝授には妨げとなる。かつて日本では、弟子は、自分への執着をすべて捨てて完全に師に従わなければならなかった。大隅先生はそういうタイプの師だ。大隅先生は日本の伝統に忠実だった。

私は、禅道場や、海兵隊の新兵訓練場《ブートキャンプ》のような訓練施設へ送り込まれないようにと心の中で願った。一晩中お寺の床を雑巾で拭いたり、木の板で肩をぴしゃりと叩かれたりする自分を想像した。しかし、予定外だが断わることのできない旅のなりゆきに興味と期待も感じていた。

別れの挨拶をすることなく、私は大隅先生の家に住み込んだ。うれしい驚きだったのは、大隅先生が、確固としていながらも、思いやりのあるやさしいおばあさんだったことだ。大隅先生は、愛情をこめた手当てについて、そしてヒーリングをもたらすエネルギーの性質について、たくさんのことを教えてくれた。私は、大隅先生の治療をすぐそばで見ることができた。患者の多くは重い病気で、たとえばメイヨークリニックやマサチューセッツ総合病院のような最先端の医療機関から見放された人たちだった。クライエント（患者）には、日本の著名な科学者や経済人がいて、一流企業の最高責任者も何人かいた。大隅先生は私を患者の家にも連れて行ってくれた。国立能楽堂の演出家をはじめ、人間国宝の自宅も訪れた。伝統的な生き方を保つこの女性が、日本の芸術、ビジネス、科学の分野のリーダーたちに大きな影響力をもっていることに驚いた。彼らは、大隅先生の助言に真剣に耳を傾けていた。

大隅先生は、秘伝の書を暗唱させたり、複雑な運動をさせたりはせず、五歳の子供ができないようなことは何もさせなかった。大隅先生はただ、座る時間を毎日とって、力を使わず体が勝手に動くにまかせるよう指示した。大隅先生は、手を当てることによって生気をどう循環させ、利用するかを教えた（それを大隅先生は、「どのようにして『ミルクセイキ』するか」と言った）。生気の循環は、患者が身体的・精神的健康を取り戻し、それを維持するのに役立った。大隅先生の患者たちは、この運動によって創造性と明晰な思考が引き出されたと言った。彼らはみんな健康になり、仕事上の成功は大隅先生のおかげだと言った。
ある日、大隅先生は貴重品入れから古い書物を取り出した。それは、一九二八年に石井常造《つねぞう》が書いた「生気自強療法綱要」という本だった。そこには、生気術の修練が武士の日課になっていたことが記されていた。武士はこの修練を最適な体調を維持するために行っていた。これが非常に古い自己鍛錬法であることは明らかだ。昭和初期にあたる一九二〇年代後半に、日本では「生気自強療法」と呼ばれた大衆健康運動があり、生気に関するこの本は、その主要なテキストのひとつだった。この中で著者は、「生気は人の疲れた体の神経を刺激し、筋肉系に反射運動を引き起こす」と述べ、日々の生気の練習がもたらす自動的な体の揺れと、自然に発生する体の運動（生気運動）に言及している。これがヒーリングにどう役立つかについて、石井は次のように書いている。

生気は、体の弱った部位を刺激し、火をつけるようにその部位の細胞を活性化させる。この影響は周囲に波及し、ついには全身の細胞が覚醒し反応する。これは、代謝を活性化し、血液の流れを速め、分泌を活発にし、強い呼吸を誘発し、適切で安定した血液循環をもたらす。その結果、体の内部の停滞が洗い流される。生気は神経系に興奮を呼び起こす。どのような弱った器官の神経も反応する。この方法は、リハビリに必要な神経の生理的な機能を回復させる。

私は白と青の着物を着て生気椅子に座っている。その椅子は、ずっと以前に大隅先生が伯母さんからもらったものだ。

「はい、いいですよ。」

娘さんの正子さんが大隅先生の言葉を通訳してくれる。この朝、大隅先生は、東京都世田谷区の自宅で、生気をどのように循環させるかを私に教えてくれている。

これまで教わってきたことはすべて忘れてしまいなさい。気功や太極拳や、アジアのどんなやり方も——。目的をもってはいけません。自分であらかじめ考えた動き方はしないで。「鳥の尾をなでる」とか「雲手《ウンスー》」［注2］などという型どおりの動き方もだめですよ。生気運動はもっと自然なものです。あなたには心をからっぽにして、どのようにでも動かされるようになってほしいのです。生気があなたを動かすまで待ちなさい。

気功も太極拳も、もとはと言えばこのやり方から生まれたのです。最初に、人はまったく自然に、力を使わずに生気に動かされました。そしてそれを再現しようとして、逆方向に、すなわち、生気に動かされて生じた動きのほうから教えるようになったのです。まず、その動きの形を忠実に覚えて、それになりきる。そのようにしたうえで、今度は学んだものをすっかり忘れて、動きが自然に生じてくるのを待つ。これが多くのほかのやり方です。あなたにはその

大隅先生宅の三畳間と生気椅子

逆の、すなわち、本来の方向からやってほしいのです。生気があなたを動かすまで待ちなさい。そしてあなた自身の動き見つけなさい。もっと正確に言えば、生気にあなたの動きを作らせなさい。

生気に動かされながら、私の腕は飛ぶ鳥のように波うち、足はトーストにバターを塗るように床の上を這いまわる。生気を使うこの即興的な運動に導かれたことはなんとありがたいことかと思う。それは私の性格にぴったりで、スピリットが働いていると私が考えている状態と一致する。

「ありがとうございます、大隅先生。形にとらわれないこの方法を教えていただいて。この運動に入ることによって、ライフフォースの流れを強めることができます。」

「そうよ、キーニー先生。あなたはよい先生になるでしょう。あなたには、たくさんの人たちを相手にお仕事をして、その人たちに生気をつけてあげてほしい。伯母や私たちが何世代にもわたってしてきたように。あなたの人生には目的があります。あなたが初めて連絡してきたときから私にはわかっていましたよ。さあ、ちょっとお休みなさい。お茶を用意してきますから待っていて。」

大隅先生の紹介でソニーの経営企画室を訪ねた私は、ソニーが、生気に関する科学研究を行う非公開の研究所をもっていることを知った。大隅先生の患者である佐古曜一郎博士がその研究所の所長だった。佐古博士はマサチューセッツ工科大学で博士号を取得し、コンピュータの初期の発展に寄与し、ＤＶＤの発明にも貢献した人だ。ソニーの設立者のひとりである井深大《いぶかまさる》博士〔注3〕が、クンダリニー・ヨガを学んでいることを、私は佐古博士から聞いた。クンダリニー・ヨガもまた、ライフフォースを体に循環させる方法のひとつだ。井深博士のスピリチュアルな師は、ジャズサックス奏者から転身してヨガの達人になった成瀬雅春氏で、この人にも何度か会うことができた。

私は、ブッシュマンがライフフォースを互いに与え合う方法を紹介し、ソニーの科学者たちは、彼らの研究成果を熱心に説明してくれた。佐古博士たちは、超高感度マイクロフォンの原理を使って生気を測定する装置を開発しており、生気の物質的な世界における機能を数学的に記述しつつあった。

一九九五年七月、大隅先生に教えを受け始めて何年かが過ぎたとき、私は大隅先生の見ている前で娘さんの正子さんに生気を与えた。正子さんは現代芸術家で、ポストモダン哲学の翻訳家でもある。私から生気を受けたとき、正子さんは床に倒れ、あたたかいエネルギーが入ってくるのを感じたと言った。大隅先生はこの出来事を大いに喜んでくれた。

私は、ブッシュマンがどのようにしてライフフォースを伝達するかを大隅先生に話し、ブッシュマンのヒーリングダンスのビデオを見せた。居間に座り、鶴が描かれた絹の壁かけの下で、大隅先生は興奮して画面を指さしながら、「生気、生気、生気！」と言った。ブッシュマンによれば、生気——それを彼らは「ンツォム」と呼ぶ——が濃縮されたものがあり、それは小さい「矢」や「とげ」や「爪」の形で腹の中に存在する。これらの「矢」は、エクスタティックなダンスで熱せられたとき、シャーマンから他の人に向けて放たれる。ブッシュマンの言う「矢（爪）を放つ」や「ンツォムの矢」は、大隅先生が言う「生気をつける（与える）」に相当する。ンツォムであれ、生気であれ、その真の伝達は、無条件の愛があるところで生じる。

私は大隅先生に説明した。ブッシュマンの「矢」にはいろんなサイズがある。短い「矢」もあれば長い「矢」もある。しかし、それらは同じパワーを持っている。「矢」の長さは、どの動物の「矢」であるかによる。キリンの「矢」は長い。エランドやゲムスボック、クドゥ、その他いろんな動物の「矢」がある。ブッシュマン・シャーマンはこの目に見えない「矢」を、大いなる神の愛が凝縮されたものと考えている。大いなる神が動物に愛を送るとき、その愛はまず「矢」に凝縮され、それから動物に放たれる。いったん動物の体内に入った「矢」は、溶けて歌となって出てくる。シャーマンに伝達されるのはこの歌だ。この歌がシャーマンの心に触れたときには、まるで矢に貫かれたように、魂あふれるものが体の中に入ってくるのだ。その感情が落ち着くと、シャーマンの内部に入った歌は「矢」に形を変えて、次に使うときまで腹に貯えられる。

大いなる神が直接人間に愛を送る場合、ブッシュマン・シャーマンはそれを「爪を送る」と言い、「矢」とは言わない（昔は「とげを送る」と言った）。それは、いったん動物に送られてからではなく、大いなる神から直接シャーマンに届く歌だ。実際は、「矢」も「爪」も「とげ」も同じものだ。それらは、大いなる神から大いなる愛が送られるときに感じられるもののメタファーだ。

ある夜、畳の上で寝ていたとき、私はドリームタイムに入った。

白い服を着たキューピッドが、一本の矢に手を延ばす。そのキューピッドはバレンタインカードに描かれたような飾りたてたキューピッドではない。矢はブッシュマンの矢で、鋭い先をもつ短い棒だ。キューピッドがその矢を拍動する火のような自分の心臓の中に浸けると、矢は赤く熱せられる。それを私に見せて、キューピッドは言う。

「これはエロスの飢えと、肌への渇望を満たす矢です。」

キューピッドが矢を心臓に戻して再び熱すると、それは青く熱せられる。キューピッドは笑って言う。

「同じ矢だけれども、もっと熱い。これは、家族愛とアガペ（神の愛）の熱です。非常に熱いために、自身を顧みず他人のことだけを思うようになる矢です。この矢で、愛する人のために自分を犠牲にすることもできるのです。」

最後にキューピッドは、矢を完全に白くなるまで熱して言う。

「この温度は神の愛を開くために使われます。それはすべての違いを溶かし去り、あらゆる生き物がひとつであることを示す愛です。神の愛を感じ、与えることができるようになります。神の愛を感じることと与えることは別々ではありません。同じ矢だけれども、はるかに熱い矢です。」

夢から覚めて私は、愛の矢（キューピッドの矢と言ってもよい）を熱するさまざまの方法を思い起こしてみた。熱い愛の矢が放たれているのを、そうとは知らないうちに誰もが見ているものだ。ジェイムス・ブラウンやレイ・チャールズ、リトル・リチャードなど、偉大なソウルシンガーたちのエネルギッシュなダンスや動きのなかで、彼らの体は周期的にクライマックスに達し、そのたびにエネルギーを放出している。それは、腕や頭の突然のぴくつきや、体の震えや、荒々しい叫び声だったりする。頂点まで高まったエネルギーのこの放出の瞬間を、ブッシュマン・シャーマンなら強い感情の矢が放たれたとみなすだろう。

ロバート・デュヴァルの映画、『使徒（Apostle）』のオープニングシーンは、南部の田舎のブラックチャーチだ。宣教師が熱狂的にメッセージを伝えるとき、宣教師の体は何度もぴくついている。それは、宣教師の体の内部から何かが放たれているように見える。宣教師が放っているのは、ブッシュマンからみればエクスタシーの表出の矢だ。この場合は、神の愛の矢だ。

愛の矢を実際に見ることができる最適の場所のひとつが、ブラックチャーチの礼拝だ。矢を射る最も古い方法が、アフリカ系アメリカ人のエクスタティックな礼拝にも生きているのだ。彼らの礼拝では、さまざまな形で矢が放たれている。飛び上がったり、叫んだり、腕や体をぴくつかせたり、体を細かく、あるいは大きく震わせたり……。このようにして彼らは、高まった感情や情熱や愛を体から放出しているのだ。

ブッシュマン・シャーマンは、ンツォムを他人に伝えることを「矢を射る」という。おそらくそれは、内的緊張が一瞬の間に解き放たれたときの感覚が、弓と矢で狩をする経験と似ているからだ。このスピリットをこめた伝達は、彼らの治療的な営みの中核だ。それはまた、人をシャーマンの世界に導き入れる方法としても役立ち、シャーマンが互いに生気を与え合うときにも使われる。

私はこれまでに多くの文化の中で、矢を射るさまざまな方法を教わってきた。ブッシュマン・シャーマンは、震える手で人の腹、背中、胸、頭を触る。これは、震動を通して矢を人に与える方法だ。南米先住民グアラニーのシャーマンは、ダンスしながら変性意識状態に入り、それから、羽根飾りをつけた神聖な木片を使って神聖な矢を周囲に放つ。北米先住民のオジブウェーとクリーには、「シェイキング・テント」または「シェイキング・ウィグワム」〔注4〕と呼ばれる古くからの儀式があり、メディスンマンが、テントの中でスピリチュアルな震えに入っていく。そのとき、メディスンマンの体だけでなく、テント全体が前へ後ろへと揺れ動き、同時に矢が放たれる。シャーマンが、人を指さすことによって矢を射るのを見たことがある。貝や骨を相手に示して矢を射ることもある。あるいは、シャーマンが相手の目を非常に強く見つめることで矢が伝えられる場合もある。

大隅先生は、部屋のふすまを叩いたり、気合の入った声を出したりすることによって、生気を呼び込んでエネルギーを高め、それから、エネルギーをはらんだ空気を激しい動きによって患者の頭上で回転させて、頭頂部から生気を導き入れる。私は、大隅先生からそのようにして生気を入れられるのを体験したし、大隅先生が別の人にそうするのも何度も見てきた。

一九九四年の真夏のある日、大隅先生の代理の日本人通訳から電話がかかってきた。先生が合衆国の私の家に来て、私の妻と息子にぜひとも生気をつけたいと言っておられるというのだ。

翌週、大隅先生の一行が町の空港に到着した。通訳と数人の助手を伴ってきた先生は、リビングルームの家具を片づけ、そこで生気を蓄積してつける準備を整えた。私は言われるままに先生の横に立った。それは、大隅先生が息子の頭上で生気を回転させているときに、その空間がどうなっているかを感じとれるようにするためだった。私は何も期待せずにそこに立っていたが、息子の頭のすぐ上に水あめのような濃厚な物質を感じた。目には見えないが、質量と触感があるように思われた。それはあたたかく、粘りがあった。息子の頭上の空気をこのように感じたのは、単に私がトランスに入っていたためにすぎないのだろうか。真実がどうなのかは別にして、生気を十分に活性化すればそれを頭頂部から人の体の中に入れることができると、大隅先生は確信しておられた。

大隅先生が十歳の息子スコットに生気を注入したとき、トランスに入ったような動きが突然スコットをとらえ、スコットの体は前後に揺れ始めた。これは、大隅先生が人に生気をつけたときに必ず起こる現象だ。私の場合もそうだったし、大隅先生から生気をつけてもらった人はみんなそうだった。

息子が生気を体験したときには、ハリウッド映画のような結末があった。翌日、スコットはリトルリーグの最後のゲームでプレーした。ミネソタ州セントポールで行われたそのゲームに、日本の応援団がやって来た。大隅先生は礼儀正しい日本の同僚を伴っていつものように和服姿で現われた。一同は熱心に最後まで観戦し、スコットが何かをするたびに拍手を浴びせた。スコットが立ち上がっただけでも拍手し、座ってもまた拍手した。フィールドに出ていてもいなくても、一同の目はスコットから離れず、スコットのすべての呼吸と動きに声援を送っているようだった。

同点で最終イニングを迎えた。満塁という野球の最高のシチュエーションでスコットに打順がまわってきた。すでにツーアウト、カウントはスリーボール・ツーストライク。私は今でも、このとき起こったことが信じられない。スコットのバットは硬いボールを完璧にとらえ、快音とともにボールはレフトフェンスを越えて飛んでいった。スコットは生まれて初めてで唯一のホームランを放ったのだ。ゲームを勝利に導く満塁ホームランだ。大隅伊久子先生は、スコットに愛の矢を注入してくれただけでなく、人生でやろうと思えば何でもできるという自信も与えてくれた。

大隅先生は、その後数年のあいだにさらに数回私の家を訪れ、私たちも何度か日本の大隅先生宅を訪ねた。大隅先生は私たちの家族のようになり、大隅先生の教えは常に私たちの生活の重要な礎《いしずえ》となった。治療者としての、そして個人的アドバイザーとしての大隅先生の成功の鍵は、患者への全面的な献身と行き届いた思いやりにある。大隅先生の目は大切なものを決して見逃さない。大隅先生は注意を妨げるものをすべて排除し、自分の患者に完全に集中する。大隅先生が治療するのを数多く見てきたが、患者との結びつきの強さには驚かされた。大隅先生は治療しようとする人との間に「スキンシップ」を作ることが重要だと教えてくれた。すなわち、触れることを通して関係を作らなければならない。大隅先生は触れることによって、ブッシュマンのように「矢」を与えることができる。それを大隅先生は、「生気をつける」と言われた。

一九九六年秋にも、大隅先生は合衆国に来られることになった。「持って行くべき大事なものがあって、そのことについて直接会って話したい」とのことだった。私たちは、大隅先生が何をしようとしているのか疑問に思いながら待った。なぜ手紙を出すなり、通訳に代わりに電話で話させるなりしないのだろうか。いったいどんなことでわざわざ合衆国まで来られるのだろうか。

空港に到着したとき、大隅先生は、風呂敷包みを大切そうに自分で持ち、それをだれにも持たせようとされなかった。大隅先生をホテルに案内し、少し休む時間をとったあと、一緒に夕食をとることにした。それを待つ間も私は、大隅先生はなぜ来られたのだろうかと疑問に思っていた。大隅先生は、ラウンジで箱を大切そうにひざに載せて私たちを待っておられた。アメリカンステーキが好物の大隅先生のために、私たちはセントポールグリルに行った。フルコースのディナーのあと、大隅先生はこんな話をされた。

ずっと昔、子供の頃に私はみんなが驚く特殊な能力をもっていました。天候を予知することができ、いつ天候が変わるかがわかったのです。このため私は、朝早くから山の上に立って、そこで天候ごとに決められた色の旗を持って、今日はどんな天気と風になるかを漁師に伝えたのです。また、私は人の内部に病気を見ることができ、その人に起ころうとしていることがわかりました。私は村の人たちに大切にされ、そんなことが自然にできるのを当然のようにして育ちました。

悲しいことに、母は私が子供の頃に亡くなり、夫は結婚して何年もたたないうちに戦死しました。戦争中、私は大きな苦しみを味わいました。もう生きていけないと思った時期もありました。そのような困難にもかかわらず、伯母は、生気術の古来の伝統を私に継がせようと考えていたのです。何人かの神主からは、私の霊的な能力が先祖の栄存法印《えいぞんほういん》の霊からきていると言われました。東北地方の海岸沿いにある町、蒲生《がもう》の近郊に牧山《まきやま》という神聖な山があり、その山頂にある牧山神社に栄存法印が祀られています。小さい頃、この神社に行くと、白いヘビが出て来て話しかけてきました。ある日ヘビは、「自分は疲れたので、これ以上この家族の面倒をみることはできない。今度はお前がそれをする番だ」と言いました。栄存法印の使者か、あるいは法印自身の顕現《けんげん》であるその白ヘビは、人を助ける人間になりなさいと私に告げたのです。家に帰ったとき、私は左半身に栄存法印の存在を感じ、栄存法印が常に私を導き、守ってくれるだろうと感じました。

その後、伯母が私の師となりました。そして、空間にエネルギーをためて人に生気をつける生気術に関して受け継いできた知識を伝えてくれました。あなたが見せてくれたブッシュマンの映像のように、私も生気を活性化させてそれを人の体の中に射る方法を学んだのです。

私たちの文化にはこんな伝統があります。生気に関する知識とスピリットを師が弟子に伝えるとき、先祖の神社やお寺にある聖木で作った札にその人の名前を書くのです。木の札は、生気を人につける能力を受け継いだ人の名前を伝えるのです。

大隅先生は、箱の中から古い絹の布で包まれたものをとり出した。

この絹は、伯母が残してくれた唯一のものです。ほかのものはすべて戦争で失ってしまいました。包んでいるのは木の札です。札にあなたの名前を書きました。

この贈りものを大隅先生から受けとったとき、私は非常に大きな責任を託されていることに思い至って、深く頭を下げた。私は、大隅先生の愛をこめた手当てと治療《ヒーリング》の存在を、そしてその重要性を、世界中に語り伝えることを誓った。

大隅先生の愛は、ドラマチックなパーフォーマンスではない。それは内なる静かな場所から生まれる。その場所が「無」であることによって、特定の結果を求めることなく人と交流することができる。大隅先生は決してスピリットを求めない。スピリットが来るのだ。大隅先生は常に患者とともにあり、患者とひとつになる。大隅先生の愛は、ある種の鍛錬を重ねた献身であり、生命の拍動である生気に対するゆるぎない畏敬とそれへの参入であり、そのようにして得た生気を他人に与えることによって治療するのだ。大隅先生の教えは単純だ。

「体の知恵に従いなさい。そこにヒーリングの源を見出すでしょう。」

私は大隅先生から次のことを教わった。子供のときにはだれでも、自然にさまざまな動きをする。意識的せずにするこの自発的な動きは、生気を循環しやすくしている。子供はいつも体をゆらせたり、傾けたり、飛び跳ねたり、指をとんとんと動かしたり、足をひきずるようにしたり、体を曲げたりくねらせたりしている。子供はほとんどじっと座っていることがない。私たちの文化では、親や教師は、子供の絶え間ない動きに悩まされたあげくに、「座ってじっとしていなさい！」と注意する。そのようにして、子供の自然で内発的な子供の動きは抑圧され、大人になる頃には、体に生気を循環させる本来の能力は眠らされてしまう。大隅先生の治療は、意識せずに自由に動くという子供のときに備わっていた能力を目覚めさせ、それを大人の日常生活に再び導入して心身を再活性化させることなのだ。

一九九九年の九月から十月にかけて、私は、バリで伝統的なヒーリングのフィールドワークを行った。バリは、学問上の師である文化人類学者グレゴリー・ベイトソンと、彼の先妻でやはり文化人類学者のマーガレット・ミードが若いころに研究したところだ。そこで私は、「バリでは、親が子供に体を自動的に動かすよう仕向ける」というベイトソンの発見を確認した。たとえば、バリの親は子供に片足でつま先立ちをさせる。そうすると足の筋肉に自然に力が入って揺れ動く。体が意識とは無関係に勝手に動くのだ。この自動的な体の動きはそのまま催眠導入の役割を果たし、トランスに入りやすくさせる。

自動的な体の動きがトランス状態をもたらすことについては、ブラジルの先進的な精神科医で、催眠療法を治療に取り入れているデヴィッド・アクスタイン博士の画期的研究がある。博士は、リオデジャネイロでウンバンダやカンドンブレ［注5］などのスピリチュアルグループのトランスダンスを研究した。それらのスピリチュアルグループは、カトリシズムと、アフリカの宗教と、土着先住民の信仰が混ざりあったものだ。アクスタイン博士は、これらの宗教の起源には興味をもたず、自然な体の動きがそれだけでトランスをもたらしうることに注目した。アクスタイン博士は、このようなトランスを「自動運動《キネステティック》がもたらすトランス」と名づけ、この現象を利用した治療法を開発した。博士はブラジルの国立バレー団にトランスダンスを教え、それを使って体の病気や精神の病気が自然治癒したケースを報告した。これが、アクスタイン博士の初期の業績だ。その後、博士はパリに住み、運動とトランスと治療に関する優れた本を書いている。

アフリカや日本で、あるいはブラジルやその他の地域でも、人々は自動的な体の動きをうまく使って感情を目覚めさせ、エクスタティックな体験を生み出してきた。私は二十年以上世界中を旅してこれらの営みをたどり、どうやって人々が愛の矢を射るかをみてきた。しかし、運動がもたらすこの高められた覚醒状態については、洋の東西を問わずほとんど理解されておらず、それを使った治療も行われていないこともわかってきた。西洋でも東洋でも、身体的・精神的な健康の回復や、スピリチュアルな再生のためには、瞑想やリラクセーションという静的な方法が強調されている。ヒーリングの定義を調べてみると、「リラクセーションによってもたらされるもの」とさえ書かれている。

一方、私が現地に滞在して研究してきた文化のほとんどは、リラクセーションよりも覚醒を強調する。もしもアフリカの村で何か問題が生じた場合、「座って楽にしなさい。すっかりリラックスするのですよ。リラックスしにくい？　それなら安定剤をあげましょう」などと言ってくれる治療者はいない。アフリカのやり方はその逆だ。アフリカのシャーマンなら、問題をみなに公表してこう言うだろう。

「あなたにはダンスが必要だ。火を起こそう。そしてみんなを集めよう。」

世界各地で私が体験してきたことから言えば、リラクセーションはヒーリングをもたらす要因の半分でしかない。ヒーリングには覚醒も必要だ。アフリカの儀式では、踊らされ続けたあげくに疲れ果てて倒れる。そのとき、深いリラクセーションとともに内的な静寂に入っていき、本来の瞑想と同じ効果が得られる。体が回復すれば、ドラムによって再び呼び戻され、踊らされる。夜を徹したダンスの中で、覚醒とリラクセーションのサイクルが三、四回繰り返される。このような覚醒とリラクセーションのサイクルを病気の治療や、さらなる健康を求める人たちの生活に取り入れる――これが、ナチュラルヒーリングに関するこれからの先駆的研究のひとつになるだろうと私は考えている。

一九九七年六月、ブラジルのベロホリゾンテで、私は医者と心理療法家が集まった会場でデモンストレーションをしている。五十代初めの優秀な精神分析家の女性が、みずから被検者となって生気椅子に座り、私が生気をつけるのを待っている。私は大隅先生に教わったことを思い起こし、大隅先生がすぐ隣にいるように感じる。脊髄の基底で重い震動が始まる。

「アーヒ！　アーヒヒ！」

私は叫び声を発し、両腕が武術のような動きで回転しだす。まもなくその動きが速度を落とし始め、やさしく注意深い動きになっていく。

私のすべての師たち（まだ肉体のある人も、死んでスピリットになった人も含めて）が、私の存在の内部で動き出し、神聖な風を生み出す。私は女性の頭のまわりにある空気を回転させる。上方にライフフォース（あるいは、ンツォム、精霊、生気）の波が現れ、体の内部で小刻みに震える筋肉と同調し始める。次から次へと来る高まりが声となって出てくる。嵐が集合しつつある。

　目を閉じると、白い雲が渦巻きながら部屋に入ってくるのが見える。いつ稲光がきてもおかしくない。私は、長い経験からそれが確かなことを知っている。この仕事では、先に雷鳴がきて、それから稲光だ。拍動する音で始まり、それがだんだんと雷鳴のようになって、そのあと一挙に稲光がくる。ふたりの背骨の内部で、エネルギーがはじける音がする。女性はそれを私とともに感じ、聞く。彼女の頭頂部から入って無限の虚空の最奥へと広がる見えないサイクロンが、私たちふたりを端から端へ吹き飛ばす。生気がその場の空気を貫いて打ち降ろされる。外の曇り空に太陽の光が突然現われ、部屋の内部に光が満ちる。光のグレートマザーが、新しい光を届けてくれている。見えない母親の腕の中で優しく揺すられるように、ふたりの体は揺れ始める。

　私はドリームタイムに入っていく。私の両腕が、生まれたばかりのスピリットに包まれる。私はふたつの大海の間をひっぱられていく。あまりに遠くへひっぱられるので、私は長く伸びて細い線になる。それは、アフリカというグレートマザーと、アジアというグレートマザーに向かって伸びる光の線だ。南北に走る線や、すべての点をつなぐ無数の線も見える。それらの線は、シェイキング・テントや、占い棒《ダウジングロッド》からも伸びているし、精霊のダンスで旋回する体、形ではなく気から教える太極拳の達人、そして音楽に演奏させられるミュージシャンにもつながっている。これらはすべて同じあの電流によるもので、多くの文化に普遍的なものだ。それはまた、クンダリニーの覚醒によって自然発生的に生じるヨガの運動「クリヤス」と同じものでもある。それらは永遠の力によって動かされ、永遠の喜びを表出する。

私たちは震える肉体で大地の母と天上の父を強く求め、その両方と握手しようと手を伸ばす。子供のようなこの欲求は、最も荒々しい動きと最も深い静寂との結合を求める。そこでは、決められた動きやリハーサルは不要だ。私たちは大いなる神秘に頭から飛び込み、完全な自由落下の中で生と死と戯れる。私は再び星のように光り輝くたくさんの線を見る。それらは声をそろえて言う。
「線は円だ。そして円は、動いて大いなる輪になる。我々は待っている。」

［注］

1 『大隅伊久子の生気術』（一九八七年、東洋書院）
2 「鳥の尾をなでる」「雲手」は、いずれも太極拳における運動の型。
3 井深大（一九〇八〜一九九七年）は、ソニーの創業者のひとり。一九九一年に設立したエスパー研究所では、「気」の科学的な検証や幼児教育の研究などを行ったという。同研究所は井深の死去の翌年に閉鎖された。
4 クリーは、オジブウェーと同じく、アルゴンキン語系の北米先住民。いずれも五大湖周辺から合衆国北部・カナダに居住している。ウィグワムは住居や儀式のための簡素な建物。テントより作りがしっかりしている。
5 ウンバンダは、ブラジル南東部の宗教で、アフリカ由来の宗教に、先住民の宗教やキリスト教がとり入れられている。霊媒が重要な役割を果たし、霊媒の発言によって教義が日々変化するという。カンドンブレは、ブラジル東部、バイーア州を中心に信仰されており、ナイジェリアのヨルバ族の宗教が色濃く残っている。

七　スピリットの試練を生きぬく

スピリットの世界に目覚めるのはまだやさしい方で、スピリットと関わり続けることは、まったく別の難しい問題だ。世界中のシャーマンが、スピリットを受け入れることと、スピリットを受け入れてからその試練を生きぬくこととの違いについて語っている。心を開いて初めてスピリット（またはクンダリニー、精霊のパワー、ンツォム、生気）を体の中に受け入れたとき、その人の体は雄牛の背にまたがるロデオのカウボーイのようなものだ。文字通り、まるで体の内部で野性のエネルギーが飛び跳ねているかのように振りまわされる。外からこの現象を見たとき、憑依されているように見えたとしても不思議ではない。ある意味では実際そうなのだから。その人は、ライフフォース――純粋で生き生きとした、あふれ出るエネルギーの流れ――に翻弄されるのだ。スピリットとうまく折り合えるようになるには長い年月がかかる。

私の場合、スピリットが心地よく「体の中に住みつく」（南米先住民グアラニーのシャーマンによる表現）のに二十年近くかかった。それまでは、震えがいつやってくるのか、それがどんな形でやってくるのか、まったくわからなかった。最初のうちは、それを防ごうとしてあらゆることをした。上を向くだけでも体の内部で熱い溶岩のようなものが動き出すため、いつも前かがみでいなければならなかった。ピアノを弾くと舞い上がってしまうため、音楽は聴くだけにした。スピリチュアルな体験につながる機会はすべて、伝染病を避けるようにして避けた。そうしないと、あまりに簡単に至福体験に送り込まれるからだ。教会へ行ったり、スピリチュアルな文献を読んだりするのを控え、宗教的な刺激になるような機会はすべて意識して避けた。火をつけたろうそくや、祭壇や、祈りや、ダンスも遠ざけた。スピリットに圧倒されてしまわないために、スピリットに関連するものは一切やめなければならなかった。

そのようにしていてもなお、スピリットは隙間を見つけては流れ込んできた。運動をしたあとマッサージに行っても、施術台に横たわって数分もしないうちに全身が震え始めた。そして私の方が施療者に体を震わせる治療をしてしまうこともあった。今なら、私がサイバネティクスと円環的思考の世界に没頭した理由を理解できる。それは、スピリチュアルな体験を、圧倒されることなくしっかり受け止めて、そのような体験と関わり続けられるようになるため、すなわち、私自身の心のバランスを保つためだったのだ。

アカデミックな研究をしていた年月の間に、私の内部の思考空間は再構成され、スピリチュアルな事柄について考えるのが、より心地よく感じられるようになった。私はアラン・ワッツの本、『心理療法　東と西』に刺激を受けた。ワッツは、一九五〇年代に、サンフランシスコに住んでいたグレゴリー・ベイトソンと親しく付き合っていた。仏教、とくに禅の世界には、内的な世界や現実世界が大きく揺れ動いているときでも、心静かに無の状態になれる方法がある。そんなことをこの本から教わった。

シャーマンになる道のりは、思いがけない試練に満ちている。私は、自分の体と心の奥深くに大きな変化が起こっている中で、なんとか心静かでいるすべを身につけなければならなかった。スピリットが入り始めたとき、経験の浅いブッシュマン・シャーマンは、自分がコントロールを失いつつあると感じる。ときには、死ぬのではないかとさえ感じることがある。コントロールを失いそうな体験に伴う恐怖と不安にうまく対処できるようになるには、長い時間がかかる。

若かった頃の私は、ベッドが動いていると感じて目覚めることがよくあった。外力によって動いたと思ったのだが、実際は私自身の激しい震えによってベッドが震動していたのだ。部屋全体が震動しているように感じて、「地震だ！」と思って夜中に飛び起きたこともあった。それほど強い震動だったのだ。

ふたりで、または複数の人と一緒に体を震わせるようになった私は、人との交わりが自己修正回路として働くことに気づいた。人と一緒にいることによってスピリットの表出を調節できるのだ。流れが強くなりすぎたときには、他の人が自然にクールダウンさせてくれる。ブッシュマンの人たちは遠い昔からこの秘密を知っていて、今もそれを行っているのだ。

ヨガでは、クンダリニーによる事故、すなわち、クンダリニーが活性化しすぎたために心や体が傷ついたという話をよく聞く。しかし、ブッシュマンにはそんな問題はない。彼らは互いに注意を向けあい、必要なときには相手をクールダウンさせる。もしダンスでそんなことが起こったら、ブッシュマン・シャーマンがとんで来て、その人のはだしの足の上に立ったりする。私の経験によれば、内部が熱くなりすぎたときには、大地にしっかりつながるものなら何でも役立つ。あるとき、クンダリニーが噴出してコントロールできなくなった女性がいた。私はその女性に、地面に穴を掘ってその中にはだしで立って、掘り出した土で足を埋めるよう指示した。その女性の場合、それで事態を収めるのに十分だった。

ブッシュマン・シャーマンは、熱くなりすぎた人の腹を手でさすったり、耳に息を吹き込んだり、脇腹をこすったり、甘い臭いをかがせたりするが、これらはすべてクールダウンを促す。どんな方法を使うかではなく、大地や人（人も大地だ）とつながる道筋を作ることが大切なのだ。問題は、クンダリニーの力が、体の（またはイメージ上の自分の）境界の内側だけで循環するときだ。瞑想に関する教えや練習法そのものが、結果的に孤立した状況を作ってしまい、かえって危機を招くことがある。これを私は、「循環する内的エネルギーに出口がない状態」と呼んでいる。ブッシュマンの長老たちから学ぶことはたくさんある。彼らは、この営みを共同体の結びつきの中で行うことによって事故を防いでいるのだ。

一九八〇年代から九〇年代を通して、私は、私の中で起こっていることに興味をもち、尊重してくれる友人に恵まれた。私たちは、心の深いところから生じる自然な動きのままに触れ合い、動きが変容していくにまかせた。このやり方は、即興的なボディワークの様相を呈した。あらかじめ決まった動き方などなく、勝手に触ったり動いたりするのにまかせるのだ。私は自分の手を、占い《ダウジング》の道具として使い始めた。私の体は、他人の体の「求め」を「聴く」ようになった。ボディワークで人と戯れる（「人を治療する」のでなく）とき、私の手と足はその人の肌の上を踊った。私はこれを、スピリットが操る即興のパーフォーマンスと考えた。のちに私は世界のさまざまな地域でヒーラーと出会ったが、彼らもまた、治療がこのように即興的になったときにヒーリングが起こると考えていた。

シャーマンは、治療する相手とのスキンシップをうまく作れるようにならなければならない。これは、大隅先生をはじめ、私が会ったほとんどの伝統的なヒーラーの一致した考えだ。シャーマンは、即興的な身体接触をとおしてからだ全体で人と対話する。私はシャーマンとしての触れ方がごく自然にできるようになるまでに、長年にわたってさまざまな触れ方を試みてきた。それは、場合によっては逆効果だったり、単に無意味な行為で終わったりしたが、驚くほどすばらしい体験になることもあった。特定の結果を求めると的はずれな触り方になってしまい、「あるがままにまかせる」ほうが、正しい動きに導かれた。

こんなやり方で私と実験することを快く受け入れてくれるパートナーと出会えたことに、私は感謝している。妻のメヴと私は、プライベートな空間で即興的に触れ合う関係を享受してきた。私たちふたりは、体のいろいろな部位をどのように震わせ、どのように動かせばエネルギーを高められるか、そして、どのように触れれば異なる意識状態に入れるかがわかるようになってきた。私たちは、互いに触れ合う関係の中に強力なヒーリングと導きがあるのを感じるようになった。

ふたりが心を開いて即興的に触れ合うのは、ふたりがより高度なものを学ぶ神聖な学校に入るようなものだ。そこでは、さまざまな形の性愛に目覚め、ひとつの触覚的表現から次の表現へと移っていく。触ることによって呼び覚まされるのは性的エネルギーだけではない。スピリチュアルなエネルギーも呼び覚まされる。触り方が少しずつ形を変えていくこともあれば、急にまったく別の触り方に飛ぶこともある。

人と一緒に体を震わせるのが長年にわたる私の習慣となった。一九八〇年代終わりから九〇年代を通して、このやり方に理解を示してくれる人を訪ねたときは、相手が子供でも、ペットの動物でもかまわず、一緒に身を震わせた。私は即興的に触ることに夢中になっていた。そうする中で自然にヨガのポーズになったり、勝手に声が出たりもした。その声は、高いエネルギーを伴う震動だ。私は背骨や内臓にまで届く声色で歌い、即興的な声の響きで部屋中にエネルギーを満たした。その場の気づきに従って即興的に、そして奔放に体に触れる、そんな経験を重ねながら、この方法を模索し続けた。

北カリフォルニアでのあるセレモニーでは、二、三百人の参加者のすべてを一晩中かけてひとりずつ震わせた。私は、即興の求めに従ってさえいれば肉体的にも精神的にも疲れないことに気づいた。結果や動き方をまったく気にせずにやれば、自然に人と交わることができ、何の力もいらなかった。

私は、参加者の一部が私に特別な何かを期待していることに気づいた。たとえば、「本物の体験」に導くために野生動物のような叫び声をあげるとか、バターがどろどろになるほど激しく彼らをシェイクするなどだ。もし彼らが期待していることを無理にしようとすると、すぐに疲れて何もできなくなるだろう。他方、何が起こるか気にせずただその時の求めに応じてさえいれば、一晩中何でもできた。人を頭上高く持ち上げたり、取っ組み合いをして床に倒したり、激しくダンスしたり、あるいは、黙って静かにダンスしながら頭のてっぺんにやさしく息を吹きかけたり、相手の両腕をゆっくりと軽く持ち上げたり……。するべきことがわかっていると思っているとき、それは自分が何もわかっていないということを示すよいサインだった。逆に、何をするべきか「わからない」と感じているときに、あとからふり返ると、その場でもっとも適切な動きに導かれていた。

シャーマニックな出会いでは、言葉ではなく体がコミュニケーションの主な手段となり、さまざまな声が体から出ることに気づいた。自分でも出せるとは思ってもいなかったような声が自然に出てきた。それは動物のような叫び声だったり、やわらかい音から始まって力のこもった大音量に至る、長く重い震動だったりする。私は、エネルギーを込めた激しい呼気の間にやわらかい吸気を交えた声を自在に出せるようになった。音作りは、次第に体の動きと同じぐらい重要になっていった。その後、このような声の出し方の訓練を、フランスのロイ・ハート劇場や、エレン・ヘンプフィル教授が指導するデューク大学のアーキペラゴ劇場など、先進的な劇場でも行っていることを知った。このことは、体の震えと同じぐらい音作りを大切にし始めていた私を勇気づけてくれた。震えと音は、互いに生かしあっている。実際、両者は同じものだ。震える喉は震える体なのだから。

一九九六年、アーキペラゴ劇場のエレン・ヘンプフィル教授は音に関する自身の経験を手紙に書いてくれた。

あなたからほとばしり出て会場を満たした声について、ひとこと申し上げたいと思います。それは私にもなじみの深いものなのです。私はこの十八年間を、人間の声が出すこのような「音」を使い、理解し、そして教えることに費やしてきました。それは神聖な声であり、癒しをもたらす声だと思っています。このような声がうまく届けば、人はより全体的な存在となります。それゆえに神聖なのです。ステージで発せられた声は、中心を射抜くように聞く人を癒し、心をなごませます。それゆえに癒しなのです。声が体を癒す道具であることは明らかです。その意味では、「体に手を当てる」のと同じなのです。真似しようとしても、偽物の声にはスピリットは宿らず、魂が伝わることはありません。心が伴わない発声練習のことを、私たちは「無味乾燥な喉の体操」といいます。昨今の芸術の世界には偽物があふれています。しかしあなたが届ける声は、純粋で大地に根ざしています。あなたからほとばしる音の波に包まれた私は幸せでした。あなたは世界各地のスピリチュアルな師とかかわる中で、自分に真実であろうとする火を燃やし続けてきたのですね。私は舞台芸術家として、また、演出家、ヴォイストレーナーとして、常に「芸術の真実」を求めて仕事しているので、……声が癒しの瞬間《とき》をもたらすということに何の疑いももっていません。

エクスタティックなシャーマンは、体が個々の楽器よりもオーケストラに似ていることを知るようになる。残念ながらほとんどの人は、自分がもっている体のオーケストラのうち、ひとつの楽器（ピッコロやトランペットやバイオリン、あるいはドラムなど）しか演奏したり聴いたりしない。私は、自分（や人）の体のオーケストラ的次元に気づくにしたがい、人とのシャーマニックな関係がポリフォニック（多声音楽的）になっていくことに気づいた。

私は人とのワークの中で、まるでピアノを弾くかのように両手のすべての指を使うようになると同時に、声をヒーリングの道具として使い、まるで角笛やリード楽器を吹くかのように、喉から音を出すようになった。他方、低音のドラムを演奏するかのように、両膝で相手の膝をはさんだり、足で相手の膝に触れたりした。シャーマニックなコミュニケーションは、多くの楽器を使う即興的パーフォーマンスの様相を呈するようになった。それはジャズになった。

一九八九年以降、私は意識的にさまざまのスピリチュアルな伝統の集会に参加し、シャーマニックな表現について多くのことを学ぶことができた。水曜の夜と日曜の朝と夜は、ミネアポリス・アフリカ系アメリカ人教会とニューセイラム・ミッショナリー・バプテスト教会に出かけ、礼拝堂で体を震わせて踊った。土曜にはサウスダコタでスウェットロッジに入ったり、スピリットを呼ぶ儀式に参加したりし、カナダに行ってシェイキング・テントの儀式に参加したりもした。一週間を通して、私はそのような経験を好む人たちの中にまじって、即興に身をまかせながら自由に過ごした。遠隔地への旅も続け、一晩中の儀式やヒーリングで体を震わせた。このようにして私は何年も過ごした。これが、シャーマニズムを学ぶ私の個人カリキュラムだった。

これらのスピリチュアルな覚醒を経験し始めてからの私の人生は、必ずしも容易ではなく、快適でもなかった。確かなことは、だれもが人生の中で、相当な量の困難やトラブルや、症状、病気、そして苦しみをひき受けるということだ。それが生きていることの意味の一部なのだ。この道に入った人は、解決しなければならない問題と、経験しなければならない痛みが、どんどん増えていくことに気づくだろう。おそらくそれは、決まりきった生活の外に出るために必要なのだ。それらの苦しみを生きることは、私たちの成長と発展のために必要なレッスンでもあるのだ。

私も、自分自身に与えられた苦しみや痛みを経験してきた。体の重い病気、人間関係の行き詰まり、政治的な不正、経済的困窮、そして私の考えに共感できない人たちによる心無い妨害行為など。しかし、私はそれらの苦しみをかきわけながらなんとか切り抜けてきた。苦しみに慣れていったのではなく、苦しみをスピリチュアルな火の中に投げ込んできたのだ。それは、私のエゴを焼き捨てて私をありのままの姿にするのに役立った。それは、私がより人間的な存在になるために必要だった。

私は多くのシャーマンから、他人だけでなく自分自身についても、明るい面と暗い面の両面について学ぶ必要があると教わった。年とったシャイアン〔注1〕のメディスンマン、ウィリアム・トール・ブルは言った。

おまえは悪いことをただ頭で学ぶだけでなく、直かにそれを知らなければならない。病気になったり、酔っぱらったり、お金に困ったり、罪悪感でいっぱいになることが実際どんなことかも知らずに、どうして苦しむ人を助けることができるだろうか? おまえは良いことは知りすぎている。世の中に出て行って、実際に馬鹿な人間になって、それから帰ってくるがよい。そのときにはまた別のことを教えよう。

最初、私はトール・ブルにからかわれているのだと思った。しかし、同じようなことを別のシャーマンや長老からも言われた。そういえば、十九歳で体験したあの最初のスピリチュアルな覚醒のあとにも、真夜中にこんな声で目を覚ましたことがあった。

「今のおまえは優等生すぎる。大胆に悪に身を染めてみることだ。手始めに、科目をひとつ落第しなさい。」

私はこの指摘を認めざるを得ず苦笑した。たしかに私は大学でオールAだった。高校では卒業生総代をした。そんな私にわざとクラスを落第しろという……。しかし、考えれば考えるほど、教科を落とすことに興味が膨らんできた。そしてその考えにとりつかれた末に、私はいつものつまらない勉強の仕方に対して小さな反乱を実行した。政府が認定している教科をわざと落第したのだ。その挑戦的な行為をとおして、すべてのクラスに出席してすべての試験に優秀な成績をとるよりも、「自分自身の政治学」についてより多くを学んだ気がした。

たわいない行為に聞こえるかもしれないが、これは私という存在の暗い部分を学ぶ第一歩になった。その後の年月を通して、「悪童」になることによって学べるだけ学び続けた。酒を飲んで騒いだり、いたずらをして職場の秩序を乱したり、権威をふりまわす人を困らせたり、様々な状況で「とんでもないこと」をしでかすようになったのだ。そう、ウィリアム・トール・ブルは正しかった。トラブルメーカーと一緒に飲んで騒ぐことから学ぶことは山ほどあった。そのようにして、私は自分が一生懸命勉強してきた理由に初めて気づいた。私は好きで勉強していたのではなく、失敗するのが恐いから、そして、あいつは優等生だとか、何でもできるというイメージを壊さないため、周囲の期待を裏切らないために勉強していたのだった。

底辺からの眺めは大きな教訓となった。やくざやギャングや、トリックスターやアウトサイダーの生き方にも秩序と意味があることを知り、通常とは逆の見方ができるようになった。人生の中で立つ場所を変えると、異なる真実が明らかになる。泥沼の中からみると、爪にマニキュアを付けたり、抗菌処理をしたスーツに身を包んで街を颯爽と行く人たちが、むしろ単純にみえてくる。落ちるところまで落ちて失うものがない人なら知っているとおり、底辺の真実から見れば、文明全体が、快楽への依存と無知とを利用して利益を生み出す、貪欲な機械のようなものだ。底まで降りて行って得たいくつかの視点は、私を永遠に変えることになった。それは、私がシャーマンになる過程の一部だった。

トール・ブル老人はまた、別のことも教えてくれた。彼は、どのようにして人がシャーマンになるかについて、ある話をしてくれた。それは、カトリックの孤児院や、人々が群がるカジノができるずっと以前のことだ。

北米先住民シャイアンのひとつの集団が、冷たい冬がくる前にキャンプ地を移動しようと準備をしていた。ある若い男は犬を飼っていたが、犬は彼の最良の友だった。しかしその犬は、年老いて目が見えず、歩くことさえままならず、長旅に耐えられない体になっていた。犬にはおそらく二、三ヶ月の命しか残されていなかった。若者はこの犬を不憫に思った。犬は長い年月の間、若者の最高の友であり続けた。若者は犬の残された命を大切にしたいと思った。この気持ちを心にもちながら、若者はみんなにこう言った。

「自分は犬と一緒にここにとどまることにする。あとで追いかけて行くから。」

その後の月日を、若者はその犬が少しでも楽になるよう、できる限りのことをしてやった。くたびれた毛を梳いてやり、食べ物や水を与え、犬に話しかけ、一緒に過ごしたよき日々を思い出した。若者は犬に歌も歌ってやった。そして冬のある寒い早朝、若者は夢をみた。ヴィジョンの中で犬は若者に語りかけ、若者がしたすべてのことに感謝した。犬は言った。

「私はこれから去って行きますが、あなたに贈りものを残します。目が覚めたとき、あなたは私が死んでいるのを見るでしょう。ナイフで私のまぶたを切りとってください。そしてそれを皮の小袋に入れて、治療の道具にしてください。人々が目の病気や雪目になってあなたのところに来たとき、その袋を目に当てれば病気は治るでしょう。」

この夢に驚いて目を覚ました若者は、犬が若者の足の上に横たわっているのを見た。夢が預言したとおり、犬は死んでいた。若者は夢に従って皮の小袋を作り、立派なシャーマンになった。

トール・ブル老人は続けた。

シャーマンはこのようにして自分自身の治療法を得るのだ。ヴィジョンは教えたり、指示したりする。ときには、みんなと同じではなく、自分の心が指し示す方向に向かわなければならないこともある。そうすることによって、ヴィジョンによる導きが受けやすくなるのだ。

ズールーのスピリチュアルな師、ヴサマズールー・クレド・ムトワは、あるとき私に謎かけのような質問をしてきた。

「あなたは善と悪にどう対処するか？」

これは、シャーマンになるための長年の訓練と指導の最後に、その成果を試す質問だという。もし私が、

「善のために全力をつくし、悪はすべて破壊しなければならない」と答えたら落第だ。正しい答は「善や悪にこだわらない」というものだ。スピリチュアルな存在は善悪のちょうど真ん中に位置する。そこでは、対極にあるものが最大の緊張を作り出す。

これはまさにシステム論的な見方なのだが、この見方が悪を許容しているかのように誤解されてはならない。この見方の意味するところは、自分の純粋さや価値を過大視したり、逆にやけっぱちで後ろ向きの生き方をしたりといった、どちらか一方の極に陥ってしまわないようにということだ。どちらの極にも、その背後には同じ過ちが隠されている。これを知ると、一方の極に捕われている人に対して、怒りよりも深い同情を抱くようになる。目標とするところは、驕らず常に周囲の出来事に注意を向け、両極のまん中を漂うことだ。ボーイスカウトでもなければ不良少年でもなく、あるいは、ガールスカウトでも不良少女でもなく、いずれの極にも偏らない生き方がよい。善か悪か、健康か病気か、頭がいいか悪いか、聖か俗かなど、どのような二元論であれ、両極はいずれも実存的に不安定な場所だ。そのような場所から離れているようにと私は教わった。

まん中という場所では、どちらの側につくこともなく、不愉快なものを排除しないし、好きなものを抱え込むこともない。そこでは、苦しくてぐちをこぼすこともなければ、浮かれて舞い上がることもない。二元論的尺度の正確にまん中は、異なるものが出会い、かつ離れていく場所だ。シャーマンやスピリチュアルな巡礼者は、そこで苦しみや喪失の体験に感謝することを覚え、快適さや利益に対しては、警戒しなければならないことを知る。常識に対するこの逆説的な反転によって、私たちは、どちらか一方の側に偏ることなく、ちょうどまん中でバランスよく立ち続けることができる。

私は、足にハーバード大学医学部で過去最大の骨腫瘍を患ったことに感謝できるようになった。また、最初の破局的な結婚にも感謝できるようになった。思いもよらなかったが、前妻はアルコールが入ると永遠にくだを巻き続け（ときに暴力的にもなり）、しかも、私の独善的で行過ぎた批判が絶望のサイクルを助長するありさまだった。しかしその頃の私は、白い騎士には必ず黒い敵が存在し、両者が等しく重要な役割をもっているということをまだ理解してはいなかった。

多くのチベット僧が、中国に対して怒りを抑えられず、報復を望んできた。だからこそダライ・ラマは、人生の重要な師として中国人に感謝することができる。あるレベルから見れば、中国人もダライ・ラマも同じなのだ。このことからダライ・ラマは、自分自身の中にも他人と同じものがあるのを見出したときに初めて、その人のことを理解できると教えている。スピリットの政治学では、人が人の上に立つことはない。だれもが等しく同じ命を授かっている。人よりも優れた人などいない。

シャーマンになるということは、スピリチュアルなはしごをのぼったり降りたりすることだ。神と会うためにははしごをのぼらなければならないが、それが終われば降りて戻ってこなければならない。そしてさらに降りて行って、暗くて毒気に満ちた悪の中を切り抜けなければならない。のぼったり降りたり、方向転換をするたびに中心へ近づいて行く。そのようにするうちに、最後には、上と下が別のものではないことに気づくだろう。それらは、ひとつの円の円弧の一部なのだ。その円は、人が「善は悪と戦わなければならない」と考えたときに切断される円だ。明と暗、正と誤、右と左の円が再び全体になるとき、人は中心に戻ることができる。そしてすべての反対物や両極の共存がもたらす力を感じることができる。そこで人は、すべてのスピリチュアルな風が渦巻く中心、神秘の最も深い洞穴、シャーマンの最も熱い炎を見出すのだ。

白昼夢を見ている。一八七〇年代に、ツァム・ブッシュマン［注2］のツァッボやディアトゥァンたちが、自分たちの考えや世界観を、言語学者のウィリアム・ブリーク博士とルーシー・ロイドに初めて語ったときのことだ。そのとき初めて、ブッシュマン文化の外部の人が「デイハート・スター（昼の心の星）」の物語を聞いた。彼らが記録したブッシュマンの民話を引用しよう［注3］。

「夜明けの心《ドーンズ・ハート》」には娘がいて、「夜明けの心の子《ドーンズ・ハート・チャイルド》」と呼ばれる。父親と娘は不思議な関係にある。

父親は娘を「私の心《マイ・ハート》」と呼ぶ。

父親は娘を飲み込んで、ひとつの「夜明けの心の星《ドーンズ・ハート・スター》」となって、ひとりで歩く。娘が大きくなると、父親は娘を吐き出す。

娘は別の「夜明けの心《ドーンズ・ハート》」となる。

そして今度は、この「夜明けの心《ドーンズ・ハート》」が別の「夜明けの心の子《ドーンズ・ハート・チャイルド》」を吐き出す。

これが際限なく繰り返される。

私たちは星。だから空を歩く。私たちは天国のもの。だからそうするのだ。

私たちは星。だから眠らない。私たちは空にのぼって、空のものになる。

私の名前は「昼の心《デイ・ハート》」。だから私は昼の星。


白昼夢から現実に戻ると、年長の男女のブッシュマン・シャーマンたちが私のまわりに集まっていた。彼らは、「生命は次々に姿を変えていく」という考え方で私の頭を悩ませ始めた。ツォンタ・ボーは前回来たとき私がプレゼントした帽子をかぶり、タバコを金属管に詰めたパイプに火をつけ、背もたれに上半身をあずけながら話に加わった。

「そう、先祖は我々を助けたいんだ。」

「でも、ずっと会えなかったら、先祖は私たちを病気にして連れて行ってしまうわ。」

と高齢のテカエが言う。彼女はこの地域ではもっともパワフルなシェイカーだ。

ツォンタ・ボーが言い返す。

「ご先祖は我々を愛しているだけだ。傷つけたいなどとは決して思っていないさ。」

「ご先祖は助けるだけだ。」

「傷つけることもある。」

「助けるために傷つける。」

「絶対傷つけない。」

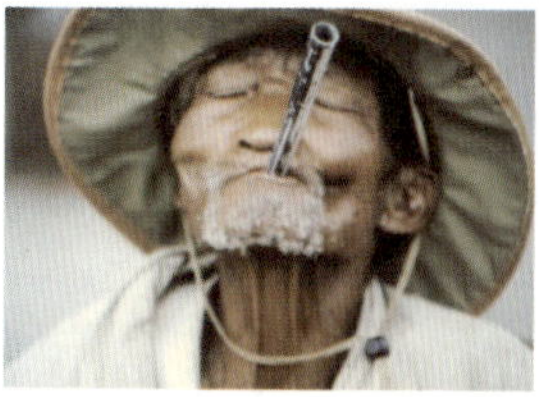
ツォンタ・ボー

彼らの話を聞けば聞くほど、ますます収拾がつかなくなってくる。私は頭を整理することにした。ブッシュマンの師たちの間では、ある円環的な思考が働いているのだ。「助ける・傷つける」「善い・悪い」「変わらぬ大いなる神・形を変えるトリックスターの神」……。これらの組み合わせのふたつの側面は、関連していると同時に区別されるものでもある。私は、円環的な心の中へとひき込まれる。そこでは、神話のヘビであるウロボロスが自分の尾（tail）を飲み込んでいる――そして語り手は、自分の物語（tale）を飲み込んでいる――。

ブッシュマンの長老たちが話し続けているあいだに、私の注意はある記憶に迷い込んだ。サイバネティクスの思想家であるフランシスコ・ヴァレラ〔注4〕について、大学で講義をしていた時の記憶だ。

サイバネティクスは、ものごとを区別するだけにとどまらず、区別を補完する。そのような枠組みを、なぜ彼が「スター・サイバネティクス」と呼んだかについて、学生たちに説明している。たとえば「肉食獣と獲物」という二元論的・相反的な組み合わせは、それ自体が、「エコシステムと種」というさらに包含的な概念の組み合わせの一側面となる。いくつもの円が包含しあっているこの世界では、反対と思われるどんなものも、別のレベルでは、より広く包含する円環性を維持するように動いている。私は治療による変化を、この円環的理解を使って説明してきた。

ブッシュマン・シャーマンたちの笑い声で現実に引き戻された。私が空想にふけっているのに気づいた彼らは、立ち上がって空に向かって手を振り、星に手を届かせようとしている。これはダンスをしているシャーマンのしぐさだ。そのとき私は気づいた。ブッシュマンが星の話をするとき、彼らは円環的な結びつきのことを言おうとしているのだ。私は、ブッシュマンの言葉をかつての学問上の師の言葉と重ねる。

円あるいは星は、自分自身を飲み込んで子孫を生む。その結果として、破壊と創造、死と生は、途切れることなく続く。

初めてブッシュマンとダンスしたときのことを思い出す。そのとき、私はひとつの星とつながり、その星と一体となり、その星の声を聴いた——。

常識的な人はシャーマンになろうなどとは思わない。天国を手に入れる代償は地獄行きと決まっている。スピリットとともにある人生の代価は、人生を失うことだ。あふれるほどの意味は、理解をすべて停止させたのちに初めてやってくる。あるものを得るためには、それを諦めなければならない。彼方に行くためには、ここにいなければならない。これらの逆説的な反転は、無限のバリエーションで世界中の古い宗教の知恵に含まれている。

シャーマン的な心の状態に繰り返し入るうちに気づいたことがある。それは、目指すべき最も重要なものは愛の矢だということだ。妻と私は十年以上の年月を、世界中のスピリチュアルな長老たちを訪ねて歩き、彼らの人生の物語を書いてきた。どのようにして彼らを見出したのか、どのような基準で書く人を選んだのかと問われれば、それはその人のAQによるといつも答える。これは「エイモス指数」という私たち夫婦の造語の略で、その人から常ににじみ出ている愛のことだ。私たちはIQ的に賢い人を書きたいとは思っていない。私たちは愛そのものを生きている人を探し求めてきた。それは、まさにこの世界で私たちと同時代に生きている聖人で、愛のともしびとなっている人たち、私の祖母がよく「神のための太陽光線」と呼んだような人たちだ。

私たちは、旅の中で何人かの本当の聖人に出会ったと思っている。エイモス・グリフィンもそのひとりで、下町のブラックチャーチの主席祭司だ。エイモスはルイジアナの小さな町で育ち、そこで家族、なかでも祖母から、「イエスの至高の愛」を教わった。彼によれば、この愛は裁かず受容し、罪を犯していても無条件に許し、肌の色や、金持ちか否かや、教育の程度や社会的地位などとは無関係に、すべての人をやさしくはぐくむ愛だ。

私たちは、エイモスの生活を実際に見てきた。日々の生活の中でエイモスからにじみ出ている愛は、人の心を動かさずにはおかない。エイモスはみんなと一緒に歌うことはほとんどない。しかし、教会のスピリットと愛に包まれたときにエイモスが歌い始めると、その歌はだれよりも純粋で、すべての会衆の心を悦ばせた。仲間のだれかが病気になったり、食べるものに困ったり、あるいは家を失ったりすると、エイモスはそこへ行って助け、兄弟姉妹のために喜んで奉仕した。エイモスの心から愛の矢が放たれるのを、私たちは容易に感じることができた。エイモスはまわりにいる人たちの心を動かした。

エイモスは、彼の人生の驚くべき話を聞かせてくれた。若い頃、田舎から町へ出てきたエイモスは、家族を養うための仕事が見つからず、困り果てていた。エイモスは子供の頃から綿摘みをして大人になったが、都会で生きていくための技術は何ひとつ身につけていなかった。あるとき町の工場街を歩いていて、窓に貼り出された求人広告を見つけた。中に入っていくと、工場の責任者は尋ねた。

「エンジンの直しかたを知っているかね。」

エイモスが、いいえ、知りませんと答えようとしたとき、耳にささやく声がした。

「ただ神を信じて、エンジンの上に手をもっていきなさい。」

エイモスは、気持ちを落ち着けるために少し間をおいてから答えた。

「修理が必要なものを一度見せてもらえませんか。そうすれば何ができるかわかると思います。」

工場長はエイモスを仕事場に連れて行き、故障したエンジンを見せた。エイモスは深く呼吸し、内なる信仰を強くもって機械の上に手を置いた。エイモスの手は、まるで占い棒《ダウジングロッド》のように動いて正しい道具を取り、修理が必要な場所へ向い、エンジンを修理した。エイモスは雇われ、以後ずっとその会社で働いて、いろいろな種類のエンジンを修理した。エイモスは訓練も受けず、専門の知識もないまま修理を行った。彼の純粋な心が信仰の扉を開き、不思議な力が必要なことを彼に伝えたのだ。助ける対象が機械か人かに係わらず、エイモスはその信仰心によって智恵の泉につながれた。知恵が湧き出るその奥にあるものは、永遠に神秘であり続けるだろう。

シャーマンの出発点は、すべての生命と熱く結合する燃えさかる太陽、愛の原初の源であり、それが最も純粋で最も強い形をとったものだ。私が会ってきた世界中のほとんどのシャーマンも同意見だが、この愛の湧き出る源のことを私は大いなる神《ザ・ビッグ・ゴッド》と呼ぶ。祖父母が教えてくれたように、「神は愛」だ。これが神について知らなければならないすべてだ。実存的に重要なことの一から十まですべてが愛の中に見出される。最も純粋な愛は、裁いたり、傷つけたり、罰したりしない。愛は、聖人から犯罪者まで、すべての人をその腕の中につつみこむ。愛は偉大な民主主義だ。私たちのすべてが、等しく喜んで迎え入れられる。至高の愛は、完全に恵みのみをもたらす。これがブッシュマンの人たちの最も明るい星だ。

［注］

1 シャイアンは、オジブウェーと同様、アルゴンキン語系の北米先住民。ワイオミング州とオクラホマ州に保留地がある。

2 ツァム（/Xam）・ブッシュマンは、南アフリカ・ケープ地方にいたブッシュマンの一グループ。入植したヨーロッパ人の圧迫で絶滅した。

3 Bleek, W.H.I. and L.C. Lloyd. *Specimens of Bushmen Folklore*. London: George Allen & Co., Ltd., 1911.

4 フランシスコ・ヴァレラ（一九四五〜二〇〇一年）は、チリ生まれの脳科学者。チベット仏教に傾倒した。

八　ズールーの人々の中で

私の師のひとりに、ズールーの長老で部族の語り部でもあるヴサマズールー・クレド・ムトワがいる。南アフリカ共和国の現代史の中では傑出した、そして評価の分かれる人物だ。一部の人からは、アフリカの最も偉大なシャーマンとみなされ、実際、アフリカの呪術医のあいだで「法王」とまで言われている。しかし他方では、彼のことを悪者扱いする人もいる。どちらの面も少しずつあると私は思っている。

クレドは、有能な治療者であるだけでなく、神秘的な夢を見る人であり、独創的な芸術家であり、世界的語り部でもある。

クレド・ムトワと著者

私は光栄にも伝記の執筆を許されたが、クレドの複雑な人生を理解するのはたやすいことではなかった。一九九〇年代初めに伝記の仕事に着手したとき、クレドは、最初にシャーマンの世界に導いてくれたおばのミナーと長く会っておらず、生きているかどうかさえわからなかった。しかし、ミナーが昔どんなふうだったかは憶えていた。子供の頃の記憶によれば、まるで「細い黒檀《エボニー》の彫像が動いているよう」だったという。髪には赤い土を塗りつけ、溶かしたハーブの繊維で作った糸を肩から交差させてかけ、胸をはだけていた。首には貝殻のネックレスをつけ、やはり赤土と貝殻で飾られた皮のスカートをまとっていた。ミナーが歩くと、足首に巻かれたガラガラが不気味な音をたてた。

一九九八年九月に、私は「クレドと一緒に旅をしてミナーの生存を確かめなければならない」という夢を見た。そして、ズールーランドのはるか奥地、ババナンゴ地方の山中でミナーが生きているのを見つけた話は、別の本〔注1〕に書いた。ミナーは、今はもう亡くなっているが、当時すでに九十歳を超えていた。

ミナーは、現代社会の便利さやテクノロジーからかけ離れた、昔ながらのクラール（集落）〔注2〕で生きた古いサンゴマだ。スピリットが働きかければ、そんな年でも激しくダンスした。ズールーの人々の間では、スピリットはサンゴマの肩に住んでいると信じられている。サンゴマの肩に触れないよう注意しないと、眠っている先祖を起こすことになる。私はこれを強烈な体験によって学んだ。うっかりミナーの肩に触れてしまったのだ。その瞬間、ミナーの声と表情は激変した。

クレドのおばミナー

ミナーは非常に強い薬《ムティ》、特に、危害から人を守るムティを作ることができた。彼女は真鍮の薬莢《やっきょう》に秘密のいろんなものを詰め、それに向かって祈った。ミナーは強く集中してヴィジョンを見る方法で、ムティに守りのパワーをつけた。私はこの薬が劇的な効果を示すのを何度も見た。それは、単に信仰心や無意識への暗示を刺激したためだったのか、あるいは、まったく説明不能なもっと神秘的な何かが関与したのだろうか。いずれにしても、万一、ミナーのムティを私が妨害しているなどと彼女からみなされようものなら、それがどんな状況であれ、恐ろしくて震えあがっただろう。しかし、ミナーは私がクレドの伝記の仕事をしていることを評価してくれて、私にも銃弾の呪物を作ってくれた。私をミナーの先祖のスピリットの庇護のもとにおいてくれたのだ。

のちにもう一度ミナーを訪ねようとしたとき、私たちは道に迷ってしまった。道を聞くために人を待っていたとき、うたた寝をして、夢で別のサヌシと会った。サヌシとは、サンゴマの中でも知恵とヒーリングのパワーが特に優れた人のことだ（クレドもミナーもサヌシ、すなわち、非常に尊敬されているサンゴマだ。）夢で見た女性は、私たちのボディガードのひとり、ブレッシング・マコバという若い男の祖母だった。夕食のとき、私は率直に尋ねた。

「ブレッシング、君のおばあさんはサヌシかい？」

ブレッシングは驚いた様子で答えた。

「そうです。どうしてそれを知っているのですか？　祖母は一度も白人に会ったことがないのに。」

私はサヌシの夢を見たことを話し、できるだけ早く会いに行きたいと言った。翌朝、私たちは彼女のいる村に向けて出発した。ハイウェイを走り、舗装されていない道をさらに奥へと走った。待ち伏せ強盗が出るため外部の人はほとんど通らない道も通った。ボディガードなしでは安全に通れない道だ。川を渡り、山を登って、ようやく彼女の家にたどり着いた。そこは昔ながらの集落《クラール》で、草葺きの屋根と、地面に牛糞を塗りつけて固めた床でできていた。玄関には祖先のために犠牲に捧げられた牛の角がつり下げられていた。小屋から出てきた彼女は、頭と顔をビーズで覆っていた。ブレッシングはおばあさんに、私たちが何者で、なぜここに来たかを話した。彼女は答えた。

私の名はビドリザ・シチシニ・シズザ、しかしみんなはヌシキと呼んでおる。年は百十歳を超えておる。私は長い間にたくさんのものを見てきた。あんたはここに来た初めての白人じゃ。さあ、山へ行ってあんたが持っている物を何でもいいから隠してきな。戻ってきたら何をどこに隠してきたか言ってやろう。そうすれば私が本物のパワーをもっていることがわかるじゃろ。私は疑われるのが嫌いなんじゃ。

私には何も隠しに行く必要はなかった。ヌシキが過去と現在をつなぐ古い時代のサヌシであることが、私にはすでにわかっていた。ヌシキは、現代社会とまったくと言っていいほど接触しない生活を選び、はるか離れた山村で暮らしていた。ヌシキは私の目をのぞきこむと、迷わず言った。

私にはわかる。あんたはブッシュマンのやり方を知っておるじゃろ。私も若い頃ブッシュマンから教えてもろうた。あんたが

ヌシキ

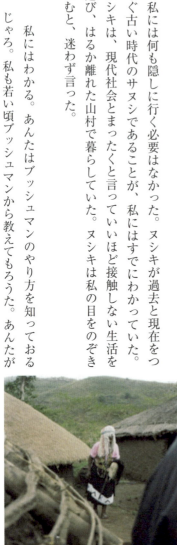

何者かわかる。よう来てくれた。

ドラムが鳴り始め、ヌシキと私は集落《クラール》の中で、歌と、震動するリズムと、うねりに合わせてダンスした。この祝いの儀式がやんだとき、私たちは抱き合い、互いに震え、即興的な声で会話した。混じり合う汗は私たちをさらに近づけた。ヌシキは、身につけていたサヌシのビーズをくれてこう言った。

「知りたいことがあったら何でも教えてやるよ。」

私たちは、シャーマンになることの難しさ、とくに、十分注意していないとすぐにさまざまな苦しみや試練が自分自身の人生に入り込んでくることについて語り合った。

私は言った。

「対極にあるあらゆるものが、宇宙の秩序によってバランス良く保たれているようですね。」

ヌシキが答えた。

そうだとも。よい方向であろうが悪い方向であろうが、ひとつの方向にあまりに行きすぎると、強い風が吹いてまん中に戻されてしまう。行けば行くほど、もっと先へ行けると考えたくなるが、実は、二、三歩で吹き戻されてしまうところにいるだけじゃ。

私はヌシキの言葉につけ加えて言った。

「自分は特別だなどとひそかに誇りに思っていても、それは、ただパチンコのゴムを引っぱっているようなもので、いずれ反対の方向へ投げ返されてしまうことに気づいていないだけなんですね。」

ヌシキは、笑みをうかべて応じた。

そのとおり。明るい光を手にしたときはいつも、あんまり遠くまで行かぬよう注意せねばならん。暗い影に捕まってしまわぬようにな。このわなに捕まらないための方法がある。光にも影にも決して興奮しないこと。大きなことが起こったときは、それが好ましいものであろうがなかろうが、大げさにとりあげんことじゃ。冷静さを保って、ちょうどまん中にいてすべてを受け入れることじゃ。吹く風の中心で静かにしていて、まわりのあらゆるものが風に吹かれるにまかせることじゃ。あんたがパワーをもっているのは、まん中の居場所を知っているからじゃ。それは、反対向きのふたつの力のあいだにいるようなものじゃ。前と後ろの両方からひっぱられるのを感じるじゃろう。体が震えるのはそのためじゃ。我々が前後上下に震え続けるのは四方から吹く風のせいじゃ。

次に訪ねたとき、ヌシキは先祖のスピリットを呼び出して私に会わせようとした。ズールー王のスピリチュアル・アドバイザーをしているサヌシ、サネリシウェ・ゲルトルード・カニレも来ていた。私たちは、ヌシキがスピリットの世界と交流する儀式の準備を整えた。私は、百歳を超えたこの小さな老人と対面して座った。ヌシキはビーズで頭をおおい、ホロホロチョウを描いたサンゴマの衣装で身を包んでいた。ドラムが鳴り、ヌシキは頭を垂れた――と思う間もなく、突然体を震わせた。表情が変わり始めると同時に、声が低くなり、男の声に変わった。ヌシキは昔のズールー戦士になっており、戦争に行きたがった。ヌシキは盾と槍を手に取った。私たちは彼女を落ち着かせなければならなかった。

目の前に座っているヌシキが、ひとりまたひとりと先祖の声で話すのを聞いていると、私の腹の中でエネルギーの流れが波立ち始めるのを感じた。ヌシキは私を見て尋ねた。

「先祖のスピリットが来たかい？」

突然私は、自分の顔つきと体と声が変わるのを感じた。私もまた、自分の意思とは無関係に、さまざまな役をひとつずつ演じるドラマに入っていった。イメージに現れる人物になるのは難しくなかった。しかし、通常の意識状態に戻るのは非常に難しかった。それは実際に苦痛を伴い、私は顔をしかめ、全身の筋肉に力を入れて体を強く伸展させなければならなかった。まるで、過去の自分を今ここにひっぱり戻そうとしているようだった。戻ってきたとき、自分が何を言ったか憶えていなかった。言葉でものを考える意識状態から遠く離れたところに行っていたのだ。

数年前にブラジルのサンパウロに講演に行ったときのことを思い出す。招聘してくれた人の中に、ブラジルの催眠治療の第一人者でマギーという名の、上品な年配の女性がいた。聡明で魅力的なセラピストであるマギーは、以前、スタン・クリップナー（アメリカの夢の研究家で超常現象の研究家でもある）がブラジルの伝統医を研究していたとき、彼のブラジルの旅を何度か世話していた。私が到着したとき、悲しい出来事が起こっていた。マギーの孫娘が数日前に事故で亡くなっていたのだ。孫娘は不用意にカーブに飛び出して車に轢かれたのだった。さらに奇妙なのは、マギーの息子も、数年前に同じようにして同じ場所で亡くなっていた。そのような悲嘆の中で、友人たちはマギーを支え、マギーのために集まっていた。

私は、マギーの孫娘と接触《コンタクト》を試みてほしいと頼まれた。私はマギーを数年前から知っていたし、マギーを敬愛していたので、それをひき受けた。すぐに体の内部で震えが始まり、トランス状態に入った。細く白いトンネルが現われた。その中を飛ぶようにくぐり抜けると、暗い虚空に出た。そこでマギーの祖父という男性に会った。男性は言った。

「心配しなくていいぞ、マギー。おまえの孫娘はここで私と一緒にいる。おまえの孫娘が成長して立派な結婚式をあげるまで私が見守ることになるだろう。それからもうひとつ、白いカーネーションを忘れないでおくれ。」

ここで私は通常の意識状態に戻らなければならないと感じた。しかし戻るのは簡単ではなかった。普通の意識状態に戻るのに非常に大きな努力を要した。戻ってきて、見聞きしたことを伝えると、マギーは泣きながら言った。

「子供の頃、私は祖父に育てられました。祖父は毎朝、白いカーネーションを買ってきてくれと私に言っていたんです。」

ズールーのシャーマンの多くは、強力な霊媒だ。彼らは、どうすれば自分の意識をもうひとつの心の円に送り込み、そしてそこから帰って来るかを知っている。もしこれを明らかな苦闘や移行状態なしにすると言う人があれば、私はその人の言葉を疑う。これまで私が見てきた真の霊媒はみな、帰ってくるのがたいへんなことを知っている。行くほうが難しいと思われるかもしれないが、むしろやさしい。戻ってきて生まれ直すときに、死ぬような思いをするのだ。

ヌシキ、クレド・ムトワ師、クレドのおばのミナーや、そのほかのアフリカのサヌシやサンゴマたちは、実際にスピリットを自分の体に降ろしてみせることによって、シャーマンとは何かについて多くを教えてくれた。私はまた、ズールーの人たちがシャーマンになる過程を明確に段階づけていることを知った。その過程は、私が見てきた世界中のスピリチュアルな伝統のほとんどにあてはまる。

シャーマンになる最初の段階は、その人の存在を劇的に、そしてしばしば外傷的にゆさぶる体験だ。説明しがたい何ものかに打たれてシャーマンは震え始め、コントロールできないヴィジョンを見て、心身を落ち着かせようと必死になる。このいわゆる「シャーマニック・クライシス」が、シャーマン誕生のときだ。ズールーのサンゴマは、この最初の段階を「インダウ」と呼ぶ。通常この段階は数ヶ月から数年続き、その間に震えを活性化させることを学び、震えが自然に生じてくるようになる。この段階では、コントロールできないスピリチュアルパワーを自分の内部に感じる。体はけいれんして激しく動き、勝手に叫び声をあげたりもする。修行を始めたばかりのシャーマンは、同じく修行中のサンゴマや経験豊富なサンゴマたちと一緒に養成所で生活することが多い。そこでは、先輩たちが初心者を見守ることができる。

ヌシキは、伝統的なサンゴマとして自分がたどってきた道について語った。

師の名はムレウシ・ヌトゥリ。私は師のもとで六ヶ月暮らした。そこで三年、あるいはそれ以上長く過ごす者もおる。弟子の間、我々は「アマトワザ」と呼ばれる。我々は、犠牲に捧げた神聖な動物の膀胱をふくらませて、それを頭にかぶる。体にはビーズを輪にしたものをまとい、そこにスピリットが降りられるようにする。師匠は、修行している我々にいろんなハーブやティーをくれた。師匠が五リットルの食用油を持ってきて、中にいくつか石を入れて、音を出させたこともあった。それを使って修行していたとき、そこから奇妙な音がしたものじゃ。そんな修行もあったよ。

初心者は毎日ドラムに合わせて踊り、スピリットとのつながりを強める訓練を受ける。あるときムトワが言った。

アフリカのダンスはみな、ただひとつの目的のために作られている。それは、部族の宗教を表現し、すべての人の中に眠っているライフフォースを解放するためだ。

この最初の時期は、シャーマンになるための激しい段階だ。外から見ると、完全に狂っているようにみえるかもしれない。スピリットが来たとき、初心者は何が起こっているかわからず自分を見失ってしまう。この時期が最もたいへんなときだ。心を見失いそうに感じたり（実際そうかもしれないが）、死ぬ恐怖を感じたりするかもしれない。夢の中で殺されたり、小さく切り刻まれたりすることもある。死と再生を何度も繰り返し体験するのだ。

次の段階は「インディク」と呼ばれ、スピリチュアルなエネルギーを集中させることを学ぶ。激しい声をただ無秩序に出すのではなく、スピリットの混沌とした流れをひとつの声に集中させる。そうすると、意味を込めた言葉や身体接触を使って人と交わる能力が得られる。自分のスピリットと出会うのもこのときだ。このスピリットは、ヌシキの言葉を借りれば「自分だけのボディガードのような」スピリットだ。このスピリットは、どこに行くときもその人を導き守る。そして最終的に、そのスピリットの言うことがわかるようになる。

第三の段階は「インロジ」と言い、亡くなった親族、特に祖父母や、両親や、おじやおばと接触できるようになる。自分の先祖のスピリットと直接コミュニケートするようになり、シャーマンとしての成熟のきざしをみせ始める時期だ。第一の段階では、スピリチュアルパワーを引き出せるようになったが、スピリットに関してはまだ無知で、何も聞こえず、何も見えない。第二の段階では、集中と理解を身につける。そしてこの第三の段階になると、自分の先祖たちと直接かかわることを学ぶ。自分の歌とダンスを得るのはこのときだ。先祖からそれらを受け取るのだ。先祖たちは、どこへ行くべきか、何をするべきかをその時々に告げる。先祖は夢を通して教えてくれる。目覚めているときに、耳元でささやいてくることもあるだろう。だれかが実際にそこにいて話しかけてくるように感じたりもする。あるとき、ヌシキは次のように回想した。

スピリットが初めて私のところに来たとき、何かが私の体に強く当たってきたように感じた。私はそれを、肩や、頭や、胃や心臓や、体のあらゆるところに感じた。修行を始めた最初のうちは、これが起こると叫び声をあげる。そんな時期が過ぎると、スピリットがその人に語りかけるようになる。それぞれの段階を学ぶのにかかる時間は決まっていない。あんたのようにごく限られた人は、直接スピリットから教わる。教わり方はひとりひとりみな異なる。一部のサンゴマは声を聞かない。知識が直接届くだけじゃ。それはただ心に届くのじゃ。

第四の段階は、「ムロジ」と呼ばれる。この段階では、口笛のようなささやきを聞くようになる。スピリットのささやきを聞いて、スピリットが近くまで来ているのがわかるのだ。スピリットが来ると、体の内部全体でその存在を感じる。何か尋常でないことが自分に起こっていように感じるのだ。自分の心が口笛に同調し始めると、空が開くのを見る。ささやく声は空から来る。声は、するべきことを具体的に告げる。あるいは、いつどんな人が来るか、なぜ来るかを告げる。やって来る人が病気の場合、声はその病気についても告げるので、その人が来る前にどこが悪いかがわかる。この第四の段階には、ほんのひと握りのサンゴマしか到達しない。

さらに三つの段階があるとも言われている。それらはキリスト教の信仰に属するものだが、伝統的なズールーの方法とも結びついている。五番目の段階は、「教会の信者になる」というものだ。この段階では、スピリチュアルな集まりに積極的に参加するようになる。ここでは、強い祈り方を覚える。特別な祈りを授かるのだ。第六の段階は、「神のスピリット」と呼ばれ、人を助けるようになる。ろうそくに火をともして祈り、何をするべきかを神のスピリットから聞く。最後の第七の段階は、「贈りものを得る」と呼ばれ、神から特別の贈りものを受ける。二つまたはそれ以上の贈りものを受けることもある。先祖のスピリットの助けによって、それを見つけることができる。

ヌシキには四人の先祖がついている。みんな年とったスピリットで、ココとヌクル、それにヌシキの父親と、さらにその父親だ。ヌシキのパワーは非常に強いので、占いをするのに骨を投げる必要はない。手の込んだ儀式や道具がなくても、先祖が直接来てくれるのだ［注3］。

ヌシキは、私がシャーマンの道を歩み始めた頃に偶然発見した方法と似た、特別な方法について話してくれた。

私らが強いパワーを得るのに役立つ方法がある。男と女が抱き合うのじゃ。ふたりが一緒に震えると、ひとつの大きなパワーを感じる。あんたが相手より大きなパワーをもっているときは、体が浮き上がるように感じる。そしてあんたのもとにいるスピリットが、相手のスピリットに何かを教えることになる。師匠が弟子に教えるときに、この方法を使う。これは私らが弟子にパワーをつける方法のひとつじゃ。抱き合ったまま地面に倒れることもあるし、動物になったように感じることもある。においをかいだり、咬んだり、舐めたり、あるいは求愛するかもしれない。すべて、先祖のスピリット次第じゃ。

別の機会に、ヌシキは先祖のスピリットを呼び出してトランスに入った。男性の大きな声が直接語りかけてきた。

ここはどこだ。どうして俺はここにいるのだ。我々は白人とは仲が悪い。俺は屈強のズールー戦士だった。俺は白人と戦ってたくさんの白人を殺した。しかしほかのスピリットも俺も、おまえに会えてうれしい。おまえとなら話せる。おまえのまわりにいるスピリットはみな非常に強い。だからおまえには何かをしてやりたい。いいことを教えてやろう。おまえは七つの段階をすべてやりぬいたサヌシだ。おまえのじいさんはサンゴマになりたかったが、最後まではいかなかった。じいさんは、おまえがそれをやり遂げてサヌシになるのをスピリットの世界から見守り、手助けしてきた。じいさんのスピリットがおまえを導いてきたのだ。おまえが世界中のさまざまな文化のスピリットと出会えたのは、じいさんのおかげだ。おまえはほかの言葉を覚えなくてよい。スピリットが直接語りかけるからだ。じいさんはおまえに大きな贈りものをもうひとつ用意している。いずれそれが届くだろう。おまえの先祖たちに会えてよかった。

ヌシキがトランスから抜け出すと、今度はサネリシウェがトランスに入った。サネリシウェは、アフリカで最強のサヌシのひとりといわれている。ヌシキは若い頃からずっとサヌシだった。年をとってから、学び直しが必要と感じたときに、サネリシウェのもとへ行くよう指示する夢を見た。そしてサネリシウェのところに一年住み込んで、さらに多くの知識とパワーを身につけた。サネリシウェは非常に尊敬されているサヌシで、子供の頃からずっと、ズールーの重要なリーダーたちにアドバイスをしてきた。

サネリシウェが目を閉じると、声が変わり始めた。私は彼女の言葉を待った。

おまえは俺と似ている。俺にはそれがわかる。おまえには、キリスト教の世界と、伝統的なアフリカの世界の、両方の先祖のスピリットがついている。植物や木とも関わることができる。あらゆるところからパワーがきている。おまえのスピリットはみなばらばらにではなく一緒に働いている。それはいいことだ。おまえの夢は鮮明だ。おまえと出合えてよかった。俺は、ズールー王であろうがだれであろうが、同じように真実を告げる。俺はおまえに言おう。おまえは我々のところに戻ってこなければならない。我々とともに暮らし、我々と関わり続けなさい。おまえはまだまだたくさんの神秘を学ばなければならない。

強力なブッシュマン・シャーマンと同様、ヌシキとサネリシウェは、スピリットに対して完全に心を開き、自分の体をスピリットにゆだねることができる。ブッシュマンは最も強いスピリチュアルパワーをもっていると私は考えているが、ヌシキとサネリシウェも同意見だった。ヌシキとサネリシウェは、「ブッシュマンの方法について人がどう言おうと気にしなくてよい」と教えてくれた。結局、ブッシュマンの文化は、心を開いてスピリットとかかわるという方法で何千年も生き延びてきたのだ。

クレド・ムトワは、並外れた人生を生きてきた。若い頃、クレドはアフリカのあちこちを旅して多くのスピリチュアルな長老たちから学んだ。クレドの記憶力は年をとってからも驚くほど正確で、そのため、アフリカの過去の声を伝えるすばらしい物語（その多くはどこにも書かれていない）の生きた図書館とも呼ばれている。スピリットと交流する方法に関して、クレドは他のだれよりも多くのことを教えてくれた。クレドは、若い頃に儀式の中で体験した至福体験《エクスタシー》について、次のように語っている。

ダンスをするとき、ダンスの輪の中で地面を足でしっかり踏み鳴らし、足を蹴りあげながらダンスする。足を高く蹴りあげて、体のすみずみまで残すところなく震わせなければならない。ダンスの勢いが高まってくると、奇妙な魔力がやってくる。もはやダンスをしている感覚はなくなって、まるで空中に浮かんでいるように感じる。地上と天空に同時に存在するのだ。それでもダンスを続ける。そうすると、背中のある小さな場所から得体の知れないものが流れ出す。ポットにいっぱいの熱湯が、ふたつの尻の割れ目にある背中の小さな場所から噴き出して、背骨を通って頭のてっぺんへと駆けのぼる。そこでそれは宇宙に向かって爆発する。まるで星々に向かって飛んで行くようだ。ヴィジョンは変化する。心は突然、空に舞い上がる。汗だくになるが、踊り続けても何の苦痛も感じない。この状態を表現するにはこんな言葉しかない――地上のすべての動物や、木や川や山と、ひとつになったように感じる。すべての創造物と一体になったように感じる。

一九九〇年代は、私の人生で最もつらい時期だった。その頃、アフリカのスピリチュアルな伝統と関わっている私を黒魔術師だとみなす人たちがいた。「殺してやる」という脅しや、生活を妨害しようとする組織的な陰謀から身を守るために、私はアフリカに避難しなければならなかった。息子とずっと会えなくなるのではないかという不安も抱いた。サンゴマやアフリカの呪術医たちと過ごすことで、私は精神的にも身体的にも守られた。アフリカから世界中に渡った人々《アフリカン・ディアスポラ》のスピリチュアルな表現と営みがいかに誤解されているかを、私はこの時期に身をもって体験した。そんな時期にムトワ師は、私にもしものことがあったときのために、息子のスコットに宛ててテープを作ってくれた。アフリカの伝統的な長老たちが父親のことをどう見ているかを伝えようとしてくれたのだ。

スコットくん、こんにちは。私は何年も前から、君のお父さん、ブラッド・キーニー博士を知っているよ。私はたまたま伝統的なヒーラーの代表をしているが、私たちはみな、おとうさんを尊敬しているし、愛している。スコットくん、君に言いたいことがある。安っぽいお世辞ではなく、真実を言うんだよ。君のお父さんは、私たちヒーラーの仲間だ。君のお父さんは白人だが、アフリカの最も古いスピリットがお父さんのなかから出でくるのだ。私たちは、君のお父さんのことを「人の魂と関わる人」と言っている。お父さんは非常に古い系統のヒーラーで、治療するときやスピリットが来ているときに、動物のような声を出す。この系統のヒーラーは、「光を放つ者たちを導く教師」「人の魂を癒す人」とも呼ばれ、人生を通して動物と非常に親しくしてきたし、動物のスピリットによく憑依される。治療をしているときに、お父さんが動物の声を出すのを私はしばしば聞いているが、もう地球上にはいない動物の声のこともある。お父さんは、心の内側から母性のスピリットを放っている。それは人々を非常に速く癒すスピリットだ。しかし、この太古の母性のスピリットが解き放たれるのを恐れる人たちがいて、そんな人たちに攻撃されるのだ。

スコットくん。私たちにはこんな教えがある。「子供のタカは、巣のすぐ下にある岩を大切にしなければならない。」私は君に、お父さんとお母さんを大切にするようお願いする。しっかり目を開いて、君のユニークな両親を見てほしい。君の両親は、私たちの心を動かしてきた。君の両親は、私たちの祈りと尊敬に値する人だ。私たちは、はるか遠い国でこのことを信じている。そしてこれをあなたに伝えたい。

私が太古のヒーリングの知恵を受け継いでいる、と言うサヌシたちの言葉を信じていいのだろうか。彼らの話の流れや、真剣な話し方からも、私は彼らの言葉を尊重する。しかし彼らの家《クラール》から一歩外へ出た瞬間、私は、エクスタティックな稲妻に打たれ、世界中を旅し、ヴィジョンとスピリットと、夢に出てくる祖父に導かれてきた、ミズーリ州スミスヴィルの宣教師の息子に戻るのだ。しかしいずれにしても、アフリカの師たちは、ヴィジョンやエクスタティックな経験の中で何が本質的に重要なのかを教えてくれた。ズールーやブッシュマンやその他の部族のシャーマンたちは、シャーマンの成長について多くを教えてくれ、それは私自身の体験とも一致する。人はまずスピリットの稲妻に打たれ、それからスピリットを体の中になんとか落ち着かせることを覚え、そののち、そのエネルギーを集中させて、いろんな目的で利用できるようになる。そして大きく道が開けて、驚くべき多くの経験へと導かれる。そのような中で通常ひとつかふたつのスピリチュアルな能力が与えられる。もし運がよければ最終段階まで達し、声か楽器か口笛の音楽が流れ込み始める。シャーマニズムとはそういうものだ。

しかし、シャーマニズムは、ヴィンジョンやエクスタシーの体験だけではない。内部の熱に導かれてヴィジョンを見たあとは、自分の手を動かして、スピリットの世界を日常の世界に表現しなければならない。だから、自分の中に喚起されたものを何らかの形で表現するのはよいことだ。そして創造的な仕事のあとには、果てしない冗談とユーモアが不可欠だ。それは、器をきれいで空《から》にしておくのに役立つ。すなわち、シャーマンの営みを次の四つの経験からなる四角形としてとらえることができる。

1　エクスタティックな体験。それはその人の存在に生気を与え、神秘的で詩的なもうひとつの現実への扉を開く。
2　ヴィジョンを見て、ドリームタイムに入る。
3　創造的な表現。それは、正確な認識と奔放なイマジネーションとの間を行き来する。
4　冗談。それは、完成しすぎた信条や概念を解体する。すなわち、過剰に現実的、固定的、具体的となってしまった概念を価値下げする。

シャーマニズムの根底にあるもの――すなわちライフフォース――が、四つの角を絶えず行き来させる原動力となる。これら四つの経験がシャーマンを生かし続ける。これがどこかで停滞すると、シャーマンは地獄に落ちる。そこでは、エクスタティックな体験だったものがお決まりの儀式に変わり、夢だったものが文章化された標準的行為となってしまう。さらに、創造性は実験と測定結果にとって代わられ、冗談は真面目な職業意識と偽の倫理性に屈してしまう。

シャーマンの能力は、トリックスターの円環的な知恵によって保たれる。その知恵とは、すべては常に移り変わるとみる心の枠組みだ。この枠組みの中で使われるのは、経験主義（＝知るために行動する）、即興

（＝踏み出した歩みが次の一歩を導く）、倫理（＝すべての人にとって選択肢を増やすように行動する）、そして美学（＝あらゆるものを結びつける働きに感動し、それを大切にする）だ。移ろいゆくこの世に生きるシャーマンは、あたかも手品師のように、行動をあおって混乱をもたらし、神秘を生む処方せんを書き、関係を刺激して変容をもたらし、「無のための無為」という禅の公案のような方法を提起する。それは、システミックな知恵という「より大きな心」の中にある、より深い存在に目覚めるためだ。

ブッシュマン・シャーマンは、互いに変化しながらともに生きる達人だ。彼らは、自由なスピリットによって動かされている世界に住み、そこでスピリットと戯れる。すべての人や物が、彼らのユーモアと容赦のないからかいのほこ先から逃れられない。そして日陰で休む時間があれば、彼らもまた、手を動かして弓や矢、ダチョウの卵の殻のビーズ、楽器などを作る。そしてひとたびスピリットが訪れるとシャーマンは活気づき、村全体でダンスが始まる。ダンスで汲み上げられたライフフォースは、毎日の生活の中で、シャーマンの四つの実存的な経験――冗談、創造的な仕事、神聖なヴィジョン、そしてエクスタティックな経験――のすべてに循環する。

［注］

1　Jeffrey A, Kottler and Jon Carlson, with Bradford Keeney: *American Shaman: An Odyssey of Global Healing Traditions.* Brunner Routledge, New York, 2004

2　クラールは、周囲に垣をめぐらせた中に数個の小屋が建つアフリカの伝統的な住居。

3　サンゴマの占いでは、数個の動物の骨を投げてその配置からメッセージを読みとる方法がよく行われる。

九　カラハリの星の導き

一九九二年十二月、ボツワナから一通の手紙がきた。それは私が初めて出会ったブッシュマン・シャーマン、マンタグからだった。

ブラッドフォード・キーニー氏へ

マンタグ・ケフェレツウェ氏に頼まれて手紙を書きました。マンタグは、あまり多くを望まなければ、足を動かすこともできるし、なんとか生きています。マンタグは今もあなたのことを、自分を救ってくれた恩人だと思っています。そして今もあなたの援助を待っています。もしマンタグのことをまだ憶えているなら手紙をください。私が内容をすべて伝えますので。

私はクツェ動物保護区の野生動物局の副管理官です。二年前からここで働いています。

老いたマンタグに会いに来てくれればいつでも歓迎します。マンタグは、自分に残された日が限られていると言っています。

真実をこめて
オドゥメレング・ラダル・カケツォより
野生動物局、モレポレ、ボツワナ

マンタグに私の名刺を渡したことがある。彼はその小さな白い四角い紙切れを驚いたようにしげしげと見つめていた。私は彼に言った。

「もし私に何か伝えたいことがあれば、若い男にこのカードを持たせて野生動物管理官のところに行かせなさい。」

マンタグに関する最後の記憶は、あの固い四角い紙片に印刷されたインクのあとをしげしげと見つめている姿だった。

私は返事を書いた。

親愛なるマンタグへ、

手紙をありがとう。食物と衣類をあなたに届けるように、友人のピーターに頼んでおいたよ。ピーターはあなたを訪ねたときに一緒にいた男だ。

あのときの火は、今も私の腹の中で燃えている。あなたが私を受け入れてくれて、あの木の下に私の帰る場所を与えてくれて本当にありがとう。あの木の下は、今も変わらず私の本当の家だ。それは私の心の中にいつも存在している。これからもずっと忘れないよ。

……どの世界に住んでいようと私たちはいつもつながっている。それが私たちの運命なのだ。どちらかが死ぬときは、それがいつであってもきっと知らせ合うことができるだろう。スピリットがそれを可能にしてくれる。

私はブッシュマンの人たちを愛しているよ。ブッシュマンの人たちは、人間の生き方について、世界中の人々に教えるべきことをたくさんもっている。もし私たちがブッシュマンの人たちの言葉に耳を傾けようとしなければ、私たちは滅びてしまうだろう。私は、人々がブッシュマンの人たちを守り、ブッシュマンの人たちから学ぶようになるよう、これからの人生の多くの時間を使うつもりだ。ブッシュマンの人たちは、世界で最初の人々《ザ・ファースト・ピープル》だ。どのように癒し、どのように愛し、どのようにみんなでともに生きるかを知った最初の人々だ。私たちは、ブッシュマンの人たちの古い知恵と生き方を教わらなければならない。私たちふたりの心は空を飛んでひとつになることができる。

最も深い尊敬と愛をこめて
ブラッドより

それからマンタグの村を再び訪れるのに一年以上かかった。村に着いたとき、トゥウェレと、マンタグの妻ガバンタテが走って来た。私から質問をする前に、ガバンタテは言った。

「マンタグはあなたの手紙を受けとったよ。すごく喜んで、それを決して放さなかったよ。亡くなったときも、その手紙を握っていたよ。私たちは手紙とマンタグを一緒に埋めたよ。」

私たちは泣き、ひとりひとりと抱き合った。私たちの体は震え始めた。ガバンタテは続けた。

「マンタグの魂はあなたと会えて幸せだよ。マンタグは、あなたの家、あのキャメルソーンの木のそばであなたを待っているよ。」

一緒に歩きながらトゥウェレは言った。

マンタグの妻ガバンタテ

ブッシュマン・シャーマンが死ぬと、その心は空へ飛んで行って星になるのです。そう、マンタグの星はあなたを導いてくれるでしょう。あなたは、我々の長老たちから多くのことを学ぶでしょう。マンタグが導いてくれていることを憶えていてください。あなたは多くの困難に直面するでしょう。それは、あなたがブッシュマン・シャーマンになるためなのです。しかしマンタグのスピリットが助けてくれるでしょう。心の中の声が言っています。これは本当だと。


トゥウェレは手を叩き始め、喜びをあらわにして叫んだ。

「今夜は星たちのためにダンスしよう！」

私たちは夜を徹してダンスした。そしてそれ以来ずっと、私は繰り返しカラハリに来て、夢に従いながら、たくさんのブッシュマン・シャーマンと会い、多くのことを教わってきた。ボツワナでは、ヌグワトレに行って、盲目のヒーラー、モタオペ・サボアブエと会った。そしてディプドゥフドゥ、ズチュワ、メツァマノ、モラポ、ツァイツァイをまわり、クツェに帰ってきた。ナミビア北部の村々にも行き、長老たちとダンスし、女性を含む多くのシャーマンから学んだ。私はカラハリのいたるところでダンスし、夢の指示に従って次の村へと移動した。私はブッシュマン・シャーマンとして生きていた。

キャメルソーン

十　スピリットと深く関わる

一九九三年秋のある午後、ある夫婦から連絡があり、ミネソタ州セントポールの自宅にいる父親に会ってほしいと頼まれた。訪ねてみると、父親のジム・クローリー老医師は人工呼吸器につながれ、人生最後の日々を過ごしていた。クローリー医師は、小さい頃、サウスダコタ州で北米先住民ラコタの人たち［注1］に育てられており、自分の魂のよりどころについて話したいと望んでいた。

八十年前、アイルランドから移住してきた彼の父親は、ラコタの人たちから農地を買おうとした。頼みに行くたびに、ラコタの長は次のように答えた。

「我々は母親を売ることはできない。」

しかし、このアイルランド移民は決してあきらめなかった。最後にラコタの長はこう申し出た。

「母親である農地を譲る代わりに、あなたの初めての男の子をもらおう。」

クローリー医師の父親は、不本意ながらこの申し出を受け入れた。ほかに家族を養う方法がなかったからだ。

このようにして、ジム・クローリーはラコタの家族に育てられた。長老たちは彼をラコタの言葉で蜘蛛《クモ》を指す「イクトミ」と名づけた。蜘蛛はラコタの神話ではトリックスターのスピリットだ。子供の頃、ジムはラコタの一員だったのだ。成人したジムは、保留地を去って仕事に就いた。自立したジムはその後大学へ行き、さらに医学校に通った。学生の頃、ジムは血のつながった家族と再会し、アイルランドのカトリック文化に出会った。ジムは教会に通いながら、ラコタの伝統的な生活の中で培われた信仰も密かにもち続け、このふたつの伝統が矛盾せず両立しうるのか否か、ずっと疑問を抱いてきたのだった。ジムは人生最後の日々を過ごす中で、これをどうしても解決したいと望んだのだ。

かたわらに座って、これまで私がたどってきた旅路について話すと、クローリー医師の目は喜びに輝いた。「異なるスピリチュアルな世界に同時に住んでも問題ない、それらはすべて同じ神に由来するものだから」という私の考えを聞いて彼がどれほど喜んだか、ご想像いただけるだろう。

クローリー医師は、私たちが話し合ったあと、間もなく亡くなった。私は家族から、アイルランドのカトリック式の葬式と並行して、特別の儀式をしてほしいと頼まれた。家族によれば、クローリー医師が亡くなったとき、何百ものカラスが家を取り巻き、数時間にわたって鳴き続けたという。私は、この人の生い立ちに十分な敬意を示すにはどうすればよいかと考えたすえ、自宅に安置された棺《ひつぎ》のそばに祭壇を作った。祭壇にはバッファローの頭蓋骨、呪薬の包み、ジム・クローリー医師のパイプ、そしてその他の神聖な道具を置いた。

葬式の間、カラスが再びやってきた。それは不気味な光景だった。

私は祈りを捧げ、クローリー医師のパイプを手にして神聖な歌を歌った。参列した人たちは、この静かな男が生きてきた人生を知って感動した。クローリー医師が非常に尊敬された麻酔科医、医療器具の発明家、建築家であり、建築家の巨匠フランク・ロイド・ライトの友人であったこと、さらに、彼が画家で彫刻家で詩人でもあったことを、みんなは知っていた。しかし、彼がイクトミという名前をもち、ラコタの人たちに育てられたことは誰も知らなかった。

クローリー医師の子供たちは、父親が意味不明の言葉で動物や小鳥を呼びよせていたのを憶えていた。彼は、怪我をして森から出てきた動物を治すことができた。動物たちは家のまわりの開墾地まで出て来て、彼に触ってもらうのを待っていた。クローリー医師は年をとってから、自分が育ったサウスダコタ州の保留地を訪ねた。長老たちはジム・クローリーを憶えていて、彼の方を指さして「ワカン」という言葉を小声で発し、スピリットが彼の中に住み続けていたことを認めた。長老たちはジム・クローリーを聖人と認めたのだ［注2］。

クローリー医師は、公的には信心深いカトリック教徒であるとともに、私的には信心深いラコタであり続けた。そして、どうすればこれらふたつの伝統を調和させながら生かし続けることができるのか、人生の最後の日々を迎えるまで心にしっくり収まったことがなかったのだ。私たちは、すべてのスピリチュアルな道は本来ひとつだと話し合った。彼は安心して両方の道を心の中で歩み続け、その二日後に息を引き取った。遺体が地中に横たえられたとき、家族と私は上空をハゲワシと黄金ワシが円を描いて飛んでいるのを目にした。

クローリー医師との会話は、多くの異なる道を旅する中で私自身が感じていた心地悪さを和らげてくれた。しかしそれを彼に伝える機会はなかった。クローリー医師は私の中のそのような違和感に平安をもたらしてくれ、私がさまざまな道を歩き続けるのを勇気づけてくれた。心の目を澄ませて遠くを見つめれば、すべてのスピリチュアルな道はひとつに収束するだろう、と私たちは語りあった。そしてその道は、まっすぐ大いなる愛に向かうのだと。

子供の頃、クローリー医師のラコタの家族は、彼がどこで育ったかを忘れないように、銀とトルコ石で作られた蜘蛛《クモ》の置物を彼に贈った。クローリー医師がこの世を去ったとき、彼の家族はその置物を私にくれた。だから私は、イクトミを決して忘れることはない。

スウェットロッジや教会、寺院、アシュラム、あるいはカラハリの火のまわりでなら、ごく自然にスピリットに身を任せることができる。しかし、職場や家でスピリットとともに生きることは、まったく異なる難しい問題だ。神聖な場所や建物の中が、スピリットを感じるための幼稚園だとすると、毎日の生活でスピリットと関わり続けることは、大学卒業レベルだ。

スピリットとの関わりを生活の中にもち込むときにまず学ぶべきことは、スピリチュアルなものが物質的な出来事として現われる現象にいかに心を惑わされやすいかに気づくことだ。そのような事象は、単に常識的理解の外にあって理性では信じられないだけのことだ。よくあるのは、「物質化」［注3］と、現実の出来事に影響が及ぶ場合だ。このような超常現象は、私自身の体験であれ他人の体験であれ、重要ではないと私は考えるようになった。禅には、道を求める途上で遭遇する多くの心の迷いに正しく対処する知恵がある。深い学びと愛を得て再生と変容を遂げるためには、迷いに取り込まれないよう注意しなければならない。

私は、スピリチュアルな師（やそのにせもの）が、人にアピールするために曲芸のようなパーフォーマンスをするのをたくさん見てきた。たとえば次のようなものだ。相手の心を読む、尖ったものでできたベッドに寝る、素手でレンガを割る、気で人を倒す、スプーンを曲げる、空中に浮かぶ、十二時間も頭で逆立ちし続ける、考えられないようなヨガのポーズをとる、長いあいだ断食する、飲みこんだ一本の糸を肛門から出す、塩酸を飲んでも何ともない、火の上を歩く、体の左と右で体温を変えるなど。また、こんなことができると宣伝する人もいる。他の銀河系から数秘術を受信するペンギンとチャネリングする（実際アリゾナ州セドナにそう言う人がいる）、簡単に「他界」と交信する、通常の何倍ものオルガスムを感じる、魂をとり戻すワークショップ、星の気を読む、遠く離れた場所を見る、宇宙人を捕まえる、アマゾンのぶどうで作ったカクテルを飲んで簡単に神と出会うなど。

これらが実際にできるか否かは重要なことだろうか。自分が空中浮揚しているところだという写真を持ち歩いているクンダリニー・ヨガの達人がいた。その写真を何人もの人に見せたところ、およそふたつの反応があった。即座に不快感を示して、「こんなものトリックに決まっている！」と言い切る人がいる一方で、空中浮揚をするパワーに感激して、そのまま信用する人もいた。なかには、この人はどのようにしてこれを習得したのか、自分も練習すればできるようになるだろうかと聞いてくる人もいた。しかし、「地面から浮かぶことにどんな意味があるの?」と聞く人はほとんどいなかった。神聖なトリックスターであるブッシュマンのシャーマンなら、その問いに大声でこんなふうに言い返すかもしれない。「それはスプーンを曲げたり、ペニスをまっすぐにしたりするのと同じぐらいの意味がある。」

超能力を誇示するだけでは人の魂には届かない。そのような誇示は、自分の体や自分本来の性質を思い通りに変えたいという、不適切な願望を刺激するだけだ。内的世界だけでなく外的世界まで思い通りに変えたいと思ってしまうかもしれない。しかし、奇跡のような事柄は、神聖な愛の体験と比べればたいしたことではない。修行中に生じる心の迷いについて、大宗教の師たちがいろいろと述べているが、奇跡のような事柄を求めることは、本来の道から外れる行動とみなされている。ヒーリングは、それとはまったく別のものだ。

ブッシュマンの人たちは、大いなる愛につながるためのこの方法を、世界中の人々に伝えてほしいと私に何度も言った。ブッシュマンは、真実で良いものは分かち合うべきだと考える。秘密にしておかなければならないようなものに、私は興味はない。愛にあふれた神から生まれたものであれば、だれとでも分かち合える。それ以外のものはすべて、「魔術的なパワー」という幻想を呼び起こすマインドゲームにすぎない。だから私はそのようなものに用はない。

ロバート・フルフォード博士［注4］は、私が会った中で最も真摯なヒーラーだ。アンドルー・ワイル博士のベストセラー『癒す心、治る力――自発的治癒とはなにか』［注5］では、出だしの一章がフルフォード博士にあてられている。フルフォード博士は、アリゾナ州トゥーソンでオステオパシー医［注6］として開業していた。フルフォード博士の臨床報告から判断すると、博士は最も治療成績がすぐれた臨床医のひとりかもしれない。フルフォード博士のもとには、他の医者が治療を尽くしたのちに、ほかに治療法がなくなってしまったような患者が紹介されてきた。フルフォード博士は薬に頼らずに患者を治療した。彼は幼児や子供の慢性中耳炎を上手に治したが、抗生物質はほとんど使わず、ライフフォースを使って治療した。

私がフルフォード博士に出会ったのは次のような経緯からだった。一九九五年、私はニューヨークのオープンセンターで「ライフフォース・シアター」という即興的なパーフォーマンスを主宰した。これは私が開発した方法で、仰々しい宗教的な道具立てはできるだけ避けながら、スピリットを込めた体の動きを参加者に体験してもらおうというものだ。オープンセンターでは、ほかにもさまざまなスピリチュアルな催しが行われていた。あるフリーの文筆家が、この会場で起こる「とんでもないこと」を面白おかしく書いて雑誌『エスクワイア』に売り込もうと考えて、オープンセンターに電話した。そして、「いちばんとんでもないものはどれか？」とたずねたところ、私のプログラムを教えられたという。その文筆家ジーン・ストーンが、私の会場に現れた。別の取材で来ていたイタリアのテレビ取材班も来ていた。ジーンは紙とペンを持って満席の会場のいちばん後ろに立ち、彼が期待する「とんでもない催し」が始まる様子を書こうと待ち構えていた。

このようなパーフォーマンスでの私のやり方は、ブッシュマンのヒーリングダンスの始まりがそうであるように、冗談とユーモアから始めることだ。それは表面的には、真剣なもの、宗教的なもの、スピリチュアルなものを損ねてしまうようにみえるかもしれない。しかし、みんながリラックスし、くすくす笑って、みんなの体が心地よい震動を受け入れたのちに、照明とドラムと音楽が、ムードを未知の領域へと変えていく。そして、シャーマニックでエクスタティックな声と、体の動きと、震える手による手当てが、その場に電気を帯びさせるのだ。

このパーフォーマンスが最高潮に達したとき、私は部屋のいちばんうしろへ走って行ってジーンをつかみ、手で震動を伝えた。彼は至福の境地《エクスタシー》へと入っていった。このパーフォーマンスが終わってから会ったとき、ジーンは、このイベントのパロディは書けないと言った。彼は、自分がフルフォード博士の近刊、『いのちの輝き——フルフォード博士が語る自然治癒力』〔注7〕の共著者であることを明かした。

「あなたはフルフォード博士に会うべきです。あなたたちには共通点がたくさんある。きっと、ふたりはすぐに意気投合するでしょう。」

このようにして、ジーン・ストーンは私をフルフォード博士にひきあわせた。博士はすでに引退していたが、オハイオ州の自宅を初めて訪ねた日、私たちは一日中休みなしに話し続けた。私はブッシュマン・シャーマンの治療法を彼に説明し、両手を博士の体に当てて、ブッシュマンがライフフォースをどのように使うかを実際にやって見せた。フルフォード博士は、手を使うブッシュマン・シャーマンの方法の意味を即座に認め、理解した。エネルギーをこめた手を相手の体に当てるブッシュマンのやり方は、博士が一生を費やして解き明かそうとしてきた医学的な謎に答をもたらすものだった。晩年のフルフォード博士は、ブッシュマン・シャーマンが互いにエネルギーを与え合うのと同じ方法で治療を行った。フルフォード博士は、世界で初めてのブッシュマン・オステオパシー医だったと言えるだろう。

エクスタティックな身体接触を使うとき、私はよく、まっすぐ歩み寄って右手で相手の左肩を抱き、左手を相手の心臓に当てる。そうすると、ンツォム（あるいは、気、スピリット、ライフフォース、そのほかどんな呼び方をしてもよい）が、強い震動を介して相手の体に伝わる。その震動は複雑で不規則なリズムだ。フルフォード博士は、私の手と体から伝わる震動が非常に速いことに気づいた。博士によれば、速い震動はスピリチュアリティや愛と関連するという。

あなたのような速い震動を使えるなら、患者の体の症状や精神的な問題に注意を向ける必要はない。ボディーワーカーや治療者のほとんどはもっと遅い震動を使っているが、それでも病気を治すのに有効だ。しかしあなたの震動は非常に速いので、震動自体の効果にまかせればよい。それは体を癒すだけでなく、スピリチュアルな成長にも有効だ。

ここでフルフォード博士は、ブッシュマン・シャーマンがシャーマンとして人と交わろうとするときの心のレベルについて語っていたと言える。博士の考えによれば、遅い震動は、コントロールしたり、操作したり、影響を及ぼしたりするのに有効だが、速い震動は、美や自由や愛と関連する。幸いなことに、速い震動を使ったときに得られる効果には、遅い震動の効果がすべて含まれるという。速い震動を受けた人は、パワーという誘惑に負けることなく、大いなる愛に向かうことができる。

フルフォード博士と知り合ったのは、ライフフォースを実際に活性化してみせてほしいという要望や招待をすべて受け入れていた頃だ。私はそれを、何か特別な結果を出そうなどという意図をもたずに行っていた。講演のなかで実際にやって見せたりもしたが、そんなときは、手がエネルギーを出しながら無意識に勝手に動くにまかせた。多くの人が、「ゾクゾクする感触が頭の上から足の先まで走る」と言った。「あなたは微妙なエネルギー作用について話したが、微妙どころでないこれはいったい何なんだ！」と言う人もいた。「からだ全体が熱くなった」と言う人もあり、「片側だけが熱くなって反対側は冷たい」と言う人もあった。多くの人が、あとで酒に酔ったように感じたが、エネルギーを受けた直後にそう感じる人もいた。人々は（私のように）高揚して幸せな気分になり、人前で実際にやって見せるたびに、「これは薬物嗜癖の治療に使える。薬を使ったときと同じ快感が何の弊害もなく得られる」と言う人がいた。

一九九〇年代をとおして私は、スピリットを供給するガソリンスタンドの店員のようだった（およそポジティヴな意味で）。次々に人が来て、「満タンにしてくれ！」と言った。個々の人がする体験は、その人が抱いていた期待や信頼や願望によって決まった。スピリットに波長が合っている人の体験はスピリチュアルなものとなり、聖人を見たり、神を見たり、心の中にスピリットを感じたりした。ニューヨークで行った集会では、参加したある若い男性の体に触れたとたん、勢い余って一緒に椅子の後方に吹っ飛んでしまった。その男性は至福体験に入り、「グレートマザーの光が見える」と言った。あとで一緒に食事をしたとき、私は、自分の夢に何度も現れたラマの話をした。そのラマは洞窟で暮らし、トラ皮の敷物に座っていたことを伝えると、イアンという名のその男性は目を大きく見開いて答えた。

「それは私の先生です。先生と私はネパールのカトマンズに住んでいます。いつか紹介させてください。」

イエス・キリストを見たと言う人や、頭上に聖人の存在を感じたと言う人もいた。人がどのような経験をしようと、その経験の内容と私とは無関係だ。私がしたことは、単に電気コードで人をエネルギーの源につないだだけだ。そうすると、その人自身の願望と期待というフィラメントに電流が流れる。ただ「震える」ことを期待する人は、震動し、震え、いろんな行動をした。ジャングルにいる野生動物の役をする人が毎回のようにいて、まるでタンザニアのセレンゲティ国立公園にいるかのように、私に飛びかかってくるのだ。意識的に彼らに対処しようとすると怪我をしかねない。私は、取っ組み合いになるときにはトランスに入って体が勝手に動くにまかせ、無意識的な動きを意識が妨げないようにした。そんな取っ組み合いをしながら今まで一度も怪我をしたことがないのは、ちょっとした奇跡だ。

意識を失ったままなかなか回復しない人もいて、医療関係者が呼ばれたこともあった。望んだか否かは別として、性的な感覚が強くなったと言った男性や女性もいた。もしあなたがあのシャーマニックなパフォーマンスに居合わせたなら、歌ったり、うめいたり、泣いたり、笑ったり、叫んだりするのをすべて同時に耳にしただろう。それは、動的《ダイナミック》で何にもとらわれない自由劇だった。そこでは、私は火の玉だった。火の玉は、ときどき私の心から飛び出たりもするが、火は常に体の内部で熱く燃え続けていた。それは、あの「電気を帯びた身体《ボディ・エレクトリック》」が主役を演じる屋外劇場だった。

一九九〇年代、なかでも一九九四年から一九九八年の間、私は「魂の闇夜」の旅に何度も引き込まれた。シャーマンとしての仕事が私の人生に光をもたらせばもたらすほど、より多くの闇が、まるでその光を追い払うように侵入してきた。私は想像しうるあらゆる賞賛を受けると同時に、あらゆる脅迫も受けた。映画「エクソシスト」の台詞《せりふ》まがいの電話を受けたり、私が処刑されて死ぬ様子を詳細に書いた殺害予告の手紙が送られてきたりもした。会ったこともないある女性は、私のスピリットが部屋に入ってきてセックスしたので、目に見えないスピリットの赤ちゃんを産むのだと言った。別の女性は、私がスピリットに命じて彼女の脳に受信機を埋め込ませだために、神からのメッセージを受けるようになったと主張した。

当時私が勤めていたカトリック系大学の保守的な経営者たちは、進歩的な人を排除するときの常套手段に出てきた。私が授業で不当に「原始的な治療行為」をしているなどと、私を誹謗する噂を学生に流させたのだ。私が通っていたブラックチャーチの牧師や執事たちは、いつでも私のために戦うと言ってくれた。

これほど多くのネガティヴな力がパンドラの箱から一気に飛び出してくるとは、思いもよらなかった。そんなとき、メヴはよく次のように言った。

「私たちに起きていることを人に話せる？　信じられないことばかり。私だったら、誰かがそんなことを言っても信じないと思うわ。」

しかし、起きていることを実際に見た何人かの人からは、理解とはげましの言葉をもらった。殺される恐怖と、虚偽の告訴をされる不安は、どちらかがより悩ましかったか、優劣をつけがたい。しかし、ふたを開けてしまった箱の中身をこの国の文化が受け入れられず、容赦ない反発を招いてしまい、そのために私が内的方向感覚を失いかけていることには気づいていた。心の奥底では、解き放たれた悪夢に対する責任の一部を自分で担わなければならないことがわかっていた。結局のところ、私がその箱を開けたのだ。そう、天国と地獄の両方があった。しかし地獄の方が多すぎた。

私は苦悩した。私はあらゆるスピリットや神々に対して無防備すぎたのだろうか。そのために、良いものも悪いものも含めてすべてが入り込んでくるのを、望むと望まざるとにかかわらず許してしまったのだろうか。外の世界はまだ最悪ではなかったとしても、内的な世界は地獄だった。私は真夜中に悪霊たちと戦った。あるとき、腹の上に何かを感じて目を覚ました。見下ろすと、小人が私の胸に座って私の腹を開けている幻覚を見た。そのとき声がした。

「おまえは、心で感じていることを体で体験することができない。」

私はすぐに小人を払いのけ、大きな声でイエスに助けを求めた。まもなく、私の肉体が物質性を失い始めるのに気づいた。自分の体が溶けていくように感じたのだ。右手を上げて自分の体を触ろうとしたが、手は皮膚を通り過ぎてしまった。そのとき、このヴィジョンの世界では、自分の体の確かな物質性を体験できないことに気づいた。数日後、再度この「脱物質化」が始まるのを感じた。しかし今度は小人の姿はなかった。私は動揺しないよう、そしてこれを過大にとりあげないよう努めた。それが鮮明な夢なのか、あるいはもうひとつの現実なのかは別として、ようやくの思いでこのような現象に対処しながら日々苦闘していたのは確かだった。

「脱物質化」の現象はいつも、「物質化」を目撃しているとき、あるいは目撃していると感じているときに、同時に起こった。ズールーのサヌシ、クレド・ムトワはこの時期にこんなアドバイスをしてくれた。

「物質化したものの名前をすべて書きとめて、それらの名前の最初の文字を並べてみなさい。そうすれば何かを発見するだろう。」

現れた言葉は「EPOPT」だった。これはギリシャ語で、「エレウシスの秘儀［注8］の最高の段階である、光の偉大なヴィジョンへの参入を許される」という意味だった。当時の私は、このメッセージをどうとりあげるべきかわからなかった。

それは私の人生でも異常《クレージー》な時期だった。カール・ユングの自伝に、無意識と対決する苦闘が記されているのを思い出した。それは、この未開拓の領域に踏み込むことへの代価のように思われた。

ライフフォースを奪おうとして脅してくる悪霊たちと、一晩中戦うこともまれではなかった。ある夜、窓ガラスを引っかく音が聞こえて目を覚ました。外を見ると、ライオンの顔に緑色の体毛、そしてオレンジ色のたてがみをした、この世のものではない動物が目に入り、ぞっとした。一週間後、私は、ディネ［注9］の伝統医で友人のウォーキング・サンダーが、同じ夜に同じようなヴィジョンを見ていたのを知った。彼女は、私たちふたりが呪いをかけられているにちがいないと考え、長老のところで呪いを解く儀式をしてもらった。私の内なる声は、「そのヴィジョンの意味を不用意に考えて、それにとらわれてしまわないように」

と指示してきた。私はそのヴィジョンを軽く流すことで、そのヴィジョンのパワーを増大させないよう努めた。代わりに、「大いなる愛《ザ・ビッグ・ラヴ》」の光の輝きのもとにいるよう精神を集中させた。その後、あの獣は二度と現われることはなかった。

　つまりこういうことだった。私はスピリチュアルな対立、反対、葛藤、戦いのまっただ中にいて、勝てそうにない相手と戦っていたのだ。現れるのは闇の側だけではなく、両極端が共存していた。輝く天国のような光と、地獄の恐ろしい暗闇。次々に襲ってくるこれらの試練を切り抜けられそうにないと感じることもしばしばだった。脱出用ボタンを押したくなったことが何度もあったことを告白しなければならない。

　トラブルは合衆国内にとどまらなかった。南アフリカ共和国では「ウィッチドクター（呪術医）」を排除する武装作戦に巻き込まれて何度も銃弾をかいくぐった。アマゾン熱帯雨林の先住民グアラニーのところでは、役人のでっちあげで「子供の誘拐」という偽りの告発を受けそうになったが、かろうじて難を逃れた。政府の情報局は、ある特定の場所と文化グループには近づかないようにと警告してきた。

　トラブルは、現代最後の大きなタブーである「アフリカの電気を帯びた身体《アフリカン・ボディ・エレクトリック》」を正面からとりあげたためにひき起こされたのだった。アフリカの儀式の熱狂的なダンスをしようと誘ったのならまだしも、アフリカのダンスのことをただ口にしただけでも、人々は大きな恐怖を抱いて私を攻撃し破壊しようとした。「アフリカの電気を帯びた身体《アフリカン・ボディ・エレクトリック》」という概念を示すと、不可知論者であれ［注10］、宗教家であれ、ニューエイジであれ［注11］、心底から怖がる人が多い。ハイチのヴードゥーや、歴史的に重要なニューオーリンズのフードゥー［注12］や、ハーレムのサンクティファイド系の教会など、アフリカに由来するほとんどすべてのスピリチュアルな営みは、大きく誤解され、偏見の的になっている。アフリカのスピリチュアルな営みは、ほとんどの場合、「邪悪な黒魔術」、あるいは、「興奮した会衆による異様な礼拝」などとみなされている。これが私が直面したものだったのだ。

このような状況の中で、私は実存のどん底まで落ちていった。絶望と恐怖という最悪の状態にあって、これらの困難のただ中をどう生きるか学ぶために、私はブッシュマンのもとでこれまでよりも長い時間を過ごすことに決めた。

一九九七年九月、アフリカに向けて出発する前日に裏庭で息子のスコットとバスケットボールをした。ボールを置いて家の中に入ったあと、長いあいだ家を空けなければならない場合のことを考えて、何か聞いておきたいことはないかとスコットにたずねた。子供というものは自然な直観をもっているもので、スコットもその一瞬を見逃さなかった。スコットはキッチンカウンターによじ登り、座って話し始めた。

「お父さん。神様について教えてよ。それから、いのちっていったい何なのか教えて。」

このとき初めて、私たちは、長く待ち望んでいた父と子の対話をもつことができた。そして、一万五千キロの距離を隔てても切り離すとのできない強い絆が、私たち父子の間に作られた。私はたずねた。

「一年ほど前におまえに起こったことを憶えているかい？」

それはある土曜の夜だった。スコットがベッドに入り、メヴと私はいつものようにスコットの寝る前の祈りと歌に加わった。スコットの寝室の電気を消したのち、私は心の中で無言の祈りを捧げた。「スピリットの存在とその真実を直接体験できる機会が息子に訪れますように」と。私は、ナイキのシューズやビデオゲームよりも大切なものがあることを息子に知ってほしかった。

私がそんな祈りを捧げていることを誰も知らなかった。私たちはみな、ベッドに入って眠りについた。午前三時、メヴと私はスコットの叫び声で目を覚ました。

私たちはベッドから飛び出し、スコットのもとへ走った。

「スコット、どうしたんだ?」

「わからないよ。」

スコットは震えながら答えた。

「夢を見たんだと思う。でも本当のことみたいだった。ぼくは細い道でだれかに追いかけられて、撃たれて死んだんだ。それから空の高いところへ行って、そこで神様に会ったんだ。神様はぼくに、宇宙がどんなふうに動いているのかを教えてくれたんだ。」

メヴと私の目から涙があふれ出た。私たちの魂はスコットの言葉に強く打たれた。スコットは神聖なヴィジョンを受けたのだった。私たちはスコットを抱きしめながら説明した。

「それはとても特別なことが起こったんだよ。おまえが経験したことは、人が受けられるいちばん重要な贈りものだと世界中の人が考えているものなんだよ。」

私は自分の関心からたずねてみた。

「神様はおまえに何と言ったの？」

スコットはあくびをして、質問にはほとんど注意を向けずに答えた。

「お父さん、ぼく、疲れてもう話せないよ。ベッドに戻って寝たいよ。」

その後、スコットには神様から何を聞いたかたずねていない。世界のさまざまな文化の長老たちが、この種のことはしばらく本人だけのものにしておくべきだと教えてくれた。そうすることで、夢の神聖なパワーは保たれる。できるだけ人に話さず、思い出すことさえしない方が、その種の夢は無意識の心により深く根をおろす。目に見えず触れることもできないが、その夢は人生の大きな財産と内的パワーになるのだ。

あれから一年たった今、スコットと私はこのヴィジョンのことを思い出したが、その内容については沈黙を守った。私たちは一時間話し続けたが、それは子供にとっては永遠に等しい時間だ。そして最後に、スコットの輝く青い目と天使のような顔をじっとのぞきこみ、今度会えるのはいつになるだろうかと考えた。

別れにスコットを抱きしめたときの私の悲しみは、だれも癒すことのできないものだった。私がボツワナのヌグワトルの村に到着したとき、ブッシュマンたちは、私が置かれているそのような状況を感じとっていた。私は帰国の日を決めずにアフリカに逃れてきたのだった。

この年、盲目の老ブッシュマン・シャーマン、モタオペは、他のシャーマンと一緒に私を腕の中に包みこみ、「今起こっていることをすべて調べ直す必要がある」と言った。かつて私は、自分がライフフォースをマスターし、光によって人を導く灯台のような役割ができるようになったと思った。そんなときもあったかもしれない。しかし今、私は道を見失っている。私には、慣れ親しんだ世界をあとにして崖から飛び降りるよりほかに、なすべきことがなくなっていた。私は自由落下する存在となり、今一度、カラハリ・ブッシュマンの腕の中に着地した。

［注］

1　ラコタは、スー族の三つのサブグループ（ラコタ、ダコタ、ナコタ）のひとつ。五大湖の南から五大湖の西の森林地帯に移り住み、その後、他部族や白人に押されてさらに西の大平原に移動して騎馬民族となった。現在は、ノースダコタ州とサウスダコタ州に保留地をもつ。

2　北米先住民のヒーラーは、英語ではメディスンマン、先住民の言葉では聖人と呼ばれ、宗教指導者でもある。

3　物質化（materialization）は、何もないところから何かを作り出したり、何かが出現したりする超常現象。

4　ロバート・フルフォード（一九〇五～一九九七年）は、カンザスシティ・オステオパシー大学で学び、一九四一年にオハイオ州シンシナティで開業。のちにアリゾナ州トゥーソンに移り、晩年を再びオハイオ州で過ごした。彼は、患者の生命力が低下する原因となっている体の部位をほぐすことによって、生命エネルギーの循環を回復させ、自然治癒力を引き出すという方法で、難治の患者を多く治したという。キーニー氏と会ったのが一九九五年だとすると、当時九十歳だったことになる。

5　アンドルー・ワイル（一九四二年～）は、ハーバード大学医学校卒業。世界各国の伝統医学やシャーマニズムを研究し、代替医学・薬用植物・変性意識・治癒論に詳しい。邦訳『癒す心、治る力――自発的治癒とはなにか』は、上野圭一訳、角川書店、一九九八年刊。原著は *Spontaneous Healing: How to Discover and Enhance Your Body's Natural Ability to Maintain and Heal Itself* で、一九九五年刊。

6 オステオパシーは、アメリカでアンドルー・テイラー・スティル（一八二八〜一九一七年）が一八七一年に創始した治療法。体の各部分は関連しあって全体として統合されていると考え、からだ全体から自然治癒力を引き出すことを主眼とした。単なる治療法を超えて医療哲学の体系をなすという。アメリカでは現在も、医師（M.D.）を養成する通常のカリキュラムに手技の実習を加えたオステオパシー医養成大学が二十数校あり、修了するとDortor of Osteopathy（D.O.）という資格が与えられ、医療行為ができる。

7 邦訳は、上野圭一訳、翔泳社、一九九七年刊。原著は*Dr. Fulfored's Touch of Life: The Healing Power of the Natural Life Force*で、一九九六年刊。

8 エレウシスの秘儀は、古代ギリシャのエレウシスで毎年行われた神秘的な儀式。穀物豊穣の地母神デメテールの娘コレー（ペルセポネ）が地下世界から再生した神話を再現する。

9 ディネは、北米先住民ナヴァホの自称。ナヴァホは、合衆国の南西部、アリゾナ州とニューメキシコ州にまたがる地域に保留地をもつ。

10 不可知論は、神の本体を直接には認識できないとする立場。一種の知的直感（グノーシス）によって神を直接知ることができるとするグノーシス派の考えを否定する。

11 ニューエイジは、一九七〇年代後半から一九八〇年代にかけてアメリカ西海岸を中心に広がった思想。全体性・霊性を重んじ、西欧的な現代文明や政治体制から脱して、真に自由で人間的な生き方を模索しようとする流れ。ニューエイジという言葉は、占星術でうお座の時代からみずかめ座の時代への移行をさす。

12 フードゥーは、奴隷から解放されたハイチのアフリカ移民が十八世紀初頭に多数ニューオーリンズに流入し、このとき持ち込まれたヴードゥーが独自の宗教へと発展したもの。

十一　カラハリへの帰郷

一九九八年一月、カラハリの夏。テントの入口を開け、夜明け前のアフリカの原野に生気が満ちてくるのを見ようと外に出る。濃厚な湿気が漂い、大地は、新鮮で清浄なにおいがする。小動物の走りまわる音が聞こえる。見えない手によって塗られたような空は一瞬ごとに色を変え、ついさっきまで夜の闇だったところが、今は金色《こんじき》に輝いている。砂漠に昇る朝の太陽は、非対称に枝を伸ばすアカシアや潅木《ブッシュ》を照らす。鳥たちは、「ピーピー」「キャッ」「チュンチュン」「ヒュー」という鳴き声でシンフォニーを奏でる。めったにない音の切れ目に、美しいソロの歌声が流れる。

大型動物の声はほとんど夜に聞こえる。特にハイエナとジャッカルが吼えるのは夜だ。朝の目覚ましの鳴き声が始まると、これらの動物たちは押し黙る。

早朝の空気が腕をなでていくとき、今日こそは風が昼の暑さを和らげてくれるのではないかと期待してしまう。こんな時間はすぐに終わり、気温がぐんぐん上がって空気はぴたりと停止してしまい、午後には、だれもがキャメルソーンのまだらな木陰で昼寝して、月が出るまで待つしかなくなるのだが、この時点ではそんなことは想像もできない。

この一日の始まりは、地球上最古の文化を持つ人々が何千年も経験してきたのと同じものだ、と心の中で考える。ブッシュマンの人たちが昔も今も変わらず経験してきたのと同じ砂漠に出会っていると思うと、脊髄がゾクゾクとうごめく。私はカラハリの一日の始まりを眠って過ごしたことがない。カラハリの夜明けは私の内部を完全に洗い浄めてくれる。夜明けは、古代から世界中のあらゆる場所で希望をはぐくんできた。ここでも夜明けは私の魂の願いを目覚めさせ、ふだんなら恥ずかしくてすぐにイメージから消えてしまうようなことでも考えるのを可能にしてくれる。

アフリカが人類誕生の地だと考えられているのも驚くことではない。サンゴマ［注1］の友人が好んで言うように、アフリカは母なる大陸だ。しかし、ホモ・サピエンスがどのようにして始まったかを明らかにしようとする際に、頭蓋骨や体の骨を発掘する以外にも考えるべきことがある。南部アフリカのカラハリ砂漠は、人間のスピリチュアルな表現がおそらく最も早く始まったところだ。カラハリ・ブッシュマンのスピリチュアルな文化は、チベットやヨーロッパの僧院や、南北アメリカ先住民のセレモニー・ロッジを生んだ文化よりもさらに古い。最も絶滅の危機にさらされている文化のひとつであるカラハリ・ブッシュマンは、文字ができて文明が成立する以前から神とつながってきた。カラハリ・ブッシュマンのスピリチュアルな表現は今なお生きており、おそらくスピリットが先祖たちの体の中で動いていたのと同じように、現在のブッシュマンの震える体の中でも動いている。実際、石器時代にまでさかのぼることができるロックアート（岩絵）のイメージは、これがほぼまちがいないことを示している。

思考は、遠方で黄色い背の高い草の中を歩いている老人の姿によって中断させられた。老人と一緒にいる若い男は、歩きながら踊っている。立ち止まって砂地から植物の根を引き抜いて、その若い男は歌う。

「アーイーアー、アーイーアー、アーイーアー、タタタタタタタ。」

ふたりは歩き続ける。彼らはブッシュマン、南部アフリカに最も古くから住んでいる人たちだ（そして文化人類学者のあいだで最もロマンを誘う民族のひとつだ）。乾燥した草地に点々と繁る潅木《ブッシュ》の間をふたりが動くのを見ながら、ブッシュマンの先祖がはるか南のケープタウン近くまで住んでいた頃のことを考える。そこにはたくさんの水があり、動物がいた。何千年も前のことだ。当時のブッシュマンは、人間や動物のイメージを岩に描いた。私はこのロックアート（岩絵）のイメージを調べてきたが、ブッシュマンのロックアートはこれまで発見された中で最も古いもので、南アフリカ共和国の郊外の岩や崖に広く分布している。その後、ブッシュマンは、現在のボツワナとナミビアに該当する灼熱の砂漠に移動しなければならなくなった。それは荒涼とした過酷な大地で、ほとんどだれも訪れようとしなかった場所だ。

老人は砂地を歩き続ける。ボツワナ政府にとって、老人は単に「遠隔地の住人」にすぎず、政府としては、他の国の人々に見られたり知られたりしたくない人だ。政府はブッシュマンの伝統的な生活を奪い去り、長年にわたって狩猟をしてきた土地からブッシュマンを追い出そうとしている［注2］。ボツワナの大統領フェスタス・モハエは、あるとき、ブッシュマンの人たちのことを「石器時代の生き残りで、現代の世界に居場所はない」と言った（二〇〇二年八月十五日、ＢＢＣニュースの中のＢＢＣワールド・アフェアーズで、ジョン・シンプソンによる報告。）

遠くを歩いているその老人を私は知っている。年齢は七十五歳前後だ。年配のブッシュマンの年齢を知るのは難しい。老人は年を数えていないからだ。初めてブッシュマンの老人に年齢をたずねたとき、「三百歳は超えている」という返事が返ってきた。それ以来、老人に年齢を聞くのをやめた。

村の長老であるその老人は私の師のひとりで、カラハリ砂漠の南部（ボツワナ南西部）ではよく知られたシャーマンだ。

ここに住むブッシュマンは、コー（!Xo）・ブッシュマンという。ボツワナ北部のブッシュマンは肌の色が黄色か金色だが、ここでは黒い肌のアフリカ人と混血しており、「ブラック・ブッシュマン」と呼ばれている。彼らは自分たちのことを「バララ」という。

老ブッシュマンの名前はモタオペ。彼は目が見えない。モタオペは周辺のすべての村の村人から「偉大なシャーマン」とみなされている。モタオペは病気を治し、病気でない人には、より健康で生き生きとさせる。ブッシュマンがシャーマンになるときの手助けもする。目は見えないが、付添いなしでも問題なく砂漠を移動できる。しかし今日は若いシャーマンのテテと一緒だ。モタオペはテテに、植物を使って病人を治す方法や、人を癒すための特別な手当てを教えた。テテは、薬に使う植物を集めるとき、その植物に対して踊り、歌う。

モタオペとテテがテントに近づいてくる。老人はくたびれた茶色の服と破れたジャケットを着ている。手足は細く、髪はしっかりカールしている。身長は一五二、三センチだ。ふたりはこの厳しい環境をどう生き延びるか

モタオペ

を知っている。カラハリは千数百キロもの広がりをもつ乾燥した大地だ。その熱は皮膚を焼き、とげは肉を突き刺す。しかしこれも、石の下や草木の陰に潜んでいるさそりの不意の一撃と比べればなんでもない。脱水で命を落とす危険さえ常に存在する乾燥した地の果てで、この老人がもっている動植物の知識は、村人たちの命を守ってきた。

裂けたシャツからほつれた糸がたれ下がり、履きつぶされた靴の先からは足の指が出ている。そんなモタオペは、物質的に見れば第三世界の住民の中でもだれよりも貧しく見える。しかしモタオペは、スピリチュアルには地球上で最も大きな富をもっている人のひとりなのだ。モタオペの髪が以前より白くなっている。歩みは遅く、慎重だ。この盲目の老いた男が近づいてきて、伸びて汚れた爪で私を指さすのが見える。初めてモタオペに会ったときのことを思い出す。モタオペという名前は、「それを何度も言いなさい」という意味だ。モタオペは言った。

私はブッシュマンの治療法《メディスン》を自分の掌《てのひら》のようによく知っている。私が知っていることをあなたに話せてうれしい。そうすれば私の知識が世界中に広まるだろうから。私はもうずいぶん年をとった。私の知識が、それがもつ力ゆえに人々に語られ、認められればうれしい。

テテという名は「驚きの感情」という意味をもつ。テテは陽気でいたずら者のトリックスターだ。すぐに笑い、歌い、踊り、瞬時に感情や表情を変えることができる。口ひげと少々のあごひげをたくわえ、ふちが

テテ

オレンジ色の使い古されたニット帽をかぶっている。テテがこの帽子をかぶっていないところを見たことがない。テテは、汚れたTシャツと、土の汚れが染み付いたなめし皮のジャケットを着ており、ポケットは薬にするために採集した植物の根でいっぱいだ。

このふたりが植物を探しながら砂漠の砂の上を歩いているところを何度も見てきたが、今日の老人の動きには、何か考えているような、いつもと違うところがある。モタオペは、まっすぐ私につながる線上を歩いている。モタオペが近づいてくるのを私は文字通り体で感じる。まるでモタオペの体と私の体の間にぴんと張ったロープがあって、それがモタオペをひっぱり、同時に私もそのロープにひっぱられているようだ。

テテは立ち止まって、地面から突き出た、葉のない小さな枝を指さし、掘り棒で土を掘り始める。一分もたたないうちに、彼は大きなイモのような塊を掘り出す。それは、切り開くと水が滴り落ち、乾ききった午後を癒してくれる飲み物になる。

妻のメヴも起きていて、沸かしたてのお湯をインスタントコーヒーに注いで朝のコーヒーを作っている。飲み物は、カラハリでは金に等しい。それは砂漠でブッシュマンが入手できる最も価値あるものだ。ボツワナでは、幸福とお金を表わす言葉プラが、雨も意味する。モタオペに子供時代の好きな思い出をたずねたことがある。彼の答は、長い乾季のあとに雨が降ったときの思い出だった。モタオペの母親は葉に少量の水を集めて、子供たちが口を開いて出している舌に数滴ずつ落としてくれたという。水をみつけることがカラハリで生活するうえでの大きな困難であることは、昔も今も変わりない。特に、短い雨季が終わってパン［皿状の窪地に水が溜まって池になったもの］が干からびてからが問題だ。しかし、ブッシュマンは砂漠で水を見つける巧みな技をもっており、水を含んだメロンや植物の根だけでなく、砂に覆われて見えない窪みにたまっている水も見つける。どのようにして見つけるのかはわからないが、その場所を特定できるのだ。まず地面を掘り下げ、それから長い茎のストローを使って水を吸いだす。口の中がいっぱいになってそれ以上含めなくなると、口に含んだ水をダチョウの卵の殻に注ぎ入れ、草の束でふたをする。そしてその卵の殻を、将来のために安全な場所に埋めておく。

ブッシュマンの伝統的な生活は、水を求めることを中心に成り立っている。メヴと私は、このことを再発見しては何度も改めて驚かされた。このため、私たちが水を飲むときにはいつも十分気を使う。伝統的なブッシュマンは、砂漠のキュウリの汁か動物の脂肪だけで体を洗う。私たちは、自分たちが使う水をすべて車に積んで行くが、三、四日に一回、カップ一杯の水だけで体を洗うことにしている。

メヴは少し前かがみになって、手をかざしてまぶしい太陽光線をさえぎりながら、モタオペとテテが近づいてくるのを見つめている。メヴもまた、何か重要なことが起ころうとしていることに気づいている。メヴは、ふたりに出す飲み物を用意しながら、あのブッシュマンたちはいったい何をしているのだろうと考えている。ここに来るたびに、私たちはあのふたりから新たなことをたくさん教わり、それは私たちの生活に大きな影響を及ぼしてきた。メヴもまた、今朝、ふたりがやって来る様子に何かいつもと違うものがあると感じている。

私は前に進み出て腕を広げ、モタオペを抱擁する。モタオペの体は小さくて細く、とても柔らかい。顔は広く平板で、幅広い鼻は小さい窪みでおおわれている。しわは、厳しい乾燥した季節を数多く生き延びてきた年輪のようにみえる。静かな目は、頭上に点在する雲とつながっているようだ。彼が笑うと残っている歯が輝き、私を歓迎する声を出す。

モタオペと抱き合って指で上着をなでると、たくさんの穴やほどけた糸が手に触れる。耳元に接近した分厚い唇で、モタオペはやさしくつぶやく。

「ウムー、ウムー、ウムー。」

私も同じように応じる。これは心が開かれているときにモタオペが出す声だ。それは以前と同じ、なつかしい声だ。

「また来てくれてよかった。ここはあなたの家だ。あなたが来るのを夢で見た。」

モタオペは通訳を通して言う。

「そうだよ、モタオペ。私も会えて幸せだよ。」

「アーイーアー、アーイーアー。」

テテが歌う。そして踊り始める。テテは、すべてのブッシュマンに特徴的な、濃い茶色の眼をしている。それはレイヨウ［注3］の目と同じ色だ。見抜くような、そして神秘的な親密さをもつ目。ほとんどのアフリカ人は、ブッシュマンが他のどの人々よりも遠くを見ることができると信じている。ブッシュマンの視力は伝説的だ。テテは私たちを見る。ふたつの目の隅がうるんでいる。テテはずっと歌っている。

「アーイーアー、アーイーアー、アーイーアー、……」

厳しい自然にさらされてきたこの老人の体が突然ぴくつき、地面から十センチ近くも飛び上がる。そのぴくつきが私の体に入ってきて、雷に打たれたように感じる。「ブッシュマンの稲妻」と私が呼んでいるものだ。けいれんするようなこの激しい動きをきっかけに、私の体が勝手に動き始める。まもなく、モタオペと私は一緒に震える。ふたりの足、尻、腹、腕、手、そして頭が震動し震える。私たちはある種の電源に接続されている。この電流はＡＣ（交流：alternating current）でもＤＣ（直流：direct current）でもない。私はそれをＳＣとよぶ。ブッシュマンの「スピリチュアルな電流（spiritual current）」だ。

私たちは同期して震える。そこにぴくつきやいろんな動きが入り、さまざまな形の運動が勝手に生じる。互いに手で背中や脇、腹、そして心臓の上をさすりあう。ふたりともときどき膝を曲げて地面近くまで沈みこむが、震えはそこで止まらず再び浮上する。

「アーイーアー、アーイーアー、アーイーアー、タタタタタタタタ。」

ふたりのエネルギッシュな抱擁はエスカレートし、最後にそれぞれ叫び声を発する。まるで巨大な鳥が空中で叫んでいるようだ。その声は、のぼりつめた緊張を一気に放出しているようだ。今やふたりはよりスムーズに、そしてより速い周期で震える。この震動は外から見てとることはできないが、内部では非常に激しく感じられる。この新たな段階になると、頭で考えた言葉を発することはできない。ただ即興的で野性的な声、なまの声がリズミカルに口を突いて出てくるのだ。

「イー、イー、イー、アーイー！」

私たちは互いに対して挨拶すると同時に、カラハリの広大な開かれた空間に対しても挨拶する。「ピーピー」「キャッ」「チュンチュン」「ヒュー」という鳴き声とソロの歌が流れる、あのカラハリの空間に――。

私は人間として可能な限り最高に生き生きしている。心は完全に開いている。筋肉と血管の中を愛がほとばしる。喜びに圧倒されるたびに、モタオペと私の顔に涙が流れる。このようにして一緒に身を震わせてきた何年もの経験から、もしこのままやめなければ、おそらく私たちは意識を失って足元の砂の上に倒れ込み、もうひとつの世界、すなわち、ブッシュマンのスピリチュアルな世界に入っていくことを知っている。そこは、すべてのブッシュマンの腹と腹が互いにロープでつながれ、熱い結びつきがリアルに存在する場所だ。その結合は、覚醒した通常の意識の中では存在しないし、見えることもない。

モタオペが言う。

「ウム、また一緒になれてよかった。いいぞ。いいぞ。」

モタオペが独特のクリック音が混じる言葉でつぶやいているあいだ、私は目を閉じて震え続ける。

「今夜はダンスをしないといけない。よし、これはいいぞ。」

モタオペが、私をクールダウンさせ始めた。モタオペは、今私があのスピリチュアルな世界に行くことを望んでいない。彼は皮のような手で私の脇と頭をたたき、自分の汗をぬぐって私の皮膚につける。ふたりの額がこすれ合う。テテはモタオペよりも背が低いので、背伸びしてふたりの頭をやさしくなでて、スピリチュアルな高まりをクールダウンさせようとしてくれる。

我をとり戻して、モタオペにたずねる。

れた。」

「どう、元気？」

「ちゃんと生きているよ。あなたが帰ってきてくれてうれしい。大いなる神があなたを再び送ってきてくれた。」

触れる、ぴくつく、細かく震動する、大きく震える、そして、汗と、においと、野生的な声と、シンプルな歌。これがブッシュマンのあいだでの挨拶だ。それは世界の他の地域ではほとんど行われず、耳にされることさえない神聖な交わりだ。これが今朝、私がカラハリにいる理由なのだ。ブッシュマン・シャーマンはこのために生きている。それが彼らのスピリチュアルな生活の基本構造だ。

カラハリのあちこちで会ったブッシュマン・シャーマンから、私は次のように教わった。エクスタティックな体の状態と高められた覚醒の感覚を心地よく感じながら、いろいろ試してみるようにと。ブッシュマン・シャーマンは、生と死に規定される地上にいながらにして、スピリチュアルな天空の最も高いところと、スピリチュアルな地下の最も奥深いところに行くことが可能であり、また、それが必要でもあることを示してくれた。ある意味で、彼らは飛ぶ方法を教えてくれたのだ。鳥のような飛び方ではなく、心と魂の全体が地上という鳥かごから出て舞い上がり、エンジン全開で、親密な熱い結合という最も密度の高い体験へと入って行く。そこでは、この世で愛した人たちだけでなく、先祖たちや、動物や植物や、地球全体との強い結びつきを感じることができる。これは、神秘主義の典型的な素材だ。それがキリスト教の神秘主義であっても、イスラム教やユダヤ教、仏教、ヒンズー教の神秘主義であっても同じことだ。さらに、アメリカ先住民や、シベリアやアマゾンの住民、その他、ライフフォースの直接の体験を大切にする神聖な伝統のすべてに共通するものだ。

ブッシュマンのこの神聖なコミュニケーションに関して驚かされるのは、彼らがそれを求め、受けとり、そしてそれを分かち合うときに、かざらず控えめで、素朴で、ときに子供っぽささえみせることだ。特別な色の長い衣を着たり、特別な髪型をしたり、自分たちだけのトーテムを持つなどして、自分が人より上にいることを示そうとするような人は、彼らの中にはいない。ブッシュマン・シャーマンは、祖父がよく言っていたように、「かざらないごく普通の人たち」だ。ブッシュマンの人たちがランダムに並ぶ中からブッシュマン・シャーマンを選び出すのはおそらく不可能だ。ブッシュマンの人たちとシャーマンとを区別できる目印はない。シャーマンが他の人たちより裕福ということもない。村の他の人たちとシャーマンの間では、どれだけ多く貯えるかよりも、公平に分配することに価値がおかれ、社会的に望まれるのだ。

ダンスではシャーマンに捕まるのが楽しみだ。シャーマンは、内も外もすっかり震えさせてくれる。ダンスの中でシャーマンは、特殊な接触と交流を使ってエクスタティックの喜びを作りだす達人に変身する。アフリカ中のヒーラーや呪医が、ブッシュマン・シャーマンのことを最強のシャーマンとみなし、奇跡のようなパワーをもっていると想像している。しかし、ダンスの外からブッシュマン・シャーマンを見て「わかる」のがほとんど不可能なように、ダンスに参加したからといって、変容をもたらすシャーマンの手当てを「感じる」ことが常に可能とは限らない。彼らが与えようとするものを受け入れる準備ができていなければならない。それはおそらく、「内部の根本的な再構築」だ。それができていなければ、何も体験できないだろう。これはブッシュマンにとっても言えることだ。ブッシュマンであっても、シャーマンの手当てを感じて喜んで受け入れられるようになっていなければ何もおこらないだろう。

シャーマンになるということはおよそ、あの手当てを受け入れ、それを保持し、自分の中で形を変えて、人に与えることができるということだ。ここで言っている「それ」は大きな神秘だ。それをブッシュマンはンツォムと呼んでいるが、他に、ある種のスピリット、電気のようなエネルギー、神聖なパワーなど、いろいろに呼ばれている。その根源にあるのは愛であり、人間が経験できる最も深く熱い結びつきから生じる。それは、子供が生まれたときに両親が抱く圧倒的な愛と同じものだ。この愛の電流には人の自尊心を吹き飛ばしてしまうという側面もある。そのパワーはあまりに強いため、心を開いてそれを受け入れる準備ができている人なら、稲妻のような衝撃を受けて地面に倒されてしまうだろう。

ヌツォムは、飲むと超人的パワーがつく魔法の薬のようなものではない。それはおとぎ話に書かれているどんなものよりも強く、そして神秘的なものだ。ブッシュマンの人たちのスピリチュアルな贈りものは心の殻を突き破り、自我の偏重が作り出した自尊心を低め、そのあと、明確にとらえがたいスピリチュアルなエッセンスで心を逆に満たしてくれる。この「充足」は、言葉にはできない神秘、慈悲深い愛に由来する。それは非常に強いため、それを経験した人は、（敵も含めて）すべての人を深く思いやるようになる。敵を力《パワー》で征服しようとするのとはまったく異質なものだ。それは、ナザレのイエスが言った大いなる愛《ザ・ビッグ・ラヴ》が異なる現れ方をしたもので、敵をも愛する愛だ。これは、究極の平等主義であり、最も賢明で、最もラディカルで、最も逆説的な教えであり、すべてを包みこむブッダの慈悲、巡礼が永遠に求め続ける聖杯だ。

カラハリのこの特別な朝、モタオペと抱きあったとき、私はブッシュマンの最も美しい、そして最も驚くべき秘密に深く入っていく途上にいたのだった。

あの朝、私たちが身を震わせながら抱き合ったあと、モタオペは二、三歩引き下がってうずくまり、それから私の方へ向き直って、こんなことを告げてくれた。

今日は、あなたを本当のブッシュマン・シャーマンにしてあげよう。あなたは我々のパワーを感じることができるし、それをどのように使うかもよく知っている。我々はあなたが触れる手を、ブッシュマン・シャーマンのヒーリングの手として受け入れる。大いなる神が、我々の方法をすべてあなたに伝えることを望んでいる。大いなる神はこう言っている。最初の祖先の時代から我々がひとりひとりのシャーマンにしてきたのと同じようにして、あなたを我々の仲間として迎え入れ

モタオペと著者

るようにと。あなたにはそれを経験する準備ができている。今、ひとりの新しいブッシュマン・シャーマンが生まれるときがきた。

メヴは私の手をぎゅっと握った。私たちは、世界中を数えきれないほど一緒に旅し、夢の鮮明なヴィジョンに導かれながら、さまざまなシャーマン、メディスンマン、ヒーラー、スピリチュアルな師に出会ってきた。メヴはこの旅のすべての歩みを支えてくれた。安定した収入がなくなり、学者や精神療法家としての名声を失い、さらに身の安全が脅かされたときも、それは変わることがなかった。私たちは天国と地獄の両方を一緒に旅してきたのだ。

私は心の中で短く祈った。それは祖父《パパー》の祈りの言葉だ。

「主よ、私の命を捧げます。どうか受けとって、あなたの僕《しもべ》としてお使いください。私はその道を歩み続けます。」

［注］

1　サンゴマは、南部アフリカのズールー族とコサ族の伝統医。

2　ボツワナ政府は、ブッシュマンのことを『遠隔地居住者』と表現し、他の国民と同様の生活を提供する政策を進めている。訳者あとがき参照。

3　レイヨウ（羚羊、アンテロープ）はシカに似た動物で、小型から大型までさまざまな種があり、いずれも細く優美な脚をもつ。

十七　イニシエーション[注1]の夜

この旅で自分のすべてを大いなるパワーにゆだねたい、そう願ってカラハリに来たことを、私はひとこともモタオペに話していなかった。しかしモタオペは、私の中の何かが違うのを感じていた。モタオペは、私たちが到着する前日に、まっすぐ私たちに向かって移動し始めていた。モタオペは別の村にいたが、夜中に目覚めてテテに言った。

「ブラッドが帰ってきた。今すぐここを出発して会いに行かなければならない。」

モタオペの夢は、私の夢と同様、やるべきことを告げるのだ。

出会った朝のあの言葉のあと、モタオペはこうつけ加えた。

あなたは真のシャーマン、偉大なドクターになる準備ができている。我々の知恵をすべて学んでくれ。大いなる生命が、そのように準備を整えたのだ。我々の伝統的な方法を残らずあなたに伝えたい。

モタオペは、今すぐその過程を始めたいと言った。モタオペは両手をやさしく私の腹にのせた。その指は振動しており、うごめく感覚を私の腹に送り込んでくるのが感じられた。モタオペの黒い髪は、縮れてたくさんの丸い塊となって頭を覆っている。ヨーロッパ人が「胡椒の実のような髪《ペッパーコーン・ヘア》」と呼ぶモタオペの髪が、私の額をこすった。手を当てながら、モタオペはやさしく歌を歌った。最初私は、ここ数年来モタオペをはじめ多くのブッシュマン・シャーマンからされてきたのと同じことをされていると思っていた。私はいつもこのエネルギーを感じてきたし、それを心地よく感じるだけでなく、それを受けたり伝えたりして楽しむこともできた。

しかし今回は違っていた。モタオペが私の腹に手を当てていると、気分が悪くなり始めた。吐き気はだんだん強くなり、吐き始めた。

「一緒に来なさい。」

老シャーマンは私の両手をとって、私をブッシュの中の静かな場所に連れて行った。

「これでいいんだよ。呼びに来るまでここにいるのだ。私はあなたをブッシュマン・シャーマンにしようとしているんだよ。」

その日は、夕方までそのアカシアの木陰で過ごし、ひどい下痢や嘔吐や腹痛と戦った。吐くたびに自分のすべての生気が地面へ流れ出てしまうように感じ、片足はおろか片手さえ上げることができなくなった。そのうち痛みと闘う気力もなくなり、とうとうあきらめてなるがままに任せた。抵抗することさえ放棄したのだ。

その日の残りの時間をずっと、死んだような状態でうつ伏せになって、これまでの旅の経験を思い返しながら過ごした。すばらしい奇跡に出会って感激したこともあったが、まったく無知なためにばかな失敗をして、気持ちがくじけたこともあった。

以前、メヴと私は十八時間もドライブをして、モンタナ州とワイオミング州の境界にあるグレート・メディスン・ホィール〔注2〕の近くで開かれたメディスンマンの集会に参加したことがあった。集会が終わったとき、見知らぬひとりのメディスンマンが近づいてきて、サウスダコタ州パインリッジにある自分の家まで車に乗せてほしいと言ってきた。私たちは、ちょうど夜中の零時を少し過ぎた頃にその男の土地へ入った。それはバッドランド〔注3〕の中心部にあたる不気味な場所だった。メディスンマンは私たちに、一緒に「イニピ」というスウェットロッジの儀式をしないかと言った。私たちは顔を見合わせ、断る理由はないと考えて、この伝統的な儀式に参加することにした。

テントに入ると、メディスンマンは歌を歌い、いくつか詠唱したあと、私たちに祈るよう求めた。しばらくしてメディスンマンは言った。

「開けなさい。」

私はすぐそれに従って詠唱を始めた。

「開けなさい！」

メディスンマンは再び叫んだ。

私は内部のさらに深いところへ行き、できる限りのパワーを集中させて歌った。

「開けなさい！　開けなさい！」

メディスンマンは太い声で叫んだ。私はこんなに早くこんなに深いところまで要求されたことがないと思いながら、心を開いてさらに内部に深く入っていき、無意識の最も深い部分に達した。私は無意識の深いところから出る異言《グロソラリア》［注4］を発し始めた。メヴも加わって同じようにした。突然、メディスンマンはバケツの水を私たちに浴びせた。こう思ったのを憶えている。

「なんてことを！　信じられない！」

私の中から雷の音が轟いた。私は別の次元に入っているように感じた。

このときメディスンマンはテントの入口を開け、私たちにスウェットロッジから出るよう求めた。メディスンマンは怯えているように見え、私たちが話したのはどこの言葉かと尋ねた。メディスンマンは、自分が秘密にしているスピリットの名前が私たちの口から出るのを聞いたと言った。明らかに狼狽していた。私たちは即座に生き延びる本能を働かせ、メディスンマンの恐怖をエスカレートさせないよう細心の注意を払った。

単純な行き違いからすべての間違いが起こっていた。メディスンマンが「開けなさい」と言ったのは、冷気を入れるためにテントの入口を開けるよう指示したのだった。それを私たちは、心を開いてもっと深く祈りの中へ入って行くよう要求されたと誤解したのだ。メディスンマンが恐怖と怒りと混乱をぶちまけているあいだ、私たちは静かに座っていた。それから敬意をこめて感謝の言葉を述べ、服を着替えてそこを去った。漆黒のバッドランドのまん中でトヨタ車に乗り込み、数分間ひとことも話さなかった。それから、同時にヒステリカルな笑いを爆発させた。「開けなさい、開けなさい。」帰りの車の中でも私たちは叫び続けた。「いやまったく、今夜あのウィグワム［注5］の中で、神は途方もなかった《Gods were crazy》。」

あの奇怪なイニピを経験して以来、私たちは、スピリチュアルな儀式に呼ばれることがあっても興味本位では決して受けないことにした。大いなる存在からの招請や夢を受けとってはじめて、そのような誘いを受け入れ、遠く離れた場所にも出かけるようにした。

過去に経験したこのような出来事を思い出しながら、死んだような意識状態の中で考えた。私がブッシュマンのもとに呼ばれているのは明らかだった。ここに来たことが必然であることは確かだと感じていた。この明白さは、今起こっている出来事を受け入れるのを助けてくれた。

カラハリの太陽が空から姿を消し、夕闇が訪れた。地平線に目をやると、草で作られた半球形の昔ながらの小屋が見える。もう少し現代的な泥壁の小屋もあり、村はこれらの建物が集まってできている。ブッシュマンはそれぞれ、自分のすべての持ち物を背負って運ぶことができた。しかし、ブッシュマンの生活は一瞥しただけでは見えてこないことも多くある。近づいてよく見ると、彼らが複雑なエコロジー（生態系）の中で生きているのがわかる。そこでは、身近な草木の背後や石の下にも、人の命を脅かすものが潜んでいる。死に至る危険がこのあたりの原野《ブッシュ》には非常に多い。万一、運悪く恐ろしいブラックマンバ［注6］に咬まれれば、数時間で死ぬことさえある。実際、村人のひとりがマンバに咬まれて死んだことがあった。同じくらい猛毒の、木の上に住むヘビもいる。前回の旅ではマンバ二匹と木の上に住むヘビ二匹に異常接近し、それとは別に、朝、テントの外にパフアダー［注7］を発見した。ここには毒ヘビや飢えたライオンや有毒の草木が存在し、それらは簡単に人を殺しうる。カラハリは、どこをどう歩くか、いつも注意していなければならない場所だ。

何人かのブッシュマンが、たき火のための木を積み上げている。今でもブッシュマンは、マッチがないときは細い木の棒をこすり合わせて火を起こす。乾いた草を小さくまとめて重ね、一本の棒の先を、別の棒の脇の、ちょうどよい形に切り込まれた小さい窪みに当てがう。両手で棒を挟んで回転させると、ほんの数秒で煙が出始める。そしてその種火が乾いた草に移ると炎があがる。今夜はこの昔ながらの方法で火を起こしている。

村人たちはダンスの準備をしている。彼らはダンスの前にいつもするように、卑猥な言葉や粗野な言葉をふんだんに使って冗談を言いあっている。だれかが叫んだ。

「今夜は大きなペニスを持っていたほうがいいぞ。そうしたらダンスのときにそれを引きずる音が聞ける。」

だれもが笑い、からかい、冗談を言いあっていた。私を除くだれもが……。私は地面にうつ伏せになって横たわり、気分がよくなるとはとても思えなかった。歩くことさえできず、ダンスするなど想像もできなかった。

人々がたき火のまわりに集まったとき、年配のシャーマンが数人やってきて私の手足をぐいとつかんで、ダンスが行われる方へひきずって行った。彼らは笑ったり、からかいあったりしていて、私のことを心配してくれている様子はみじんもなかった。その中にいたマボレロは、小枝を拾い上げると、食べ物を争って吠え立てていた二匹の痩せ犬に投げつけて、「黙れ！」と言った。

「あなたも一晩中ダンスする準備ができているようですね。」

テテが私をからかう。

私はエネルギーをふりしぼって言う。

「君たちはきっと今夜、私からいくつかのステップを教わることになるだろう。」

テテは、人をからかって楽しむのと同じぐらい、からかわれるのを喜ぶ。テテは踊り始め、私が教えるという新しいステップをネタにふざける。

シャーマンたちは、たき火を囲む人の輪のすぐ外まで私をひきずって行き、地面の上に横たわらせた。目前に村の小屋がある。老モタオペがこちらに向かってくるのが見える。モタオペはダンス用の皮の前垂れ以外何も身につけていない。彼はブロンドのダンス用の木の杖を持っている。杖には彫刻が刻まれ、黒い模様がある。杖の手元は滑らかに曲がっている。この杖を彼はいつも右手に持っている。すでにモタオペは喋り始め、歌い始めている。小刻みでリズミックなダンスステップは大地を強く打ち、身体内部にあるンツォム、すなわちスピリチュアルパワーを呼び起こしている。同時にモタオペは深い静寂を湛え、しかも強く集中している。前かがみになって、両方の脚で地面を叩きながら歌う。

「アーイーアー、アーイーアー、アーイーアー、タタタタタタタ。」

モタオペがすぐそばまで来た。私に話しかけてくるが、通訳がそばにいない。聞こえてくるのは、口の中のさまざまな部分に押し当てた舌をはじいて出すクリック音がちりばめられた言葉だけだ。

老シャーマンは急いでいなかった。内的エネルギーを立ち上げて、人間モタオペからシャーマン・モタオペになるのに、たっぷり一晩の時間がある。手を伸ばした距離の半分までモタオペが近づいてくると、汗のにおいがする。モタオペの汗のにおいは、とても古びていて黴臭《かび》く、土臭い。このシャーマンの汗は、人間の汗というより大地の汗だ。カラハリが流す涙のしずくがモタオペの体から滴り落ちる。すごい量の汗はパワーが活性化していることを示している。汗はブッシュマン・シャーマンの薬《メディスン》でありパワーなのだ。

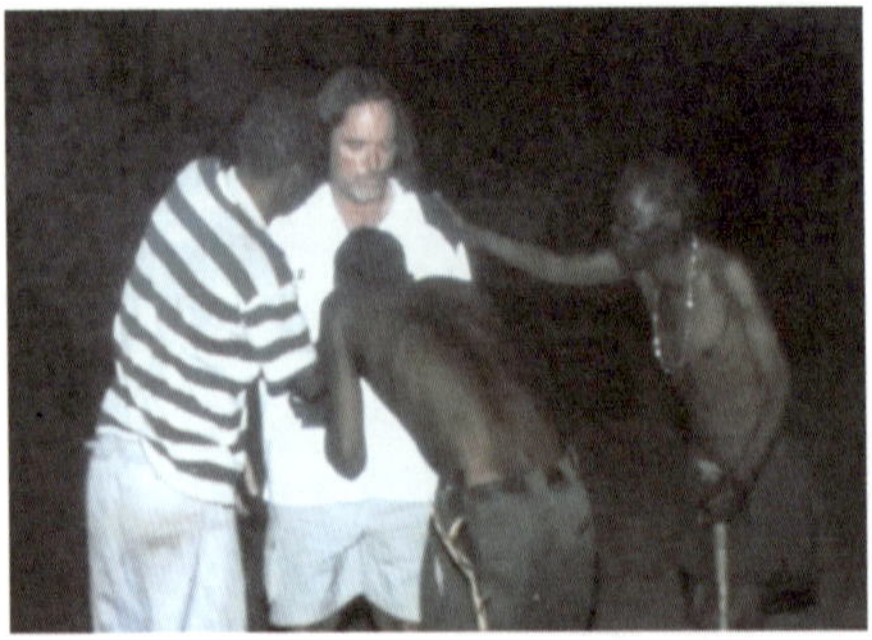

三人の男性シャーマンに囲まれる著者

モタオペが私に触れるほど近づいてきたとき、私は目を閉じて完全に身をあずけた。もはや体に力は残っていないし、何の感情もわいてこない。私はからっぽの、無抵抗で丸裸の魂にすぎず、体は痛みと消耗で身動きできない。他のシャーマンたちもまわりに集まってきて歌を歌い、あのかん高い叫び声をあげている。あの手当てがいつ始まるのかわからない。モタオペの手が私の腹の上にあるのはわかっているが、すべての音が一体となって触り、拍動し、震えているように感じる。一体となった音にはアフリカン・リズムがある。それが私の肌を通過して心臓に直接入っていく。私はこの拍動する手当てと音の大海に浮かんでいる。

「ヒーイーアー。」

私は突然叫ぶ。その瞬間、むかつきがなくなっていることに気づく。私の腹の感覚さえない。ゆっくりと、そして確実に体は軽くなっていく。私の体重は九十キロあるが、それが今や十キロもないように感じる。少し前には死ぬほど気分を悪くさせた同じ手が、今度は最高に良い気分にさせてくれている。

何が起こっているかわからないうちに、私は男たちに担ぎ上げられ、モタオペの背中の上にもたれかかるように降ろされた。このシャーマンの汗のおかげで、私は彼の体にぴったり貼りつく。モタオペが片足を上げ、それからもう一方の足を上げるとき、モタオペの足がまるで私の足のように感じられる。モタオペがかがむと、私の背中もかがむ。モタオペが歌うと、私も同じ声で歌う。火を囲んで座っている女性たちの輪の内側へ入って、女性たちが手を叩き、神聖なダンスの歌を歌うのを間近に聞く。変身したシャーマン・モタオペは、かがんでひとりひとりに触れ、自分の体で人を震わせ、震える手で震動を伝える。私も同じことをしているように感じる。私はモタオペと同じように見、聞き、においをかぎ、感じている。私の意識の中で、私たちは区別できない。

私は目を閉じたままでいる。そしてすべての内省や、内的な言語化を放棄する。私の心は、細かく波打つエネルギーの流れと、洪水のような汗の川に流される。私はだんだんモタオペのようになり、ブッシュマン・シャーマンがヒーリングダンスですることを、何の力みもなく自然にしている。

ブッシュマンはその動きの優雅さゆえに美しいといわれている。彼らが上半身をそらすと腹が突き出る。痩せた筋肉と細い骨をもつブッシュマンが、長くすらりとした足で歩く姿や走る姿は、なめらかに滑っているようだ。ブッシュマンが歩いたり、根を採るためにかがんだりする姿もまた、すばらしいダンスの一場面のように見える。ブッシュマンの生活のすべてがダンスのように思える。

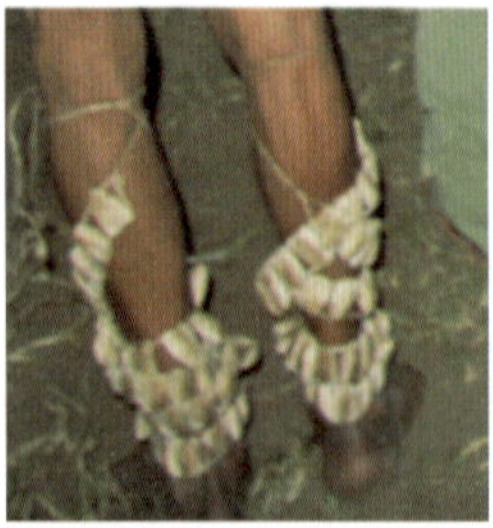

足に巻きつけたガラガラ

モタオペと著者

どのくらいの時間、モタオペの背中にかぶさっていたかわからない。それは何時間もだったように思われる。目を開けてみて、雷に打たれたようなショックに貫かれる。モタオペがいない！　私は人の輪の内側にいて、モタオペがいないところでヒーリングをしていたのだ。他のシャーマンたちは、いつもモタオペにするのと同じように私を助けてくれている。シャーマンたちは、私が目を開けて状況を理解したことに気づく。私はこの瞬間を全存在で受け止め、自分がブッシュマンの太古からの営みに組み込まれたことを心に刻みつける。

男たちが集まってきて私を人の輪の外に連れ出した。今一度、男たちは私を地面に座らせ、モタオペと対面させる。男たちは、モタオペの足首とふくらはぎに巻かれた、ダンス用の長い汚れたガラガラをはずす。それは乾燥させた繭を手製の糸でつなぎ合わせたもので、繭の中にはダチョウの卵の殻がたくさん入っている。このガラガラを足につけてダンスをすると、打楽器のような音がする。長老たちはモタオペのガラガラをはずし終えると、それを興奮した手で私の足首に巻きつけた。

立ちあがると、男たちがみな私の後ろに並ぶ。火に向かってダンスを始める。私の足は勝手にあがる。足の裏が砂に触れると生気が躍動する。頭上は満月だ。たき火から舞い上がる火の粉は、天国に伸びる細い光の線のようだ。

輪の内側へ近づいて行くと、女性たちが上衣を脱いで胸を出している。これが、女性たちの歌をさらに際立たせ、私の中を循環するエネルギーを倍増させる。みんながある種の高められたエネルギーで結合している。それはセクシュアリティという言葉では表現できないものだ。それは広く開いた心や魂の間を行き交うエネルギーそのものだ。

女性たちは頬に黒い線を引き、ダチョウの卵の殻の小片をつなげたネックレスとイヤリングをつけている。女性たちは何日もかけてダチョウの卵殻のビーズを作り、それを動物の腱で作った強い糸でつなぎあわせる。たき火の温かい輝きの前で、首の周りのビーズはきらめく星のように輝き、胸の上で跳ねる。若い女性のほとんどは、赤ん坊を皮袋か綿布にくるんで背負っている。赤ん坊も、母親が叩く手のリズムにあわせて満足そうに跳ねる。すべての人がダンスの中にいる。若者も年寄りも、女も男も。

催眠効果のある歌声が、織り合わされてひとつになった女性たちの輪から生み出される。彼女たちの足と膝はゆるやかに重ね合わされている。女性たちはシンコペーションのきいた複雑なリズムで手を叩き、起伏あるメロディをさまざまなバリエーションで歌う。女性たちは音と体でできた輪となり、その外側を男たちがダンスしながらまわっている。シャーマンたちは、女性の輪の内側の、いちばんたき火に近いところで輪をつくる。輪の中の輪は、涼しい夜空高くへ伸びていき、宇宙のスピリチュアルエネルギーを輪縄にかけて捕らえ、それを引き寄せて、ダンス全体の拍動する心臓の中にしっかりつなぎとめている。男たちは、女性たちがつくる音楽に歌を載せて音のタペストリーを重厚にし、結合の回路を増やしてスピリチュアルエネルギーを増幅している。

ブッシュマンたちは新たに誕生したシャーマンを祝福している。すべての生命エネルギーが私たちの中を流れる。地下を流れるエネルギーも天上を流れるエネルギーも、植物や動物の生物電気的な場も、磁力のように引き合う人と人の結びつきも、そして聖も俗も……。これは魂の純粋な覚醒だ。ブッシュマンは、魂というものが神学論争のためだけの概念ではないことを知っている。それは生命の覚醒だ。拍動とリズムの誕生だ。

一晩中、男や女や子供たちに手を当てて、一緒に身を震わせながらダンスする。これはもしかすると、生きた聖杯なのだろうか。生命とは何かと問う心に、体が答を与えてくれているのかもしれない。私たちはこの原始のダンスの中に、だれもが求めている神の恵みと、神聖な愛と優しさと、永遠の喜びを見出す。ダンスし、身を震わせているうちに、体がまるで溶けていくように感じる。これは私自身の体験だ。私は宙に浮かぶ雲になる。イメージが変化する。レントゲン写真のように、何人かの人の体に影が見える。人の体内の暗い点が、触ってくれと強く求めている。私は思考や理解ぬきに行動する。私の手は占い《ダウジング》の道具だ。人の体が、手で触れて震わせてくれと言って、私の手をひっぱるのを感じる。これらすべてが、私の心の中ではなく、私の体の外側にある「それ自体」の心の中で生じる。それはダンスの心だ。輪の中にいるみんなが、このより大きな結合によって守られ、癒される。

意識的な思考はどんどん遠のき、ついには言葉のない世界が内的空間を完全に占める。私は「人間変電所」、ライフフォースの「運び人」になる。一方の腕が宇宙のソケットに差し込まれ、もう一方の腕は、その電流を感じることを求めるすべての人に伸ばされる。

　ライフフォースの大波が私の中を通過しているときも、私は自分自身の変化を自覚している。考える言葉を失っていても、人に話す言葉を失っていても、この自覚は失っていない。ダンスの輪から出てメヴのところへ行くが、どんなにがんばっても言葉が出ない。出てくるのは野性の音と荒々しい叫び声だけだ。

「アー、イーアー、タタタタタ。」

　立っているのも難しい。ときどきめまいがする。わき腹が痛み、腹はピストンのように激しく上下するため、前かがみにならなければならない。足は得体の知れない力によって突き動かされているパワフルな機械のように地面を踏み鳴らす。

　メヴはブッシュマン・シャーマンの野性的でエネルギッシュな動きには慣れていて、私をクールダウンさせるためにコップ一杯の水を持って静かに近づいて来た。メヴはブッシュマンの手のパワーを知っている。モタオペや他のシャーマンの両腕に包まれて、体が震動するのを感じたことがあるのだ。メヴは、このエネルギーを静かに受け止め、それが自然に彼女の中に落ち着くのを待つ。私のやり方は、それを別の形で表出することだ。私たち夫婦は、他のブッシュマン・シャーマンのカップルと同じように、カラハリの陰と陽として一緒に参加する。

　砂漠の夜はまたたくまに訪れ、そしてすばやく去っていくように、ダンスにも始まりと終わりがある。始まるときは、ひとりの女性が歌の断片を口ずさみながら、単純な手拍子を打つ。ひとりまたひとりと女性たちが加わり、やがてコーラスになる。歌と手拍子が力強くなると、シャーマンが若い見習いのシャーマンたちを後ろに従えて、女性たちの輪に向かっていく。男たちが女性たちの外側をダンスしながら何度もまわると、砂の上に踏み跡の輪ができる。それは非常に古いロックアート（岩絵）に描かれたダンスの踏み跡と同じだ。その踏み跡には大きなパワーがある。そこにはダンスするシャーマンが大地と交流したときの衝撃が保たれている。ダンスには上昇と下降のサイクルがある。覚醒の頂点に達したあとは、死んだような休息のときを過ごす。そして再びのぼり始める。最後に終了の準備ができると、人々は自然に、決まった四つの特別なビートの終止形《カデンツ》を全員で手打ちして終了を告げる。

何千年もの間、ダンスが必ず終わりを迎えたように、今回のダンスとその夜も同時に終わりを迎えた。モタオペや他の村人たちは木と泥でできた小屋に戻り、メヴと私は、布とアルミのポールと金属のジッパーでできたテントに戻る。私は簡易ベッドに横たわってメヴを見ながら、「まだ雲みたいだ」と言う。震動しか感じない。メヴは自信をもって答える。

「心配しなくていいのよ、ブラッド。それは自然なことだわ。」

何年も前、私が初めて膨大なスピリチュアルエネルギーを受け始めた頃、ある晩私は、パニックを起こして震えを止められなくなった。震えはどんどん強くなり、しまいに水から出た魚のように床の上で飛び跳ねた。メヴはただ私の方を向いて、私にではなく、そのエネルギーに直接語りかけるように叫んだ。「今すぐやめなさい！」震えは止まり、私は静かになって深い眠りに落ちた。

「なんと風変わりな人生を歩んできたんだろう」と考えにふけりながらつぶやいた。大学や研究機関でサイコセラピーをするシステム理論家、円環的思想家として歩み始めた私が、世界最古の神秘的な伝統の心と魂の中へ入り込んでしまうとは……。突然メヴが口をはさんだ。

「思い出して、ブラッド。あなたには使命があるのよ。それもすごく大きな。我慢して。夢の指示を待つのよ。それがどういうものかはあなたがいちばんよく知っているでしょう。さあ、少し寝ましょう。」

私は眠らず起きている。もうまもなく朝日が昇るだろう。一日が始まるのを見たい。昇る太陽がすべてを再び新鮮で新しくする、その瞬間を味わいたい。

二、三時間後、メヴが寝返りをうってあくびをした。ぐっすり眠れたようだ。まもなく、みんなが朝のたき火のまわりに集まってきた。みんなで私たちが持参した紅茶とコーヒーをすすり、クラッカーをかじる。空気はまだ冷たい。私はみんなと一緒に座って、朝のおしゃべりを聞き流す。
誰かに肩を軽く叩かれ、そのあと肩を強くひっぱられるのを感じる。右側を向いて驚いた。緑色の長いガウンを着たアフリカ人女性が十二人、すぐそこに立っているのだ。襟は顎まで届いている。女性たちは、孤島のように繁るアカシアの潅木の前に立っている。一列に並んで両手をわき腹に押し付けた女性たちは、火のような目で私を見つめている。私は視線の束を受ける。星のようにきらめく十二対の目。話しかけてはこないが、目が何かを送ってきている。細かく波打つ電流が私の中を通り抜ける。息を飲み、ふり返ってブッシュマンの友人たちに聞いてみた。

「あの女性たちはだれ？　ここの人？」

「何を見たんだい？」

テテが静かに答える。

みんなが私の方を見る。私の言ったことが通じていないようだ。もう一度ふり返って見て、布の背もたれ付きの椅子ごと、実際にひっくり返ってしまった。女性たちがいない！　女性たちは砂漠の朝の空気の中に完全に消えてしまっている。あれは幻覚だったのか？　この目覚めながらに見たヴィジョンは何を意味していたのだろう？　これはいったい何なのだ！

私が女性たちについてたずねるのを聞いて、モタオペは大笑いした。モタオペの顔はしわくちゃになり、しわが額で交差した。そのとき、モタオペの手がほんとうに小さいことに気づいた。しかしその小さい手の指先に、カラハリの空を明るく照らすのに十分なパワーがあるのを私は知っている。モタオペは、私が前回来たときにプレゼントしたネックレスをしていた。それは交易に使われた古いビーズで作られており、おそらくアフリカの端から端まで運ばれてきたものだ。この老人がまっすぐ立ちあがって指を立てた。それは、重要なことを力をこめて話そうとするときのいつものしぐさだ。モタオペは右手を頭の上に伸ばして、汚れた爪を空に向けた。そして急に真剣な表情になってスピーチの態勢を整えた。


先祖たちは、特に昔のシャーマンたちは、今生きているシャーマンを見るためにときどきこちらに降りてくる。先祖たちは、神がその人物に対して何をしているのかを見たくてやって来るのだ。今日、先祖たちはあなたを見にきた。もしあなたのパワーが弱かったら、あなたは恐くて逃げだしていただろう。あなたが強かったから女性たちをちゃんと見ることができた。十二人の女性にうまく対処できたのは非常によかった。その女性たちは何かを教えたいのだ。その女性たちは女だから、どうすれば女性シャーマンになるれるかをあなたに教えたいのではないだろうか。

モタオペや他の男たちは、からかいたい欲求を抑えられなくなったのだ。みんな爆笑し、手で女性の胸の形を作って女性のような歩き方をしてみせた。

「アフリカの女性はみな、教えるべき大切なものを二本の足の間にもっている。」

とテテが突っ込む。

このばか騒ぎに私も加わり、みんな地面に突っ伏して笑いに打ちのめされる。

「これはええわい。」

モタオペが言う。そして長い沈黙のあと、再び真剣な態度に戻って続ける。

座ってくれ。まだ言わねばならないことがある。

私はあなたの人生に何が起こっているかを知っている。説明の必要はない。あなたが経験してきたことを私は夢で見て知っている。あなたがスピリチュアルなパワーと、大きな愛の力を得れば得るほど、それを快く思わない人が出てきてあなたを傷つけようとするだろう。そして、あなたが与えたいと思っても与えられないものを要求してくるだろう。

シャーマンになる人を選ぶのは大いなる神だ。この道を行くかどうかを自分で決めることはできない。

普通の神経の人ならだれも、シャーマンにふりかかってくる困難や試練の中に飛び込んで行きたいとは思わないだろう。しかし、パワーなど、自分の価値を高めるものを求める人たちは、それをあなたからもらえるのではないかと期待する。そしてもらえないことがわかると、あなたを殺したくなる。自分には得られないものを人が持っていることが許せないのだ。もちろん、そんな気持ちが自分の中にあることをわかっている人はほとんどいないが。

しかし他方では、シャーマンのパワーに真摯に心を開くことによって、心の奥深いところにもっている願いや欲求を実際に経験するようになる人たちもいる。もし神を捜し求めている人であれば、このパワーでその望みがかなうかもしれない。もし人が恐怖を抱いたら、このパワーは不安と恐怖をさらに強めるかもしれない。人が何を経験するかを決めるのは本人なのだ。あなたは、求めるものを見つけ出すためのパワーを生みだすだけだ。もし人が間違ったものを求めていたら、あなたのパワーは間違ったものを目覚めさせ、それに対してその人はあなたを恨むだろう。

我々ブッシュマン・シャーマンは、地球上のこの場所にいながら、世界の他の場所にあなたを傷つけようとする人がいることを知っている。我々は、あなたを守るものを入念に作った。

モタオペは息子の方を向いて、集めてきた薬を出すようにと言った。息子のマトペはジャケットのポケットに手を入れて、枝切れや草や根を取り出した。太く短いものや、細くて長いものがある。それらにはまだ土や砂が付いている。マトペはこれらすべてを煮立った熱湯の中に入れ、薬ができあがるのを待つ。できあがったものをスズのカップでゆっくりすすると、まるでカラハリ砂漠を飲んでいるような味がした。モタオペとその息子は、他のシャーマンたちとともに、首をたてに振って満足そうにしている。それは苦《にが》くて強烈な飲み物で、私はくしゃみをして顔をしかめる。

最後の一滴まで飲みほすと、モタオペは男たちに、特別に準備したあるものを私に渡すよう指示した。それはいつも身に付けておくべき魔術的なものだ。彼らの指示に従い、私はその詳細を決して公開しないことを約束する。

これらのものは、あなたの家族を危害から守る。家族のことで心配する必要はない。我々があなたの家族を守っている。あなたに悪いことをする人は誰であれ、その行為がその人自身に向かうだろう。さあ、注意してよく聞きなさい。これから言うことは非常に重要なことだから。だれに対しても決して怒ってはならない。すべてのシャーマンに言えることだが、怒りは最大の誘惑だ。家族を傷つけてやると脅迫してくるような人がいれば、自分のパワーでそいつをやっつけたくなることもあるだろう。そうするべきときもあるが、それは非常にまれだ。その役割は我々がひき受けた。あなたと、あなたの息子と奥さんは、カラハリのブッシュマンが守る。

さあ、あなたの人生を歩みなさい。そしてブッシュマンであることをやめないように。我々が手を当てるのと同じように、人々に手を当ててほしい。そして我々から学んだことを世界中の人々に話してほしい。我々は、あなたがヒーリングの方法を知っているブッシュマン・シャーマンだと認める。あなたも私も恵まれている。大いなる神はふたりに特別な能力を授けてくれた。あなたの家に戻りなさい。そして、ブッシュマンの先祖たちがいつもあなたとともにいることを決して忘れないように。あなたがダンスするとき、我々は呼び覚まされてそこへ行く。あなたがここに来たのは、これからの人生をずっとカラハリとともに過ごすためだ。あらゆるところへ行ってほしい。そして、いつもカラハリのお守りを身に付けていなさい。そうすれば、あなたは決して我々のところから去ってしまうことはない。

［注］

1 イニシエーションは秘儀参入。秘伝を伝授され正式な成員として承認されること。

2 メディスン・ホィールは、北米先住民の世界観にでてくる神聖な円で、石を円形に並べてそれを模し、その中で儀式をすることもある。グレート・メディスン・ホィールは特に強い気が流れているとされている場所。

3 パインリッジは、サウスダコタ州南西部にある北米先住民ラコタの保留地。この保留地の中に、バッドランド国立公園がある。

4 異言《グロソラリア》は、霊的体験の最中にその人の意思とは無関係にうめくようにしゃべる意味不明の言葉。

5 ウィグワムは簡素な建物で、住居や儀式のために使う。

6 ブラックマンバは、猛毒をもつコブラ科の大型毒ヘビ。

7 パフアダーは、猛毒の唾を飛ばす大型の太いヘビ。

十三　カリブでのスピリットの旅

一九九九年一月、メヴと私はカリブ海のセントヴィンセント島を訪れた。そして、そこでなんと、カラハリで予告のあったあのアフリカ人女性たちと再会を果たした。緑のガウンに身を包んだあの女性たちは、セントヴィンセントの「シェイカー」と呼ばれる秘教グループの人たちだったのだ。彼らは、アフリカのスピリットの世界の異なる次元を私に教えてくれることになった。

セントヴィンセントのシェイカーは、スピリチュアルバプテストとも呼ばれ、重要なスピリチュアルな教えのほとんどは夢で授かると信じている。このため彼らは、スピリットの知恵を集中的な祈りの断食をとおして求める。そして断食中のスピリチュアルな旅は、長老たちが見守る。この教えを受けるためには、まず、スピリットの世界への巡礼を見守ってくれる人の夢を見なければならない。その人は「ポインター（案内人）」と呼ばれ、人をスピリットの世界へ導く能力をもっている。

セントヴィンセントで私は、アーチビショップ（大司教）・ポンペイという男性の夢を見た。夢の中でポンペイは言った。

「私は神とつながるための番号を持っている。」

その夜遅くに目を覚ますと、右手が空からひっぱられ、上半身もベッドから半分浮かびあがっていた。それはまるで、だれかに手をつかまれて天国の方へとひっぱられているようだった。スピリットの世界からのパワーを認めざるをえなかった。ポンペイのことは、ほとんどの島民が知っていた。その人を探しあてて夢の話をしたとき、ポンペイは答えた。

「そう、確かに私は神とつながるための番号を持っている。それは私が神から授かったものだ。あなたはそれを夢に見た。だからあなたは、私の導きのもとでスピリットの世界を旅して学ぶことができる。」

私は一週間に及ぶ断食の準備に入り、「喪」と呼ばれるその儀式を受けるための指導を受けた。ポンペイは、私について見た夢に従って特定の色の布を選び、その上にシンボルとして蝋を垂らして、私の頭に強く巻きつけた。儀式のあいだ、私は礼拝堂のうしろにある小さな部屋に入れられた。長老たちが毎日、朝夕やってきて私のために祈り、神聖な歌を歌った。私がするべきことは、一日中祈りながら自分の人生を徹底的に調べること、すなわち、自分の人生を注意深く細部まで見直して、私のすべての罪、間違った行為、至らなかったことにまっすぐ目を向けることだった。

私はその部屋に横たわって人生をふり返り、過去の過ちや恐怖や苦しみを思い出した。そして、それらの過ちや恐怖や苦しみが、耐えられる限界まで私を引きずり降ろし、限界を超えてさらに下へと引き降ろされ

アーチビショップ・ポンペイ

て、エゴと保身というヴェール（保護膜）が破られるのを待ち、またそれを望んだ。私は自らの人生の喪に服し、《あなたの腕に抱きとめて下さい》と神に祈った。何年もの間、光と闇の両極端を生きてきた私は、創造主に命じられるままにすべてを捧げることを望んだ。

自分が崩壊した瞬間のことを私は決して忘れない。一昼夜を通して祈り続けたのち、私はここがどん底だとわかるところに達し、それまでしがみついてきた人生を深い実存のレベルで放棄した。あふれ出る涙を流しながら私は叫んだ。

「私の命を奪いとってください。死なせてください。」

そしてイエスの白い服が自分の体の上に来るのを感じ、それを見た。イエスは腕を伸ばして私を抱き、持ち上げ始めた。私は声をあげて泣いた。

「私の荷は重すぎてだれにも持ち上げられません！」

するとイエスは両手を私の心臓の上においた。私の内部に歌が生まれた。私は歌い始めた。

私は進んで行きます。そう、進んで行きます。
救い主に会いに行きます。
私は進んで行きます。そう、進んで行きます。
主に会いに行きます。

歌のリズムに合わせて握り拳で床を叩いたその瞬間、突然部屋の外で雷鳴がとどろき、雨が降り始めた。私はそのままいつまでも歌い続けた。雨のひと粒ひと粒が私の過去を洗い流し、私を浄め、新しいスピリットを生み出した。最後に私は眠りに落ちて夢をみた。

夢の中で私は空港にいた。中央に高いビルがあり、両側に低いビルが連なっていた。中央のビルに入って行くと、はるか高い所に、パイロットの白い制服を着た老人がいた。老人は「私は機長だ」と言った。見つめていると、老人がパイロットの白い帽子をかぶっているのに気づいた。声が聞こえてきた。

「この老人が示すものはすべて憶えておきなさい。」

その直後、私は光る霧のような無数の輪に囲まれていた。そのうちの一部は円形に近かった。輪はいろいろな色をしていて、勢いよく遠くへ飛び去って行く。それはまるで、遠く離れた場所へ通じる道のようだった。右側に茶色の輪と、暗赤色の輪と、青色の輪があり、それらが織りなす模様は、その複雑さと美しさで息を飲むほどだった。

これらの光の道は私をどこかへ運んで行くことができる、と気づいて驚いたその瞬間、私はただちにその道のひとつを使って運ばれ、知らない場所に降ろされた。前には山があり、山の右側には赤いリボンが結んである巨大な贈り物の箱があった。その箱は山を滑り降り、途中でだれかをひき殺した。

さらにそのあと見た夢から、この箱が精霊（あるいはンツォム、クンダリニー、気）からの贈り物であること、そして、非常に強いパワーによって魂が破壊されてしまう場合があるということを理解した。一週間を通して、次々に夢を見て、夢の中で旅をした。スピリットを活性化させるための方法や薬を示してくれる夢もあった。あるいは、遠く離れたところへ行って、そこでスピリットから太古の知恵を教わったりもした。山の奥深くに分け入り、海の中を旅し、アフリカや、シオンの神聖な町を訪れた。そこで聖杯をみつけ、中に入っていたイエスの血を飲むと、私の内部は火がついたようになった［注1］。

トタン屋根の礼拝堂の奥にある喪の部屋は、一方は火山、他方は大西洋を臨む。そこで私は六色の帯を頭に巻きつけ、木でできた十字架を右手に持ち、火のついた白いろうそくを左手に持って横たわっていた。私はスピリットのヴィジョンの世界に入り、私の師エゼキエルに会った［注2］。

エゼキエルは言った。

おまえのことはすべて、おまえの祖父から聞いている。おまえが「大いなる輪」を見る準備ができていることも聞いている。おまえの祖父はやるべきことを成し遂げた。これからは私が師となり、おまえを導くことになる。おまえは私から学ぶ資格を得た。これから一生にわたって多くのことを教えよう。おまえがどれほど祖父を愛しているかは知っている。おまえが今まで守られてき

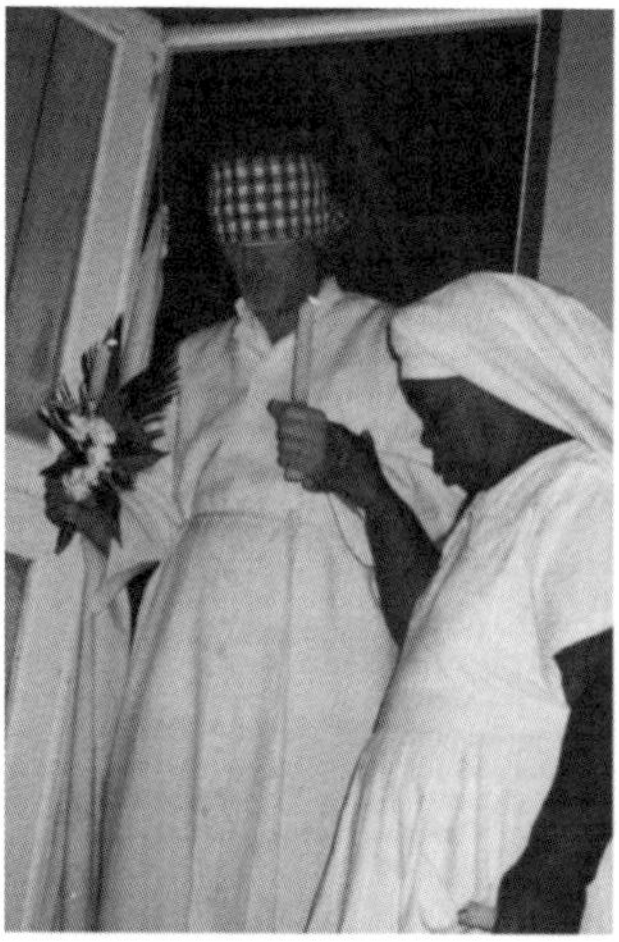

「喪」の儀式に参加する著者

て、今日、私に出会えたのも祖父のおかげだ。私がここに来たのは、おまえが歩んで行く道を一歩ずつ導くためだ。

おまえに「大いなる輪」を見せよう。それがどのようにまわるかを見るがよい。

ヴィジョンの中で、大きさの測り知れない巨大な輪のような霧が、崖の上に現れる。それはもやのようでもあり、風のようでもあり、あるいは白い光と言ってもよい。エゼキエルが続ける。

そうだ。これが精霊のパワーだ。この神聖な風が吹くと心は開かれ、スピリットの隠された本質が明される。スピリチュアルなヴィジョンとインスピレーションの源を、おまえが見るときがきたのだ。「生命の力《フォース・オブ・ライフ》」をしっかり見るがよい。近づいてよく見るのだ。それを見るのは、一生に一度だけだろうから。次にその前に跪くとき、おまえはもはや地球上には属していないだろう。しっかり見ておきなさい。四方から吹く神聖な風が、そして輪の中の輪が、あらゆる方向にまわり続けているのを。「大いなる輪」、すなわち生命の輪に圧倒されるがよい。光と影が共に存在する限り、この輪はまわり続けるのだ。

別の夢で、私は高いビルの上にいた。警報のサイレンが聞こえ、ビルが火事だと気づく。窓際まで行って窓を開ける。高すぎて飛び降りることはできない。しかし、飛びつけそうなところに電線があるのに気づく。感電して死ぬかもしれないが選択の余地はない。電線に向かって飛ぶか、焼け死ぬかのいずれかだ。

私はジャンプして一本の電線に飛びついた。その瞬間、なんと、私はカラハリでブッシュマンや他のアフリカのいろんな部族の人たちとダンスをしていた。電線が私をアフリカに運んだのだ。ひとつの詩が私の心に生まれる。

アフリカの道から苦難の波――
血のにじむ奴隷の日々。
あなたは大地の中に逝った。
　種をまき、
　収穫し、
自分自身を地中に埋めた。

神々の涙と男たちが流す汗で、
　ヨルダン川は増水した。
流れは深く激しく、
闇夜に渦巻き拍動する音が聞こえ、
　部族の光を浴びて洗礼を受ける。

鳴り渡る鐘に語らせよ
　遠い離れ小島のやり方を。
天国と地獄が魂を貫くとき、
　暗闇でも見える目が開く。

悲しみにくれる巡礼者とともに喪に服し、
　墓に入れ。
合い言葉を使って祈り、
　子宮に入れ。

まだ開いていない目を開き、
　洗礼の水槽に入れ。
聖別を感じ、
　秘儀に参入せよ。

アフリカの道から歓びの波――
第二の波は、スピリットに満ちた歌と踊り。

あなたは大地に向かって行く、
　種をまき、
　収穫し、
自分自身を地中に埋める、
この道はアフリカの道につながる。

セントヴィンセントでは、スピリットの世界の旅を可能にするロープとラインを経験した。それらは、瞬時に移動する際の通り道になるだけではない。スピリットの世界からエネルギーを得るための電線でもある。それらはまた、スピリットを呼び出す電話線でもある。神から授かった適切な番号やシンボリックな暗号を使うなら、それは神とつながる電話線にもなる。

私はセントヴィンセントでたくさんの師を得ることができた。マザー・スペリアー・サンディ、マザー・サミュエル、マザー・ポンペイ、マザー・ラルフ、マザー・ドイル、マザー・オリヴィエール、マザー・ヘインズ、ビショップ（司教）・ジョン、ポインター（案内人）・ワレン、そして私のポインターであるアーチビショップ（大司教）・ポンペイ。

特に私は、愛すべきスピリチュアルな長老、ポインター・ワレンの言葉と存在に感動した。彼は亡くなる前に、スピリチュアルなラインのことを話してくれた。

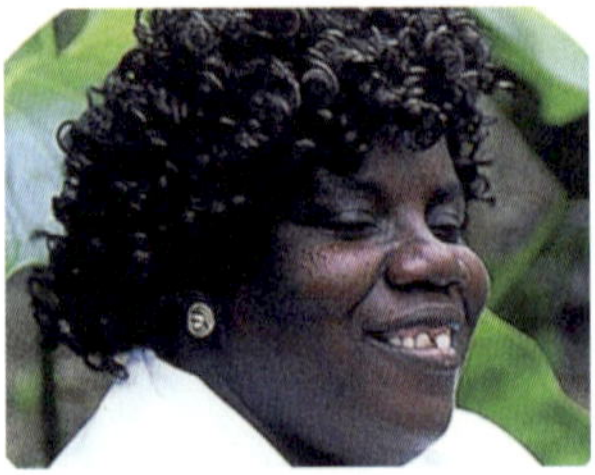

オリヴィエール

サンディ

ヘインズ

サミュエル

ワレン

ラルフ

スピリットの世界にはラインとロープがある。通常、ラインは横に伸び、ロープは空から降りてくる。それらを見るにはエネルギーがいる。ロープは高いスピリチュアルな道を行く人だけが見る。ロープを見たときは、それに注意を集中して近づいて行きなさい。そしてロープをつかんで放してはいけない。そうすると、ロープはあなたをどこかへ連れて行ってくれるだろう。イエスは世界を照らす光だ。イエスは光の中に現われる。

セントヴィンセントでは、イエスを愛するたくさんのシャーマンと話した。シャーマンたちはみなその光を見ており、ラインを使う旅をしていた。シャーマンたちはまた、自分たちのスピリチュアルな方法の源がアフリカから来ていることを知っていた。セントヴィンセントのスピリチュアルな長老たちのもとへ連れて行ってくれたマザー・ヘインズは、次のように説明した。

私たちはアフリカから来ました。もしあなたがスピリチュアルな旅をして向こうへ行くことがあったら、帰ってくるときには緑色の衣を得るでしょう。ラインや場所には必ず決まった色があります。あなたが自分自身に戻るとき、その色の服を受けとるでしょう。

マザー・ヘインズも私も、それぞれ、スピリットのパイプラインを通ってアフリカへ行き、そこに十二の部族があって、それが聖書に記されている十二のイスラエルの部族［注3］と同じであることを見出した。

それは、アフリカを旅するシェイカーたちがみな同様に体験するものだ。セントヴィンセントのスピリットの世界では、イスラエルの十二部族はアフリカまでさかのぼることができる。私は、カラハリで見た緑色の衣を着た十二人の女性のヴィジョンを思い出した。そして、自分が経験したすべてのスピリチュアルな伝統の間には関連があることに気づいた。それらすべての伝統を、シャーマンがヴィジョンの中で見る輪や、円や、ラインや、ロープによって結びつけ、統合できるのではないか。これらの結合の線から成るネットワークは、スピリチュアルな生命が作る神聖な円の一部なのではないか。私のスピリチュアルな人生のあらゆる経験が、この問いにゆきつくように思われた。

地球上で今も生きている最古の文化の長老たちのもとに帰るときがきた。私はカラハリのわが家に帰る準備をした。

［注］

1 シオンの神聖な町は、エルサレムを指す。聖杯は、最後の晩餐に使用され、その後、イエスが磔刑にされたときに流された血を入れたという杯。

2 エゼキエルは、イザヤ、エレミヤと並ぶ旧約聖書の三大預言者のひとり。紀元前六世紀、「バビロンの捕囚」の時代に生きた人。

3 旧約聖書、創世記に登場するヤコブ（アブラハムの孫、イサクの子。別名エルサレム）の十二人の子供たちが、イスラエルの十二部族の祖とされている。

十四　知らせの刺し傷

一九九九年三月、メヴと私は再びカラハリに向けて出発した。あと二日でモタオペの村に到着する地点まで来て、彼が教えてくれた多くの知識や援助にどのように感謝すればよいだろうかと車の中で考え始めた。その夜、キャンプの火の近くに座ったとき、サソリに右の手の中指を刺された。アフリカで最も毒性の強いさそり、バーク・スコーピオンだった。数千ボルトの電流に貫かれたようで、その夜は痛みがおさまらず、一晩じゅう痛みと格闘した。

ブッシュマン・シャーマンが互いに生気を与え合い、癒し合うときに使う、まさにその指を刺されるとはなんとしたことかと思った。シャーマンが使う電流について、モタオペが教えてくれたことを思い出した。私たちを震わせるのはスピリットだとモタオペは言った。その震えが人の体の内部でいったん始まると、スピリットはいつまでも体の中にとどまる。モタオペは子供の頃、ダンスの最中に神聖な光を見て、それから体を震わせ始めたという。

あの光を見た人はみんな仲間だ。一度あの光を見たら、どうやって身を震わせて人を治療するかがすぐにわかる。そしてそのように身を震わせながら人に触ると、スピリットのパワーがその人の中を流れる。これがヒーリングの秘密だ。

ようやく村に着くと、テテと、モタオペの息子マトペが走ってきた。ふたりはダンスしておらず、歌ってもいなかった。空気の中に悲しみがあった。マトペが言った。

父は、あなたがこっちに向かってきていると言っていました。二日前の夜に、父はこの世を去りました。最後の言葉はこうでした。

「ブラッドに言ってくれ。姿は見えなくても私はここにいるとな。私はこれからもずっとカラハリにいる。」

父は、あなたならわかってくれると言いました。父は、自分がいつもカラハリにいてあなたを待っているということをわかってほしいと言っていました。

私は泣いた。そして、老シャーマンがこの世を去った、まさにその時間に指を刺されたことに気づき、マトペやほかのシャーマンにそのことを話した。

「そうだ、こういうことはそんなふうにして起こるものだ。モタオペはここにいる。ただ、今までとは違った状態で。」

モタオペが埋葬された砂の山に行った。

「父は、あなたからもらったすべての贈り物と一緒に埋葬されました。今、そ

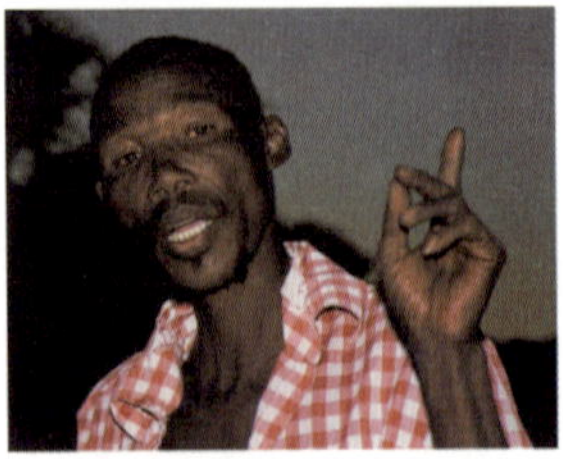

モタオペの息子マトペ

れらは全部父のそばにあります。」

数年来、私はモタオペがほしいと言ったものは何でも持ってきた。最後にモタオペがほしがったものは、彼がドクターであることを記した一片の紙切れだった。他の国の医者はみんなそのようなものを持っているということを聞いたのだ。私は、モタオペが「ブッシュマン医術《メディスン》のドクター」であると明記した、美しくラミネートされた証書をアーティストに作ってもらった。彼はどこへ行くときもそれを持ち歩いた。そしてその証書とともに埋葬された。

モタオペは自分のすべての持ち物を背中に担ぐことができた。モタオペは最後までブッシュマンであり続けた。

胸が張り裂けるほど悲しいとき、ブッシュマンにできることはひとつだけだ。私たちは木を集めて火をつけ、ダンスを始めた。喪失と悲嘆、痛み、苦しみが、ブッシュマンのスピリットの世界の最も深い謎を解く鍵となりうることに、私はようやく気づき始めていた。

私たちはモタオペのスピリットとともにダンスを始めた。モタオペのスピリットは、周囲のあらゆるところに存在していた。さそりや、ライオン、鳥、砂、火、水、木、その他生きているすべての植物や動物の中に。そして空や星の中に。モタオペの声が、そしてモタオペの手が、今ここに存在する。

「アーイーアー、アーイーアー、アーイーアー、タタタタタタタ。」

あの老人がそうであったように、今、私は目が見えない。モタオペのスピリットを見ることもできない。さらにダンスし、歌い、叫び、触れ、身を震わせるうちに、私はブッシュマンのスピリットの世界に入り、そのとき新しい目を得る。それはモタオペがダンスで得ていたのと同じ目だ。今や、私はあの老シャーマンを見ることができる。モタオペはもうぼろの服を着ていない。モタオペの体は光となり、その頭の上からは、一筋の光線が空へとのびている。やさしく温和な声は健在だ。

「ウムー、ウムー、ウムー。」

モタオペは、彼の祖父や、かつてアフリカ大陸の上を歩いたすべてのブッシュマン・シャーマンとともにいる。

私は「カラハリ」という言葉の響きが好きだ。この言葉には独特のリズムがある。その広大な大地全体が踊り、歌っているようだ。

カラハリは砂の女神。
踊る草、歌う風、そして震える空が、

先祖を呼びおろす！

モタオペが、今ここで言っておかなければならない、といった調子で話してくれた最後の言葉を思い出す。

神があなたと私を一緒にした。あなたに会えてほんとうによかった。私は夢であなたが何をしているかを知り、あなたを守ることができる。あなたは、世界中の人々に我々のヒーリングの方法を伝えなければならない。我々が出会ったのはそのためだ。すべての人々に、震えと手当てを教えてほしい。我々がダンスしている火のそばへ、人々を連れてきてほしい。だれもがこの経験を通して神と出会うことが必要だ。それはすべての人を許し、愛することを教えてくれる。あらゆるところへ行って、ブッシュマンとして人々を愛してほしい。そして、ダンスを通して示してほしい、我々が真にひとつの人類、ひとつの家族、ひとつの愛の輪であることを。

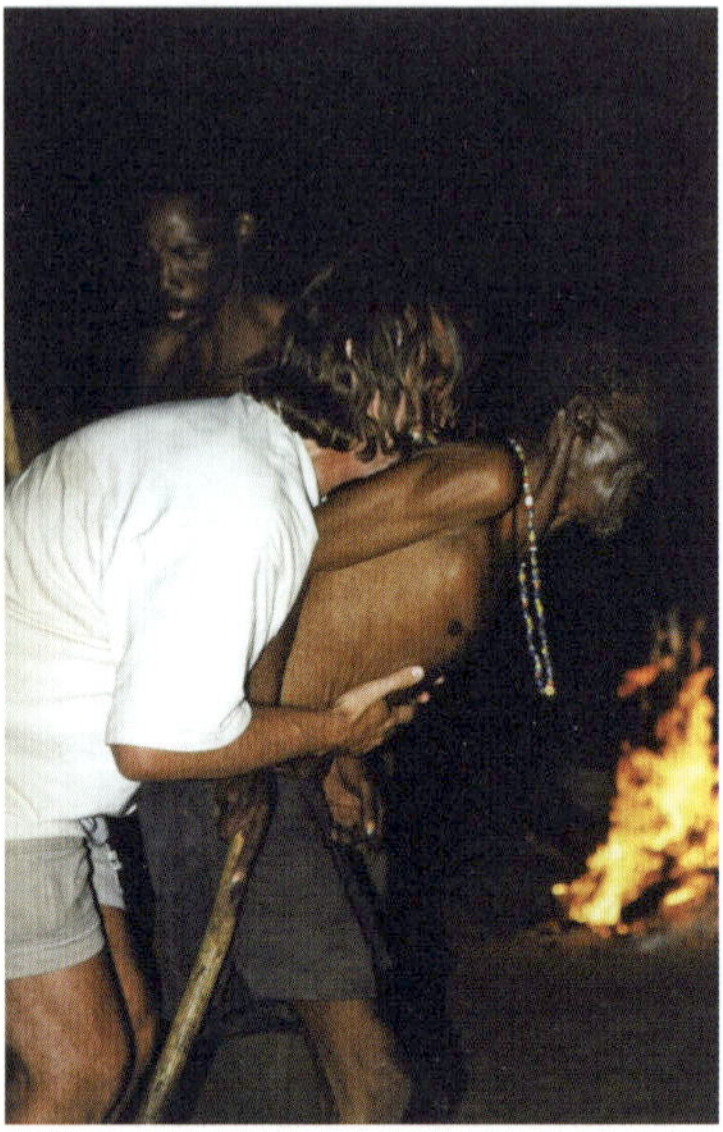

モタオペを背中から抱く著者

十五　バリで試される

この十年近くの間にブッシュマン・シャーマンから驚くべきことをたくさん学んだ私は、荒海をくぐりぬけて内海の静かな場所、心の安らぐ場所に出ることができ、なんとか自分の人生を歩んでいけそうだと思えるようになった。そんな中で、一九九九年九月、思わぬ試練に遭遇した。説明しがたい恐ろしい存在に直面し、その状況から生きて戻れないのではないかとさえ思ったのだ。これはある意味で、私のそれまでの修行の成果を試す最終試験だった。善と悪が一緒に揺れ動くときに生じる強力な電流を、私がうまく扱えるようになったかどうか試されたのだ。

私はバリで巨大な生きものと遭遇し、その状況から生き延びようと一晩じゅう苦闘した。のちにそれは、バリアン（バリの伝統的なシャーマン）たちの神、ジェロ・グデ・マカリンだとわかった。それはバリ人のスピリットの世界に私を招き入れてくれ、シャーマンが引き受けなければならない危険について多くを教えてくれた。

バリに着いた日の夜中の二時、私はベッドに横になりながら、目は覚めていた。そこは、私がブディと呼んでいるガイドで友人の、イ・ワヤン・ブディ・アサ・メケル一家の住居の中にあるバリ式のゲストルームだ。突然、地震か爆発で部屋の右半分が崩れ落ちるような音がした。恐怖で凍りつく。どこに身を隠せばよいかもわからない。室内灯をつける。電気はまだ使える。異様な静けさ。それは、得体の知れない嵐の前ぶれのようだ。

ベッドから出ることにして床に足を下ろしたとたん、屋根をどんどんと踏み鳴らす巨大な音がした。今にもヴァンダル人〔注1〕に押し入られそうな恐怖を覚えた。しかし、この音は人間が出す音にしては大きすぎる。さらに恐怖が走る。何か巨大な生き物が上にいるのだ。それは、屋根の上で一歩、また一歩、前へうしろへと動いている。一歩動くたびに石や砂が崩れ落ちる音がする。

窓へ走って行って「助けてくれ！」と叫んだが、返事がない。みんな殺されてしまったのだろうか。状況を分析しようとするがうまくできない。私はただ祈る。その間にも踏み鳴らす音は続く。

真の恐怖というものがどんなに恐ろしいか、言葉で表現できるものではない。恐怖が極度に達すると、論理的思考は急速に枯渇して凍りつく。手も足も出せない相手と向き合って、心が麻痺してしまうのだ。

頭にあるのは、この夜をなんとかきりぬけてもう一度太陽の光を見たいという願いだけだ。このとき、なぜ太古の人々が太陽を崇拝したのかを理解した。太陽は、夜の闇の恐怖から抜け出る出口を与えてくれるのだ。バリで過ごす明日があることを想像することさえできない。そんなことを考えたとたんに、まるでだれかが、または何物かが乱入しようとするかのように、ドアがガタガタと鳴り出す。

手も足も出ない私は、恐怖にあと押しされるようにして、震える体と絶望的な祈りに深く集中していった。……何をするべきか……

声が応じる。

バリの左のやり方と右のやり方を知ってもらいたい。闇と光の両方だ。おまえがこれから見、聞き、感じることになる秘密がそこにある。


バリには魔術的な絵があって、それがシャーマンたちによって良い目的にも悪い目的にも使われているということを読んだのを思い出した。私は声に出しながら考えた。

「ブディにあの絵を集めて送ってもらおう。そうすればこれ以上ここにとどまらなくてすむ。」

そう言った瞬間、光る鳥の群れが壁を通りぬけて飛来し、別の壁から出て行くのが見え、通り過ぎていく音も聞こえた。屋根を踏み鳴らす音がやみ、ドアも静かになった。

バリの魔術的な絵

「こんなことありえない」

とつぶやくと、再び踏み鳴らす音が始まる。私は不可解な存在と対話していることに気づく。

「わかった。その絵を調べることにする。お願いだから助けてくれ、脅かさないでくれ。」

震動を伴う音が頭全体に響きわたり、自分が変化し始めるのを感じる。自分の体が形を変えていくように感じられるのだ。指が長く伸び、顔はぴくつきながら別の形になろうとしている。私は、理解を超えたバリのスピリチュアルな現実のまっただ中にいたのだ。私はさらに集中を高め、シャーマニックな力からの指示と導きを待つ――。

日の出とともに部屋から走り出た私は、ブディの使用人が朝食の支度をしているのをみつけた。感情が解き放たれた。私は泣きながら夜中の出来事をブディたちに話した。彼らは何が起こったかを即座に理解した。

ブディが答えた。

それはこの島のシャーマン、バリアンたちの偉大な神が訪れたのに違いありません。この島では、その神をジェロ・グデ・マカリンと呼んでいます。ジェロ・グデ・マカリンがあなたに何かをさせようとしているのです。これは非常に稀なことです。最も力のあるシャーマンのところへあなたをお連れしましょう。シャーマンたちが力になってくれるでしょう。

このようにして私はバリの神秘の冒険に導かれ、バリ中のあちこちに連れて行かれた。霊媒による儀式では、霊媒から「ジェロ・グデ・マカリンが、バリのシャーマニズムの『左』と『右』が作用しあうダンスに私を引きこもうとしている」と何度も言われた。最後に、大いなる神が住むというプニダ島に連れて行かれた。そこで私はバリアンとして受け入れられ、ジェロ・グデ・マカリンによって、バリの神秘の世界への参入を許された。私は昼と夜の裂け目に生きた。それは、スピリットが意のままに出入りする薄暗い時間、ふたつの世界のあいだにある隙間《すきま》だった。

ジェロ・グデ・マカリンの仮装を見上げる著者

旅の終わりに、初日に死の恐怖にさらされた、バリ本島にあるあの部屋に再び泊まった。私はバリアンの霊媒の助言に従って、その部屋で夜を過ごす準備をすませた。再び夜中に目が覚めた。しかし今回は、雨が降る優しい音を聞いただけだった。部屋の中で実際に雨が降っているように感じたが、電気はつけなかった。イメージの中のできごとだと思ったのだ。翌朝、部屋に置いてあった私の持ち物や道具がどれも濡れていることに気づいた。机の上の書類も濡れており、衣装棚の中の服までびっしょり濡れていた。しかしほかの物はすべて乾いていた。その朝、ブディと使用人たちは、部屋の屋根の上にたくさんの砂と岩を発見した。屋根を作るときにそういう材料は使わない。私は、あの踏み鳴らす音がしたとき、砂や岩が屋根の上をころがり落ちる音がしたのを思い出した。

シャーマンは、死と再生のドラマに慣れている。彼らは暗闇に直面し、不確実で得体の知れないもののまっただ中で自分を見失っては、光の中に生まれ直すことを繰り返す。このようにして生命の中に再び戻ることによって、道を見失った人に手をさしのべる力を得るのだ。何もせずに立ち止まっているのではなく、苦しむ人の手をとって暗闇の中へと向かって行き、ともに恐怖に震えながら夜の試練をくぐりぬける。そして、大いなる愛が放つ輝く光の中に再び戻ってきたとき、ふたりはエクスタティックな喜びに身を震わせる。これが、変容と癒しをもたらすシャーマニックな旅だ。

［注］

1　ヴァンダル人は、四、五世紀にゴール、スペイン、ローマを荒らしたゲルマン民族。文化・芸術の破壊者とされている。

十六　私のこの小さなともしび

私の心の奥底にあるスピリチュアルな心は、アフリカ系アメリカ人教会（彼らは単にブラックチャーチと呼んでいる）の心の中にも、私の魂のふるさとがあることを見出した。会衆が昔ながらの精霊のパワーに包まれて聖別されたときに、特にそのように感じる。バリでの体験のあと、私はほかのすべてを後回しにして、まずブラックチャーチに行った。そこの教会員は、一緒に礼拝をして大いなる愛《ザ・ビッグ・ラヴ》を呼び降ろすことをこよなく愛する人たちだ。男女・子供・老人の区別なく、すべての人がスピリットの高まりを経験して、救いと、許しと、慈悲に満ちた癒しを得る。そのような礼拝をすることによって、教会の人たちは平安と感謝の気持ちをたえず確認し、深めながら、毎日を生きているのだ。

　ブラックチャーチに限らずどんな教会でも、愛が中心だということを忘れて社交場になり、救われる人と救われない人を勝手に区別するような集団になってしまうと、良いスピリットは離れていってしまう。私にとって昔ながらの宗教とは、愛を浴びることであり、愛のパワーの中にどっぷりつかる洗礼だ。それには何の制約も、何の法外な入会規約や特別な条件もない。それは、ただ愛に関するもの、愛のためのものだ。

ブラックチャーチの人たちの仲間に入れたことは私にとって非常に幸せだった。これは、ブッシュマン・シャーマンになることを学ぶうえでたいへん役立った。ほんもののブラックチャーチで見出すのと同じ大いなる愛を、ブッシュマンも心から大切にしている。もしブラックチャーチの建物の中で起こっていることに何も感じないなら、ブッシュマンのスピリチュアリティに深い親しみを感じることもないだろう。

シャーマンになろうとする人ならだれでも、ブラックチャーチから学ぶべきことが少なくともふたつある。教会のマザーは、あるときこう言った。

第一に、教会は何をおいても、「愛の電流」を呼び入れるところです。それは、体の内部をゾクゾクさせるスピリットの電気です。第二に、あなたに火がつかなければなりません。スピリチュアルな火です。そしてそのためには、なりふり構わず主を求めなければならない。

マザーは、スピリットにつかまるのを恥ずかしがらなくてよいと言っているのだ。これはブッシュマンのシャーマニズムにもあてはまる。みずからを投げ出してスピリットに身をゆだね、「愛の電流」を生じさせるのだ。

その愛が会衆に降りてくると、スピリットによる奇跡が起こる。ブッシュマンのヒーリングダンスで見たのと同じように、神聖な光が教会の礼拝の上に浮かんでいるのを私は見たことがある。初めて神秘体験をしたときに見たのも同じ光だ。最も力強く純粋な礼拝は、カラハリの最も力強く純粋なダンスと本質的に同じだ。その両方で私はこの光を見、体が震えるのを感じ、シャーマンのダンスをし、スピリットあふれる声が私から出るにまかせた。

みんなが一体となって感情を解き放つことによって、このような最も深い表現が生じる。このような礼拝をブラックチャーチの会衆が維持し深めていくのは、必ずしも容易ではない。障害となる要因のひとつは、神学校で教育された聖職者の問題だ。彼らは「感情を出しすぎるやり方」を教会から排除し、教会をより知的なものにしようとする。そんなことになってしまったらおしまいだ。感情と知性は、必ずしも排除し合うものではない。それらが足をひっぱり合うのではなく、むしろ強め合うことが必要だ。もうひとつ、教会に起こりがちな問題がある。それは、突然精霊のパワー（あるいはクンダリニー、ンツォム）を感じ始めた人が、自分は絶対的な真実を見た（あるいは聞いた、感じた）とあまりにも簡単に思い込んでしまうことだ。そうするとその人は、自分が見たヴィジョンを永遠に変わらないものと思い込み、自分を特別な人間だと勘違いしてしまう。そうなってしまうと、教会は最も深い愛の営み――それは常にそのときその場から生まれ、子供のような純粋さを伴う――に背を向け、代わりに福音と称して、特定の考えや「正しい答」を宣伝するようになる。

スピリットが好むのは、遊び心をのびのびと出せるところだ。すなわち、自分が言ったことを冗談のネタにして笑い飛ばしたり、誇張して言ったり、正反対のことを言ったりできるところだ。そうすることによって、言葉を過度に重んじる危険を回避できる。ばかげたからかいと遊びによってその場の準備が整うと、次にはスピリチュアルな経験に移行していく。自由にふるまうことができるスピリットの中で、一歩深く踏み込んで電流をひき込み、光をひき寄せるのだ。しかしその経験が自然に消えてなくなったときにはそれで終わりにする。そんな経験をしたからといって、自分は特別だなどと思ってはならない。そして日常の生活に戻ればよい。次の礼拝のときがくれば、また心の準備もできているだろう。

教会の信者たちは貧しく、食べるものにも困っているうえに、友人の面倒をみたり、病気の心配をしたり、強盗から身を守る心配さえしなければならない。彼らは、そんな毎日の生活の試練をじっと耐えている。そして、「一週間をなんとか生きていけますように」と祈りながら次の集会までを生き延びている。彼らの生活に困難があればあるほど、そこには逆にプラスの側面がある。それらの困難のおかげでスピリットとかかわりやすくなるのだ。途方に暮れて、実存のぎりぎりのところにいるとき、そして何をするべきか見出せないでいるとき、それは主とともに何かをするちょうどよいときだ。どん底で、疲れきった心で教会にたどり着いたとき、あなたはすべてを主に捧げやすい。そのようなときこそ、私たちの心は無になることができる。無の心はスピリットを受け入れる器となる。

礼拝にスピリットが降りてくると、すべての会衆がスピリットの即興的な動きの影響のもとに入る。司祭が説教もできないような礼拝を私は何度も見たことがある。司祭が話そうとすると、スピリットが彼をぐいとつかまえ、彼に大声を出させ、会衆に強い電流を送り込む。このような礼拝を支えているのは説教ではなく音楽だ。ブラックチャーチを理解するのに、聖歌隊や宣教師は重要ではない。神の国への鍵は教会のオルガニスト、またはピアニストの手にある。オルガニストやピアニストは、宣教師の声の調子や会衆のムードに合わせて演奏しているように見えるが、実際には彼らがスピリットを呼んでいるのだ。あるいは、だれが主導しているのでもない円環的（相互作用的）な結びつきがある、と言う方が正確だ。宣教師でも、会衆でも、聖歌隊でも、オルガニストでもない。それらの人たちがみな、スピリットの影響のもとで同時に動かされているのだ。

「みんなが心をひとつにして」という祈りの決まり文句はこのことを意味している。それは、スウェットロッジの祈りの中で言われた場合であっても、精霊教会の水曜の夜の祈祷会で言われた場合であっても同じことだ。それが起こると、音楽とダンスと震えがすべての会衆のもとに来る。これがサンクティファイド派の教会だ。ブラックチャーチで体を揺り動かしながらスピリットにつかまるのは、私にとって何にもまさる最高の喜びだ。

私が見た最もパワフルな夢とヴィジョンに、イエスとの神秘的な出会いがある。夢の中で私は、イエスとともに歩き、イエスとともに空を飛び、イエスに触れ、イエスと話し、イエスと一緒に十字架にかかった。あるとき、イエスは、白く光る液体で満たされたグラスを私に手渡した。それは光るミルクのようだった。それを飲むと、体の内部を温かいものが降りていくのを感じた。液体が流れ落ちるにしたがい、私の内部は熱くなり、電気エネルギーのような感覚が生じた。そのエネルギーは、内部の熱と震えを引き起こした。そして、神が内にも外にも存在するということを実感した。

あの光る飲み物をイエスから受け取って以来、私は毎月、あるいは毎週のように同様の経験をするようになった。夜ベッドに入るとき、私はイエスに祈る。イエスの名は、祈りの最初の言葉であり、次にもう一度言う言葉でもあり、眠りに入る前に最後に心に浮かべる言葉でもある。イエスの名を呼ぶとすぐに、速い震動が頭の上に来るのを感じる。その電流を感じながら座っていると、細胞を湧き立たせるようなライフフォース（生気）がからだ全体に送られてくる。それがピークに達したとき、私の内部に温かい液体のようなものが注ぎ込まれる。体の表面ではなく、内部でそれを感じる。そして、あの神聖なミルクを初めて飲んだときと同様に、内部の熱と電気を感じるのだ。

イエスとともに生きるとは、なんと光栄なことだろう。それは心が冷えた根本主義者《ファンダメンタリスト》のイエスではない。彼らは愛よりも憎しみを外に表し、その礼拝は、愛を浴びるどころか葬式のようだ。私にとってイエスは、大いなる愛を意味する最も神聖な言葉だ。この神聖な愛を別の名前で呼んだとしても、私はそれを尊重するし、実際それはすばらしいことだ。大切なのはどういう名前で呼ぶかではなく、その言葉とその人との関係だ。その言葉によって愛に接続されるかどうかだ。私はこれまで、他の文化の神の名前や、祈りや、ダンスステップや、そのスピリチュアルな営みのどんな側面に対しても、変えるべきだと言ったことはない。私の祖父母・両親は、神聖な愛を呼びこむためにイエスの名を使った。そんな家庭で育ったために、今の私がある。しかし他にも神の名前はたくさんあるし、神を呼び入れるための物や、方法や、神への気づき方もさまざまだ。大いなる愛を見つける方法は問題ではない。ただそこへ到達するだけだ。

宗教的な環境で育ち、スピリチュアルな生き方をする人はみな、子供時代の魂のルーツに戻る道を見つけなければならない。育った家がカトリックか仏教かにかかわらず、今歩んでいる道にしっかり足をつけながら、自分の魂のふるさとに戻るまで決して歩みをやめないことだ。その途上で出会う他のスピリチュアルな伝統は、自分自身について忘れていたものに気づかせてくれ、自身のルーツを大切にすることを教えてくれる。しかし、他の伝統自体が自分の心の本当のふるさとになることは決してない。もしユダヤ教徒がブッダと出会ったなら、しばらく付き合ってから先へ行くか、あるいはシェルドン・コップの本のタイトルにあるようにすることだ——『ブッダに会ったらブッダを殺せ』〔注1〕。自分の魂のルーツを求めるのを認めてくれないような師は、愛についてどんなに良い言葉を並べたてていても、残念ながら神聖な愛からは切り離されている。一方、ふるさとに戻るのを師が助けてくれたなら、子供時代のスピリチュアルな伝統の中に新しく学んだ伝統を持ち帰ることができ、その家のスピリチュアリティはより豊かになるだろう。そして、自分が「唯一の愛《ワンラヴ》」から来たこと、そしてその愛が、世界の宗教やスピリチュアルな営みという形で非常に多くの神聖な子孫をつくり出していることに気づき、喜ぶことができる。

キリスト教であれ仏教であれ、その導師がおかしやすい過ちは、道に迷った人を自分の宗教に取り込んでしまうことだ。教えを説く人は、人をその人自身が生まれ育ったふるさとに戻さなければならない。本当のスピリチュアルなリーダーは、人々が両親や家族や自分自身の文化的ルーツを愛することを願っている。

かつて私は、サイバネティクスの思想家、サイコセラピスト、そして大学の教師でもあったが、その頃は、「イエスの話」を人前ですることに臆病だった。神について話すときには、私はしばしば知的な抽象化や綿密な理論に頼った。禅や、チベット仏教のゾクチェンの方法や、ユウィピ・セレモニー〔注2〕について語るのはやさしかった。聴衆もそのような話は興味をもって聞いてくれた。しかし、イエスの「イ」の字を発した瞬間、部屋は白けてしまった。ブッシュマンの人たちは、私のそういうところをすっかり変えてくれ、私のスピリチュアルな内的生活を開放してくれた。そして私は、自分が心のより深い部分としっかりつながったように感じた。

ピアノを弾く著者

もしだれかが私の頭の中をのぞくことができたなら、そこで私が毎日、ほとんど常時、スピリットと一緒にセレモニーをしているのがわかるだろう。音楽とダンスは、私の中で決して止まることがない。夢で受けとった歌が頭の中で常に流れている。流れているのは私が作った歌のこともあれば、みんなが知っている歌のこともある。私は毎日、ブッシュマンの人たちと一緒にダンスで体を震わせたり、ルイジアナのはるか田舎のブラックチャーチの礼拝堂でダンスしたりしている。私はこれを、私の心のすべてのパワーを使ってしている。私は毎日二十四時間、スピリットに酔っぱらっている。もしこのために気が狂っていると思われたとしても、いっこうに気にしない。むしろ私は、スピリットに満たされ、すべての瞬間、すべての呼吸のたびにスピリットから力をもらう神聖な愚者でいたい。

落ち込んで、おびえて、傷ついて、不安なとき、私はただイエスの名を叫ぶ。私はその名を、歌が自然に流れ出てくるまで何度も何度も口にする。楽しくて、幸せで、気分が良くて、喜びで満たされているとき、イエスに向かって「ありがとう！」と言う。そのとき私は生まれ直す。私はイエスの名前で世界中を旅することができる。私にとってイエスという名前は、他のスピリチュアルな伝統や営みへのドアを開ける合鍵だ。私はイエスに親しく語りかける。そしてそのあと、ブッシュマンと一緒に歌ったり、ラコタの人たちとダンスしたり、仏教の人たちと瞑想するのだ。

ブッシュマン・シャーマンとはこういうものだ。私が会ったブッシュマンたちも、いつも歌と音楽に満たされながら過ごしている。スピリットに触れられればいつでも体を震わせ、ダンスし、互いに触れ合えるよう、常に準備ができているのだ。シャーマンは、神という電源に直接つながる生きた電気コードだ。電流はいつも流れている。遭遇するものが危険であれ歓びであれ、みな同じ効果をもたらす。内部を流れる電流が強くなるのだ。脅されたり、気もちをくじかれたりしたときにも内部の電流は強まる。イエスがそこにいてくれるからだ。そこにはスピリットとライフフォースがある。好きな人に会うときにも電流は強まる。善も悪も、すべてが私を神に近づけてくれる。一時的に何かにとらわれて怒ったり、イライラしたり、心配したりしても、結局私はその電流に戻っていく。

私が会ったシャーマンはみな、体を震わせ、温かいものが体の中を滴り落ちるのを感じている。彼らと会って話すのはそんな話だ。一度この経験をした人は、この電流とともに生きるのが唯一の生き方であることを信じて疑わない。スピリチュアルなものに波長が合っているときには――そのためにはいつもそのように心がけている必要があるが――、恐れるものは何もない。直面するものはすべて、それが良いもの、悪いものに関わらず、内部の火に投げ入れる木片にすぎないのだから。私にとって、波長を合わせた状態を維持する最良の方法は、スピリットあふれるゴスペルを心の中で歌い、主のために身を震わせることだ。

「私のこの小さなともしび、この小さなともしびを輝かせよう（This little light of mine, I'm gonna let it shine）」という古い聖歌が、シャーマンの生き方をよく言い表している。炎は内的な世界を照らし、神聖な想像力と愛を生み出す。人生で困難に直面したときや、痛みや苦しみに遭遇したとき、あるいは、人がそんな状況で苦しんでいるのを見たときには、その苦しみをスピリチュアルな火の中に投げ込むことだ。炎は大きくなり、その光は世界を照らすだろう。そして、この世の中にもうひとつの見方、存在のしかたがあることを人々が知ることができる。炎の中に飛び込んで光となって、光に照らされる喜びの歌を歌うのだ。

バリでの試練のあと、私はニューオーリンズで、ジェイムズというタクシー運転手に会った。ジェイムズは、ドライバー仲間ではヒーラーといわれていた。それは、彼が非常に強い信仰をもっており、彼が祈り、手を触れると、人を助けることができたからだ。どうやってその信仰をもつに至ったのかをたずねたところ、彼は次のように語ってくれた。

一九五八年のことだ。私はタクシー強盗にあったんだ。彼らは言った。

「強盗だ、手をあげろ。何もするな。何も言うな。金を出せ。」

私は指図されたとおりに座席を乗り超えて床に伏せ、座席の後ろに顔を沈めた。強盗はナイフを私の頭に当て、銃を背中に突きつけて言った。

「我々を見るな。見たら殺す。」

しかし、その場を支配したのは強盗ではなかった。神がその場を支配した。私がイエスをじかに体験したのはそのとき、タクシーの床に伏せているときだった。私はイエスを見、イエスが私に触れるのを感じた。イエスはその腕で私を包みこみ、私を守り、私の命を救ってくださった。人生をイエスにゆだねたのはそのときだ。まさにそのとき、私はイエスに約束した。残りの人生をイエスに捧げますと。イエスは、私にしてくださったことを他の人にもされるだろう。これは本当にあったことなんだよ。

あのとき以来ずっと、私は祝福された人生を送ってきた。あのとき、私は新しく生まれ直したのだ。そしてその話をみんなにしたい。「あなたがたの光を人々の前に輝かせなさい。そして、人々がよき御業《みわざ》を感じて、天におられる父なる神を賛美するように。」〔注3〕私は神を讃え、愛する。何者も私を神の愛からひき離すことはできない。

ジェイムズ

あの夜、命を脅かされたとき、私はイエスのパワーを直接感じた。イエスは私を包み、熱いものが体を通っていくのを感じたのだ。即座に恐怖はなくなった。私はイエスから力を授かり、人に触れることで人を助けることができるということを、まさにそのときに知った。疑いなくそれがわかったのだ。その経験はそれほど強かった。イエスに触れられたぬくもりは、私の心を確かさと気づきで満たしてくれた。

私の体は熱くなり、浮き上がっていくように感じた。イエスが私に触れているとわかったとき、ひとつの歌が耳元に聞こえてきた。私はそれに合わせて小声で歌った。その歌はたった三つの単語でできていた。私はそれを歌い続けるのをやめなかった。その歌はこうだ。

「ただ親切でいなさい《ジャスト・ビー・ナイス》。」

そういうことだ。私は心の平安をとりもどし、満ち足りた気持ちになった。それは神からの贈りものだ。それは私の歌だ。

「ただ親切でいなさい《ジャスト・ビー・ナイス》。」

強盗たちは私を解放し、私はその歌を歌うのを三ヶ月やめなかった。私はそれを繰り返し繰り返し歌った。

イエスに守られて、それからも長い年月を生きてきた。私はもう七十四歳を超えた。こんなに生きられるとは思っていなかった。イエスに感謝している。イエスは私を救ってくださった。もう死ぬのは怖くない。私の人生の目的は、人によくしてあげることだ。今日のこの日までなお、私はいつもこの言葉を口にし、歌っている。

「ただ親切でいなさい《ジャスト・ビー・ナイス》。」

これは神が私に言わせ、歌わせたいと望んでいる言葉だ。この言葉を口にすると、今も涙が出てくる。精霊がすべてをもたらしてくれたのだ。

この話はまさにシャーマニズムの本質に触れている。死の淵で、次の瞬間に自分の命の保証がない状況でスピリットに触れられることによって、ぬくもりと平和と、人生の目的に対する確信に満たされる。そして喜びに満ち、変容するその瞬間に、歌がその人に届くのだ。この歌が、シャーマンにとって唯一必要な道具なのだ。その歌を歌うと、内的な温かさが蘇り、自分の魂だけでなく人々の魂も癒される。これがシャーマンの真実だ。それはカラハリであっても、アマゾンの奥地であっても、サウスダコタであっても、そしてニューオーリンズのタクシーの中であっても変わらない。

自分の歌を歌わないシャーマン、内部の熱と震えのないシャーマン、神の愛のないシャーマンを私は想像できない。これらは、シャーマニックな存在の核となるものだ。スピリットの世界でシャーマンが使うテクニックは、ただ生命と熱く結びつくことだけだ。ひざまずいて心を込めて祈れば、大いなる愛に近づく。そしてそれは、人と親しく結びつくことにもなる。自分が神の愛のより大きな円の一部になったときには、神が男性か女性か、あるいは、だれが本当の神なのか——ブッダか、ルーミー［注4］か、ムハンマドか、観音様か——といったことに悩む必要がなくなる。うまく言葉で表現できるか否かは重要ではない。スピリチュアルな目を通して、心のレンズを通して見ることだ。スピリチュアルであるということは、人がスピリットの中にいるということであり、「正しい」ことを言ったりしたりすることとは無関係だ。

スピリットと無関係でいながら教会の礼拝堂でダンスしたり、異言《グロソラリア》［注5］のまねをして意味不明の言葉を発したり、あるいはスピリットとは無関係に福音を説いたりすることもできる。宗教の名を借りて人前で演技をして見せるのはたやすい。しかし、実際にスピリットの世界に入るのは危険を伴う。そのような状況におかれると、だれもが平静ではいられないし、品よくふるまってもいられない。これが、あの教会のマザーが、「なりふり構わず主を求める」という言葉で言おうとしたものだ。賛美歌を歌いながら、飛び上がって大声で叫んで、床を転げまわるかもしれず、あるいは眠り込んでしまうかもしれない。スピリットが来たときにどんなふうになるかは、そのときになってみないとわからない。

スピリットは、ドラムを叩いているときに来るかもしれず、あるいは、足につけたガラガラを踏み鳴らしているときに来るかもしれないし、真剣な祈りを聞いたときに来るかもしれない。強いシャーマンは、ライフフォース（あるいはンツォム）を宿すものなら何にでも動かされる。彼らは、この世のすべての生命との間で愛に落ちており、ライフフォースを呼び寄せて分かち合えるならどんな方法でもかまわない。こういう意味では、ヨギもシャーマンも、神秘家、聖者、菩薩も、服装と流儀が異なるだけで、大きな違いはない。彼らはみな、海に浮かぶ救命具となって、神聖な愛の大海を泳ぐすべての人々に手を差し伸べているのだ。

セントヴィンセントでフィールドワークをしているとき、子供の頃によく行った古書店へ行く夢を見た。それはカンサスシティの下町の、イタリアンガーデンというレストランの近くにある古書店で、母親がよく連れて行ってくれたところだ。

通りに面した書店の入口で、老人が椅子に座っている。近づいて行くと、老人は言う。

「よく来られた。あなたを待っていましたよ。どうぞお入りなさい。」

中に入ると、天井まで届くアンティークな本棚があり、古い皮背表紙の本がぎっしり並んでいる。奥から年配の女性が出てきて、何をお探しですかと尋ねてくれる。

「スウェーデンボルグの本はありますか」

と言うと、女性は本を探しに奥へ戻って行った。カウンターの上にあるカタログに気づき、「秘教的《エソテリック》キリスト教」と記された項を開く。それは三ページにわたるリストだが、すべてラテン語だ。店員の女性が戻って来るのを待たずに母親が言う。

「もう行かないといけない。店が閉まるよ。」

夢から覚めて、スウェーデンボルグとはだれだろうか、どんな本を書いたのだろうかと思い、さらなる導きの夢を求めて祈った。私は再び眠りにおちた。

古い家の裏庭に面しているキッチンで、丸いテーブルに座っている。右肩越しに裏口のドアの方を見ると、一片の丸いパンがドアの真ん中を通過して飛んできた。それはしばらく空中を漂ったのち、私の前にある皿に載った。

そこで目を覚まし、再び眠りに入って別の夢を見た。

キッチンの壁を見ている。すると壁に男の顔が現れ、髑髏《どくろ》になったり元の顔に戻ったりする。目は火のようだ。顔は白く塗られ、額には銀色に輝く幅広い矢が描かれている。他のシンボルや古代文字も顔のあちこちに描かれている。あなたはだれかとたずねると、男は答える。

「私の名はザカリア。主の預言者だ。預言者の系統があるのだ。」

ここでその夜の夢は終わった。

翌週、インターネットで調べてみると、スウェーデンボルグ（スウェーデンボリ）は、冶金学を創始した十八世紀の有名な科学者だった。五十代でキリストの神秘的で強烈なヴィジョンを見た彼は人生の方向を変え、科学研究に関する執筆をやめて、スピリチュアルなヴィジョンについて書き始めた。彼はそれをすべてラテン語で出版した。後年、スウェーデンボルグの後継者たちは、彼の方向性を「秘教的《エソテリック》キリスト教」と呼んだ。私はスウェーデンボルグの「夢日記」［注６］を古本屋に注文した。翌週その本が届き、一七四三年一〇月一三日付の次のような文章を見つけた。

同じく幻の中で、私に皿の上の見事なパンが差し出されるのを見る。私は何も知らないし、また私からすべての予断は取り去られているという状態に今や初めて入ってきたので、主ご自身が私に教えてくださるということのしるしだった。ここが学ぶことの始まりである。……

ザカリアは聖書に出てくる預言者で、その名は「ヤーヴェは憶えている」という意味だ。あるとき天使がザカリアの前に現れて、ザカリアの妻が男の子を産むという知らせをもたらした。しかしザカリアは、高齢の妻が子供を産むことが肉体的に可能とは思えなかった。これに対して神は、信仰が不十分だとしてザカリアを罰し、声を出なくしてしまった。ザカリアと妻のエリザベツは男の子をもうけ、ヨハネと名づけた。ヨハネの誕生と同時にザカリアは声が出るようになった。ザカリアは精霊に満たされ、自分の息子が救い主の導き手となると預言した。ザカリアの息子は、のちのバプテスマのヨハネであり、ナザレのイエスに洗礼を施した聖人だ。

それまでにも、私は多くの奇跡を自分の目で見てきた。しかし、ものわかりの悪い私の頭は、なお疑うことをやめなかった。私の中の知的な部分は、それらの経験がある種の催眠的な暗示か幻覚のせいだという仮説を作りあげた。しかし、大いなる心が働いていることをもはや疑うことができなくなったとき、この仮説は消滅し、私は疑いと信仰の両方を失った。ある事柄が確固たる事実であるなら、それを信じようとする努力は必要ない。私は大いなる神秘の確かさをじかに知ったために、信じる必要がなくなったのだ。それ以来、私は神聖な夢をさらに多く見るようになった。ザカリアの夢は、人生のあの時期の重要な教えだったと思っている。

ロンドンで、グレート・ラッセル・ストリート四十六にある古書店、ジャーンディィス書店を訪れている。大英博物館の真向いだ。店主に尋ねる。

「スウェーデンボルグの本はありますか?」

店主はちょっと困ったような顔をして答える。

「ここにはないですが、すぐそこを曲がったところにスウェーデンボルグハウスがあるのはご存じですか?」

そこに電話をしてみたが、その日は休みだった。

次の日にスウェーデンボルグハウスに行ってみた。そこは、市民が会合に使う場所であると同時に、彼の著書や関連する書物の出版社でもあった。中に入ると、古書が壁にぎっしり並んでいた。スタッフのひとり、スティーヴン・マクニーリーという若い男性が部屋に入ってきた。私は、挨拶を交わすとすぐに、古書店でスウェーデンボルグの本を求めた夢を話した。

「それが今日ここに来た理由なのです。」

スティーヴンの顔が輝いた。

「私はそれを信じます。実は私も、古本屋でスウェーデンボルグの本を見る夢をみました。スウェーデンボルグの名前を聞いたのはそのときが初めてでした。それが、私が今ここで働いている理由なのです。」

スウェーデンボルグは、人生を「心で理解する」ことを夢から教わったという。シャイアンの長老ウィリアム・トール・ブルが私にこう言ったことがある。

これ以上あなたには師は必要ない。ただ、スピリットの言うことだけを聞きなさい。他のだれの言うことにも注意を向ける必要はない。

私はスウェーデンボルグのように、内的な学校に入ったのだった。そこでは夢が教材で、スピリットが教師だ。スウェーデンボルグの「心で理解する」というのは、一度スピリットが私たちの知と融合すると、心という神秘的な器官でものを見ることができるということだ。見て感じ、聞いて感じることができるようになり、神の愛や慈悲の心と深くつながるのだ。

話は少しさかのぼって一九九四年のある日、私はニュー・セイラム・ミッショナリー・バプテスト教会の主席執事である、エイモス・グリフィン執事から電話を受けた。

「ブラッド、今夜教会に来てくれないか。話がしたい。」

「わかった、グリフィン。何か持って行こうか？」

「君だけ持ってきてくれ。」

エイモスはちょっと冗談を言う。

私はこの下町のブラックチャーチでただひとりの白人だ。エイモスは、これまでメヴと私が会った中で最も深い愛を放つ人のひとりで、私たちが作ったＡＱという尺度のもとになった人物だ。エイモスは、裁かない愛と奉仕の重要性を改めて教えてくれる。

車で教会へ行くと、エイモスと、友人で執事のロイが待ってくれている。

「ブラッド、君にも執事になってもらいたい。」

私は言葉を失う。光栄に思うと同時に心配が心をよぎる。私が北米先住民のオジブウェーやラコタの儀式にも参加していることを、ふたりは知らないからだ。彼らの教会は先住民の儀式を認めていない。私はふたりに感謝して言う。

「まず祈りを捧げたい。それから連絡する。」

その夜遅く私は、自分は執事にはなれないという結論に至った。私は他の宗教にも親しく出入りしているし、それらを心から大切にしている。そのことを知れば、教会の人たちは裏切られたと思うだろう。私は敬意をこめて辞退の返事をした。

「私は執事にはふさわしくない。私は教会の清掃などをボランティアでやっていきたい。私にできることを言ってほしい。」

エイモスと一緒に祈る。私はエイモスの教会に再び足を踏み入れることがないだろうことに思いを馳せて、心臓が張り裂ける。


シャーマンというものは常にアウトサイダーであり、決められた形の礼拝や宗教にはおさまりきらない存在だ。シャーマンは自分がおかれている文化的状況の中で、自分自身の自由なやり方で神を愛する。北米先住民アルゴンキンの人々を改宗させようとしたキリスト教の伝道師たちは、先住民が「イエスを見たことがある」と言うのをときどき聞いていた。先住民が見たイエスとは、狼と一緒に歩いている人だった。

またあるとき、キリスト教の伝道師のことをブッシュマンに話すと、彼らはこんなふうに言った。

「なぜ白人のイエスは人の心の中ではなく積み重ねた紙（本）の中に住み、なぜ白人たちはイエスと歌ったりダンスしたりせず、イエスの話しかしないのかわからない。」

イエスや、ブッダや、ムハンマドや、他のどんなスピリチュアルな導師にも、その背後には愛の炎がある。その炎から放たれる光は、大いなる神の途方もない愛を体現するあらゆるものとつながっている。

私は毎日でもブッシュマンのところでダンスをしたい。火のまわりでダンスをしていると、何本ものラインを見る。それは、世界中のあらゆる宗教の背後にある真実へとつながっている。そのラインを私は、恐怖によって得た知ではなく、涙で培われた愛によって見るのだ。神の大いなる愛を呼び起こす神聖な名前であるイエスもまた、カラハリのダンスの輪の中にいる。それは、グノーシスの福音書『ヨハネ行伝』［注7］に記されているイエスと同じだ。そこでは、イエスも弟子たちとともに輪になってダンスしており、ここに神秘の秘密が明かされているのだ。それは、ブッシュマンがはるかに前から知っていて、満天の星と月の光の下で行ってきたダンスと同じものだ。

［注］

1　原著は *If You Meeet the Buddha on the Road, Kill Him!* で一九七二年刊。邦訳は『ブッダに会ったらブッダを殺せ』野矢茂樹訳、青土社、一九八七年出版。

2　ユウィピ・セレモニーは、北米先住民ラコタが行うヒーリングの儀式。

3　「マタイによる福音書」第五章十六節。

4　十三世紀のイランの神秘詩人・思想家。旋舞を特徴とするメヴレヴィー教団の創始者。

5　異言《グロソラリア》は、218ページの訳注4参照。

6　原著はスウェーデン語。英訳は *Swedenborg's Journal of Dreams 1743-1744*（1860）最近の英語版は一九八九年刊。邦訳は『スウェーデンボルグの夢日記』鈴木泰之訳、たま出版、一九九五年刊。

7　ヨハネ行伝（The Acts of John）は、二世紀に記録された聖書外典。ヨハネの同僚であるLeucius Charinusが述べたものとも言われる。邦訳は、『新約聖書外典』新井献編、講談社に所収。

十七　神へのロープ

二〇〇〇年の初め、新しい千年紀《ミレニアム》の始まりのとき、私は家族とともにタイムズスクエアの年越しパーティで新年を迎え、そのあとカラハリへ出発した。今回の目的地は、北東ナミビアのオジョゾンジュパ地方にあるチョコエ村だ。平坦で広大な叢林にはバオバブの木や、アカシアの仲間であるレッドアンブレラソーン、それにブラックソーンアカシアが点在する。やはりアカシアの仲間であるキャメルソーンは、列をなしている。そこで不思議な夢を見た。

空中に浮かぶダチョウの卵を見ている。卵は一メートルほど先に浮かんでいる。見つめていると、ちょうどまん中で割れる。割れて二つに分かれたのち、左半分のまわりに二本の細い線が見える。一本は赤、もう一本は緑だ。右半分は白一色だ。私は夢の中で、二つに割れた卵に心を奪われて立ちつくしている。

目を覚ましてもなお、この映像が空中に浮かんでいるように感じる。

震動するエネルギーに満たされて私は歌い、震え始め、この夢をブッシュマンたちに話したい気持ちが抑えられなくなる。陽が昇るとすぐに私は、ジュンツォアンのブッシュマン・シャーマンのところへ行く。話をすると、シャーマンたちもいつになく興奮してダンスを始める。最年長のシャーマンであるツォンタがようやく口を開いた。

あなたは我々が見る最も大切な夢を見た。卵がそうやって割れるのを見たということは、大いなる神につながる光のロープがあなたの前に現れたことを意味する。ブッシュマン・シャーマンだけがこの夢を見る。あなたがその夢を見なければ、我々からそれについて話すことはない。あなたがそれを夢に見て、はじめて話すことができる。私もその夢を見たし、私の父親も、祖父もその夢を見た。それは我々の最も古い夢だ。神へのロープがあなたの手の届くところにきたのだ。

その夜、さっそくダンスをしてロープをのぼる。

ブッシュマンのヴィジョンの世界の中で、白く光る一筋の線を見つけ、それに向かって歩き始める。すぐ近くまで来たとき、私の体はすーっと何の努力もなく浮かびあがっていく。まっすぐ空へ向かうエレベーターに乗っているようだ。いちばん上に祖父がいて私を待ってくれている。祖父は歩み寄ってきて、私を大いなる神《ザ・ビッグ・ゴッド》のもとへ連れて行く。驚いたことに、神は非常にたくさんの手をもっている。近づくと大いなる神は手を伸ばし、ゆったりと回転するような動きですべての手で私に触れる。私は大いなる神と静かに見つめあう。大いなる愛《ザ・ビッグ・ラヴ》で心が震えるのを感じる。祖父がすばやく近づいてきて私をひき戻し、やさしく語りかける。

「さあ、おまえは帰らねば。」

空から地上へまい降りてきた私の目から涙があふれ、ブッシュマンの友人たちが介抱してくれる。私が大いなる神と会ったことを彼らは知っている。私たちは夜どおしダンスする。

ダンスするツォンタ

ダンスのあいだに見たもうひとつの夢の中で、祖父の教会を訪れる。私はブッシュマンとダンスするところを祖父に見せながら、ブッシュマンのおかげで私の心は開かれてブラックチャーチに戻ることができ、子供の頃に教わった祖父の言葉を思い出すことができたのだと話す。

「そうだよ、おまえ。おまえは旅をとおして完全な円を得たのだ。おまえは自分の魂のふるさとに戻ってきたのだ。」

田舎の教会に生まれ、研究者という経歴を経て、ブッシュマンのダンスにたどり着いた私は、今、自分の魂のふるさとにたち戻り、見失っていた真実をしっかり抱きしめていると感じる。輪がまわっている。

新しい千年紀の最初の一ヵ月が過ぎた頃、私は、赤と緑の線は水平に走っていて、想像上の場所や、現実にある村や場所に通じることに気づいた。それは、セントヴィンセントでスピリチュアルな旅をするときの色のついた線と似ている。他方、垂直のロープは私を大いなる神のもとに運んでくれる。このロープを使うと空へのぼることもできるし、地下世界へ降りることもできる。カラハリのドリームタイムでは、神は天上と地下に同時に存在する。

多くのシャーマンは、水平の線を見つけてスピリットの世界を旅している。しかし、神へのロープを見ることができるのは、内に強い熱とスピリチュアルな愛をもつ人だけだ。このロープを使うと先祖のスピリットが住む原初の国に行くことができる。それは、大いなる神をはじめ、最古の存在が住む神話の場所だ。そこでは歌やダンスやヒーリングの方法を学ぶことができる。ブッシュマンにとってそこは、最も重要な神学校であり、医学や治療法を学ぶ場所でもある。

神のもとに至るこのロープについて、私は何年もかけて、過去の文献だけでなく、ロックアート（岩絵）の描写や、ブッシュマン・シャーマンたちとの会話、それに私自身の体験も加えて、できる限りを尽くして調べてきた。

あるとき私は、空へ半分ほどのぼった雲の中に、いかにも私を待ちうけているような部屋を見つけた。

中に入ると妻と小さな息子がいた。息子のスコットが私を呼びよせて言った。

「見てよ、お父さん。ぼくはお父さんのためにイエス様の絵を描いたよ。ぼくは、お父さんに歌をプレゼントしてあげる。」

スコットはやさしく甘い声で「イエスはあなたを愛す」と歌い始めた。

これは、ロープをのぼる旅のなかで最も印象深かった旅のひとつだ。降りてきたとき、私は涙を流した。そして、亡くなった先祖のスピリットではなく息子が出てきたのはなぜだろうか、しかもなぜ今の年齢ではなく子供の姿で出てきたのだろうかと考えた。

私はブッシュマン・シャーマンたちのところへ行き、この体験を話した。トマ・ダームは答えた。

それは良い経験をした。あなたは、このロープが大いなる愛と結びついていることを学んだのだ。最も重要なことを教えてくれるのは、自分が最も愛している、最も親密な人だ。それは生きている家族のこともあるし、亡くなった人の場合もある。私もロープをのぼって行って自分の息子に会った。強く心に残る体験だった。大いなる神は、本当に我々を愛してくれているのだ。

ロープは、ダチョウの卵の殻でつくったビーズをつなぐ糸のようなものだ。ひとつひとつの殻はあなたが愛する人たちで、なかでも家族が最も重要だ。しかし、いったん大いなる神の愛に満たされると、すべての人を自分の親しい身内のように愛するようになる。このようなビーズの糸がシャーマンの心の中に眠っている。大いなる愛がシャーマンの中に入ると、その糸は目覚めて空まで伸びていく。それは、聖なる光で作られた愛の糸だ。その糸を先までたどると、大いなる神に行き着く。

ブッシュマンの友人たちによれば、大いなる神は愛に満ちている。神の愛は限りなく広く無限であり、このため神はその愛をすべての生きものに分かとうとしている。神が歌を送ってくるのはそのためだ。それは、神が私たちに愛を届ける唯一の方法なのだ。神はもっぱら音楽を使って伝え、言葉はほとんど使わない。ブッシュマンの神は、すべての生きものに歌を送っている。蝶やハチにも、木や草や、鳥、ゾウ、キリン、エランドにも。そのほかこの世に存在するすべての生きものに、歌を送ってきている。神の創造物のすべてに歌があるのだ。その歌を捉えるのがシャーマンの仕事だ。シャーマンは、いつでも歌を捉えて人々と分かちあうことができる。

ブッシュマン・シャーマンは、大いなる愛の貯蔵庫だ。心を開いて歌を捉え、その歌がもつ愛をすべて体の中にとりこむ。愛が体に流れこんできたとき、それは純粋なンツォムとなる。このンツォムが体の内部で動くと、腹が固く張って上下に動き始める。この動きによって歌は圧縮・凝縮されて小さな「矢」になり、体の中にとどまることができる。歌の「矢」を人に射るときがくると、腹は再び震え始め、「矢」は熱せられて溶け、さらに蒸気となって体から放たれる。このときシャーマンは、キューピッドのように、熱い愛の「矢」を人々にむけて放っているのだ。

しかし良くないシャーマンは、愛を憎しみに逆転させる方法を知っており、汚れた「矢」を放つ。それは人を傷つけ、病気や死さえもたらす。これが邪術で、その代償は甚大だ。その「矢」はまっすぐには飛ばない。「矢」は狙った人を通り過ぎ、ブーメランのように放った人のところに戻ってきて、放った人に突き刺さる。もし誰かを傷つける「矢」を放てば、その人と「矢」を放った人の両方が傷つく。ブッシュマンの友人は言う。汚れた「矢」を放てる回数は限られていて、それ以上になると「矢」を放った人は死ぬと。汚れた「矢」は、愛する人を守るときにのみ使うべきだ。残念なことだが、シャーマンもときに欲を出して判断を誤り、自分の気まぐれで他人の命をもて遊ぼうとすることがある。そのようなシャーマンは大きな穴に落ちて、それでおしまいだ。

他方、クリーンで白く熱い愛の「矢」を放つ場合も、やはりその「矢」は放った人に戻ってくる。しかしこの場合は、戻ってきた「矢」はその人をスピリットで満たしてくれる。ヒーリングでも同じことが言える。病気をもたらす汚れた「矢」を人から抜き取れば、抜き取った人がもっていた汚れた「矢」も一緒に出て行き、抜き取った人もそれだけ癒される。これはシャーマンが受ける利益のひとつだ。人にしたのと同じことが、シャーマン自身にも起こるのだ。だからシャーマンは、ダンスのあと最高の気分になる。もしヒーラーがヒーリングのセレモニーで生気を奪われたと言うなら、それは、そこに十分な愛がなかったことを意味する。「矢」を白くなるまで十分に熱して、自己中心的な汚れた欲望や恐怖をすべて焼きつくすことだ。そうすれば、ヒーリングを行うたびに元気になるだろう。これがブッシュマン・シャーマンの秘密のひとつだ。

ブッシュマン・シャーマンがロープをのぼって天上の村を訪れたときには、村そのものを地上にもち帰り、ダンスしている上からそれをかぶせることができる。それがいつ起こったかは他のブッシュマンたちにもわかる。これは、ブッシュマンにとって究極の時間だ。そのときブッシュマンは、すべての先祖のスピリットとダンスし、特別に強いンツォムを感じる。それは、先祖たちがまさにそこに存在することによって感じられるものだ。ブッシュマンは、ダンスで天を地上に引き降ろし、すべての先祖とともに過ごす。この意味で、ブッシュマンは愛する人を決して失うことがない。先祖は別の場所へ行っただけで、強いダンスのときには戻ってくるからだ。

ダンスの最中には、ブッシュマン・シャーマンに多くの驚くべきことが起こる。「矢」が体の内部で熱くなると、体は曲がり、腹は上下に動く。これがンツォムの汲み上げで、これはヨガのクンダリニーの上昇に相当する。汲み上げをしていると、喉を鳴らす音がシャーマンの体から出てくる。それはちょうど、リズムをきざむドラムのようだ。これがおそらくアフリカン・リズムの起源だ。すべてのブッシュマン・シャーマンは、これを身近に知っている。アフリカから世界中に渡った人たち《アフリカン・ディアスポーラ》の中にも、この方法の達人がいる。セントヴィンセントのシャーマンの場合は、これを「ドプション」と呼ぶ。ドプションとは、スピリットが人を支配して、その人を「人間ドラム」にすることだ。ポインター・ワレンはそれを次のように説明している。

ドプションは神からのもうひとつの特別な贈りものだ。スピリットが入ってくると、その人は体を動かしてスピリットを外に出さなければならない。そのとき太鼓の音のような特別な音が出る。ドプションに深く入ると、ヴィジョンが現われたり、スピリチュアルな旅に導かれたりもする。ドプションは精霊からのコミュニケーションだ。精霊が人に降りると、スピリチュアルな風景が現れる。精霊が体にとどまっているとき、その人は預言をしたり、他人の内部を見たり、他人を癒すことさえできる。

やはりセントヴィンセントのマザー・サミュエルは、次のように言う。

ドプションは、スピリットがお腹に入ったときに起こるのです。そのとき体が固くなるのを感じたら、立ちあがって地面を強く踏み鳴らさなければなりません。それはとても強烈な体験です。

ブッシュマンは、人がいつシャーマンに変わるかを知っている。ンツォム（またはスピリット）が十分強くなると、シャーマンはゆっくり慎重に地面を蹴り始め、鼻を鳴らす音や、打楽器のような音を出し始める。鼻から出す息があまりに激しいために鼻血が出ることもある。これは、優雅なダンスなどではない。実際、シャーマンのダンスは、単なるダンスとはまったく別物だ。通常のダンスではあらかじめ決まった美しい動きをするが、それはシャーマンにとってはせいぜいウォーミングアップで、自動的な運動や震えにつかまるための準備運動にすぎない。ンツォムがさらに熱くなると、シャーマンの頭と体は前かがみになって上下に動き、それはまるでロープにひっぱられているかのようだ。これをブッシュマンは、神につながるロープが実際にシャーマンの内部を上下にひっぱっていると信じている。ブッシュマンが見るとおり、実際、シャーマンが足を踏み鳴らすのを、ロープをのぼる動作と見る。ブッシュマンは、シャーマンは神へのロープをのぼっているのだ。ヒーリングダンスでは、シャーマンはまずダンスを始め、次に体を震わせ、それから汲み上げ運動をして、最後に神へのロープをのぼるのだ。

「線が円になるために、体を震わせなければならないのかい？」

私の質問は、老シャーマン、ツォンタ・ボーを喜ばせる。ツォンタ・ボーはこの種の話が大好きだ。彼は答える。

「あんたが心配しないといけない唯一の線は、あんたの二本の足の間にぶらさがっているやつさ。」

ツォンタ・ボーは笑いを抑えきれず、肋骨が苦しくなって身をゆがめる。私も負けずに言い返す。

「私はこう思うのだが――。下に小さく振ると、かわいいまっすぐな線ができるよ。」

みんな大笑いして話を戻せなくなる。おかしすぎて震えが止まらず、だれもまともに話せない。

ようやく笑いがおさまって、トマが私の質問に話を戻そうとした。

「我々が震えるのは、ものごとが変化しなければならないからだ。線が円になるか、円が線になるかはどちらでもよい。ただ、ものごとは変化しなければならないんだ。」

ツォンタ・ボーは、からかうのをやめようとしなかった。

「あんたの曲がって丸くなったやつが、まっすぐになりたがっているようなものだ。それが、あんたがのぼりたいと思っている線だ。」

カラハリでは、からかいと言葉の遊びはとどまることがない。今日も真剣な会話が、次々にジョークのえじきになってしまった。この会話の転回に、ブッシュマン・シャーマンとはなにかを知る鍵がある。

ナミビア・チョコエの男性シャーマンたち

十八　神は途方もない［注1］

容赦なくからかわれた日の夜遅く、私は、たとえばマサイアス・ギュンサーのような学者が、なぜ、「ブッシュマンの信じていることは多様で未熟で無定型だ」と言ったのかを考えた。ブッシュマンの概念や説明には非常に多くのバリエーションがあり、絶え間なく変化している。このため文化人類学者たちは、「ブッシュマンの精神構造は、考えることと信じることが混乱して入り乱れ、矛盾と一貫性のなさと、あいまいさが特徴で、文化全体としての標準型を欠く」と結論づけているのだ。

あるとき、私はブッシュマンの人たちに、変化というものをどうとらえているのか尋ねてみた。そして、文化人類学者が一度も書いたことがないことを老シャーマン、ツォンタから教わることができた。ツォンタは次のように答えた。

我々の最も大切な考えは「トゥル」だ。それは、ひとつの形が別の形に変わる過程だ。これは、我々がどうやってライオンに変身するかと関連するし、我々が神やすべての生命をどうみているかとも関連している。我々は自然の中に、無限の循環と変化を見る。この循環と変化は、我々がこの世でスピリチュアルに生きるための最も大切な営みだ。

この説明を聞いて、文化人類学者たちが嘆いた矛盾と絶え間ない変化の意味を即座に理解することができた。ブッシュマンは、生まれたときから円環的なサイバネティクス認識論を実際に生きているのだ。それは、円環的なものに波長を合わせず外部から観察しているだけの人には見えないし、聞こえない。

オジブウェーの長老サム・グルノーが言ったことを思い出した。

これらの円環的な概念は、我々の民族の生き方と同じだ。我々の方法はあなたがたにも開かれている。我々は、あなたがたが自分自身に近づくのを手伝うことができるだろう。

研究と教育の仕事を離れて長い年月が過ぎた今、私はブッシュマンの人々が自然にサイバネティクスを生きていることを見出した。彼らは円環的に考える。これが彼らの知の方法を知るための秘密だ。私は、ブッシュマンの人たちのもうひとつの円の方へとひき寄せられた。

通訳を介してツォンタにインタビューする著者

ブッシュマンがスピリットの世界をどのように経験しているかについて、私は自分が見出したことを、ロックアート（岩絵）研究者のデヴィッド・ルイス＝ウィリアムズ教授に何年にもわたって話してきた。ルイス＝ウィリアムズ教授は、ヨハネスブルグにあるウィットウォータースランド大学の考古学部門にロックアート研究所を創設し、ロックアートのシャーマニズム仮説を最初に提唱した人だ。その仮説とは、先史時代のロックアートにみられるイメージが、当時のシャーマンの経験を表わしているというものだ。ブッシュマンを訪ねる何度目かの旅以降、私は、カラハリからの帰りには必ずルイス＝ウィリアムズ教授を訪ね、カラハリで体験したことについて議論を交わしてきた。ルイス＝ウィリアムズ教授は、私に研究を続けるよう力づけてくれた。のちに教授は次のように書いている。

キーニーがブッシュマンのヒーリングダンスに参加し始めたことによって、真の突破口が開かれた。彼はブッシュマンと一緒にダンスする中で驚くべき経験を重ね、ついにブッシュマンの人々から「ドクター」「ンツォム・カオ」として受け入れられた。「ンツォム・カオ」とは「ヌツォムをもつ人」という意味で、自然を超えたものやそのパワーを自分の体にうまく受け入れて、それを人々の体の病気や社会的な病の治療に使うことができると言われている人だ。そのとき、閉じられていた扉が開かれた。キーニーとその師たちが、互いに尊敬し、高く評価し合っているのはまちがいない。ブッシュマンの人々は、自分たちが

デヴィッド・ルイス＝ウィリアムズ教授と著者

信じていることをできるだけ全部、できるだけ正確に、世界中の人々に理解してほしいと願っている（キーニー、『神へのロープ』から引用）。

それでは今から、ブッシュマンの円環的な知の方法の内側に一歩踏みこんでみよう。私と一緒にカラハリの砂の上に座って、私たちの方法とは異なるもうひとつの知の方法について、ゆっくり話し合っているところを想像していただきたい。その方法は、私たちがものごとを区別したり、この世を理解したりするためにあたりまえに使っている共通の「線《ライン》」を曲げるものだ。大いなる神に対するブッシュマンの人たちの理解から始めよう。

《大いなる神》

ブッシュマンの円環的な理解によれば、大いなる神はふたつの側面をもっている。「天上の神」と呼ばれる安定した側面（それは地下の神の鏡像でもある）と、常に変化するトリックスターの側面だ。ツォンタはこの対比を砂の上に描いてくれた。

大いなる神のトリックスター的側面は、ときによって、良い存在であったり悪い存在であったり、その中間のどのあたりかであったりする。トリックスターは常に姿を変え、神がとりうるすべての可能な姿から成る円の上を移動している。ツォンタはそれを、砂の上に次のように描いてくれた。

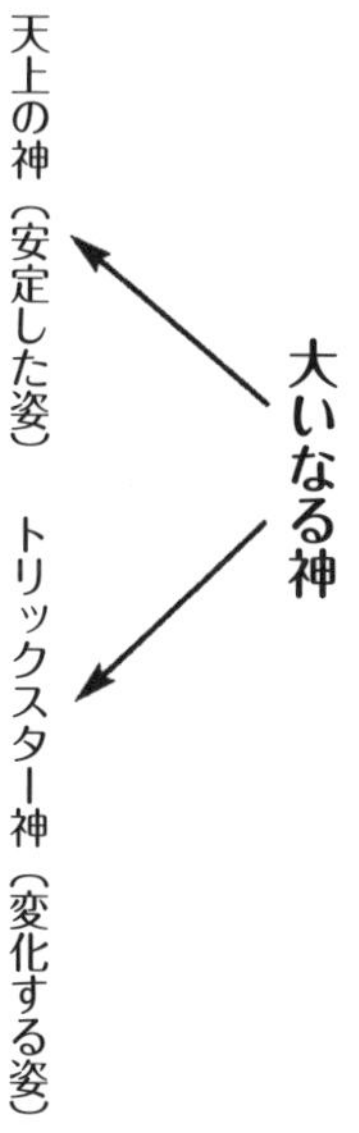

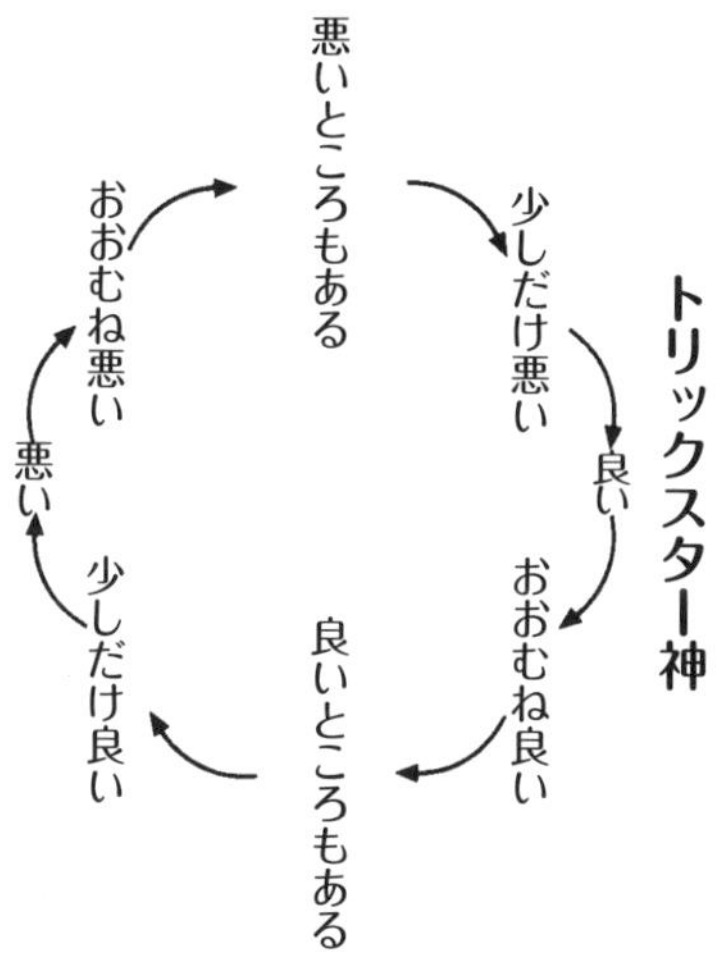

私たちはトリックスター神に助けられることもある。しかし、トリックスターは常に「トゥル」の過程によって姿を変えており、したがってその信頼性も変化するので注意が必要だ。良い姿から悪い姿まで連続するこの円は、トリックスターがもつ多彩な顔の一側面にすぎない。知恵と無知の間をつなぐ円や、美と醜、聖と俗、明と暗をつなぐ円もある。これらの円は、トリックスターがみせる姿のさまざまな種類《バリエーション》や程度《グラデーション》を示している。

ここで私たちは、なぜ神が「途方もない」かがわかる。神は決してひとつの姿に固定していない。これは、ブッシュマンのスピリチュアルな世界を洞察する鍵となる視点だ。常に姿を変え続ける終わりなき「トゥル」は、ンツォムの源泉であり、スピリチュアルな生き方そのものだ。もう少し正確に説明してみよう。すべての可能な姿を包含する円がある。それを、物理的時間で切り分けずに全体として捉えると、それが、安定した天上の神の永久不変の円環だ。この永久不変の円環は、すべての創造物を包含している――すなわち、すべての創造物を変わらず愛し続けている。そしてこの大いなる愛がンツォムの源泉なのだ。

このように考えると、大いなる神とは円環的な結びつきのことだと言えるかもしれない。そこでは、神の安定した愛に満ちた存在は、トリックスターの変幻自在な姿から生まれているのだ。

（安定した愛／トリックスターのさまざまな姿）

サイバネティクスの言葉で記すと、神の全体は、神の変化する多様な姿（各部分）の間で同時に起こっている相互作用の総体ということになる（この謎めいた円環的な説明についてよく考えていただきたい。ある時点のトリックスターの姿には、その時点における相互関係が現れている。それは全体から切り出された一場面だが、そこから私たちは、全体を構成するさまざまな過程とそれぞれの役割を想像することができる。）

ブッシュマンの人々は、あらゆる変化や変容の背後にある動きを「トゥル」と呼ぶ。この動きは、季節の変化や人の気持ちの変化や、さらには、震え震動するシャーマンの体まで、あらゆるものの背後にみることができる。

《亡くなった家族・先祖》

この見方は、ブッシュマンが大切な家族の死を理解するときにも使われる。ブッシュマンが、先祖のスピリットはふたつの側面をもっているとみているのも驚くことではない。

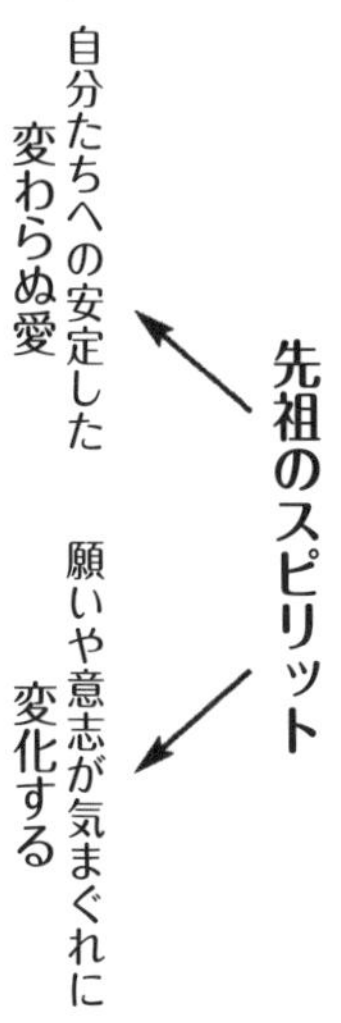

先祖のスピリットは、ここまで読んでいただいた読者にはおなじみの円環的パターンを形成する。

（安定した愛／トリックスターのさまざまな姿）

私たちに対する先祖の変わらぬ愛は、その時々によって変化する先祖の願望や意志から生まれる。言い換えると、トリックスター神の場合と同様に、先祖のスピリットのトリックスター的側面もまた「トゥル」の過程によって常に姿を変えていく。すべてを足し合わせると、先祖のスピリットは常に私たちを愛し、私たちにとって最善を望んでいるのだが、気の変わりやすいトリックスター的側面は常に変化している。ときに先祖は、私たちと会えないのがつらいあまり、私たちを病気にして殺しかねない「矢」を放つ。それは、先祖が私たちと再びつながるためなのだ。またあるときは、先祖は私たちの健康を守ることを考えてくれる。私たちが自身をあまり大切にしていないと先祖が気づいたときには、先祖は疲れや軽い病気をもたらす「矢」を二、三本、私たちに放つ。自分の健康のための行動を起こさせるためだ。ブッシュマンの場合、それはダンスをすることだ。

文化人類学者たちは、ブッシュマン・シャーマンから話を聞く中で、先祖のスピリットが害や病気や死をもたらすという側面に最初に気づいた。このことから彼らは、ヒーリングは先祖のスピリットとの戦いであり、生きている人をその有害な影響から守ろうとするものだと考えた。次に学者たちは、「ヒーリングは人々を幸せにする」ことにも気づき始めた［注2］。そうすると、ヒーリングは、先祖の相反する思惑が行き交うなかで行われる愛の祝宴ということになる。この見方は、ブッシュマンのシャーマニズムに対する私たちの理解を容易に混乱させもするが、より幅広い理解を可能にする。

二〇〇三年、ブッシュマン文化の研究者であるメガン・ビーゼリー博士が私の家に来られ、私がブッシュマン・シャーマンとともに体験したことについて語り合った。彼女は三十年以上もカラハリの人々にかかわっており、ハーバード大学のカラハリ研究プロジェクトにも参加した世界的な文化人類学者だ。博士はテキサス大学とライス大学で教えており、著書に『ヒーリングは私たちを幸せにする（*Healing Makes Our Hearts Happy*）』、『女性は肉が好き（*Women Like Meat*）』、『揺さぶられたルーツ（*Shaken Roots*）』がある。博士はまた、みずから創設に関わったカラハリピープルズ基金の運営もしている。この基金は、ナミビアとボツワナのブッシュマンを支援し、教育の機会を提供する非営利組織だ。ビーゼリー博士は、私の体験と理解がブッシュマンのスピリチュアルな営みの解明に貢献していることを喜んでくれた。彼女は私と会ったあと、私の本、『カラハリ・ブッシュマン・ヒーラーズ（*Kalahari Bushmen Healers*）』と『神へのロープ：ブッシュマンのスピリチュアルな世界を経験する（*Ropes to God: Experiencing the Bushman Spiritual Universe*）』を読み、再びブッシュマンのもとへ行った。そして、帰ってくるとすぐに次のように書いた。

カラハリのヒーラーたちと関わるなかで、私は次のことを教わった。それは、並みはずれた強さというものは謙虚さからのみ生まれる、あるいは生まれうるということだ。この古い宗教的パラドックスは北東ナミビアのジュンツォアン・サン（ブッシュマン）の現代の営みのなかにも見られるが、これをブラッドフォード・キーニーは、実際にジュンツォアンのヒーラーたちと会って一緒にダンスした体験に基づいて、その著書の中で深く思索している。しかも彼は、カラハリだけでなく世界中を旅して「神へのロープ」をたどる経験を重ねており、思索はより視野の広いものとなっている。

ブラッド［訳注＊］は、たとえば、ツォンタ・ボーやトマ・ダームのようなヒーラーと一緒に何時間もダンスし、そのあと彼らと話をしている。ブッシュマンのヒーラーたちは、キーニーの能力と目指すものが、ブッシュマン・シャーマンの能力や目指すものと同一線上にあることに何の疑いも抱いていない。このことを私は、彼の本からだけでなく、ブラッドと一緒にダンスしたツォンタやトマにその一、二年後に会い、彼らから直接聞いて知った。ツォンタたちは、ヒーラーとしての彼のパワーは確かで、彼と一緒にダンスするのは本当に楽しいと言った。彼の本は、ブッシュマンのヒーリングの伝統の詳細を多くの人々に伝えることに成功しており、これは、ブッシュマン・シャーマンたちの求めに応えて彼らとの約束を果たすものだ。

［＊ブラッドは、ブラッドフォード・キーニーに対する親しみを込めた呼び名］

ブラッドの本は、ジュンツォアンのヒーリングを生き生きと描写することによって、あたかも実際に経験しているかのように西洋の読者に伝えている。具体的な細部の描写は、コミュニティ全体が一塊となって動き、それによってみずからを癒している様子をよく表現している。それは文化特異的な営みだが、人間の変容をもたらすという点では普遍的なものだ。彼はロープを使った旅をして、通常の世界を超えたものを繰り返し見たという。そのようにして彼が得た確信は、その旅の細部をそのまま語り、ひとつひとつの経験を示すことによって、はじめて伝えることができる。

ジュンツォアンの人々が、大切な先祖との関係をどのように考えているかは、視野を広げて見ると理解しやすくなるだろう。ジュンツォアンの人々によれば、先祖はこの世の砂の上から去って、別の場所（通常は空の上）でパラレルに「人間」の生活を送っている。そしてこの世の人々は、活発にそして日常的に先祖と接触している。ジュンツォアンの先祖は、この世の人たちの様子を興味深くじっと見続けている。文化人類学者は、そのような先祖の気まぐれで、しばしば懲罰的な性質を強調してきた。しかしブラッドフォード・キーニーは、自分がロープをのぼる旅をして見てきたことに基づいて、この関係に鋭い疑問を投げかけた。

「ジュンツォアンの人々は、先祖のスピリットを愛し、信頼している人の方が、その逆より多いのでは？」

これは良い質問だ。私は長年この人たちを研究してきたが、この問いにはずいぶん考えさせられた。この問いに対して、ジュンツォアンの人たちがもっと明確に答えてくれることを期待する。なぜなら、これは本質にせまる問いかけだからだ。

キーニーのもうひとつの洞察は、私の理解とも共鳴する。それは、「終わりなく形を変え続ける過程はみな神だ」ということだ。言い換えると、成長や成熟や変容そのものが、ジュンツォアンの人たちにとって神の存在の具体的な現われなのだ。これまでの研究の中にも、彼らの神話や、儀式や、スピリチュアルな方法の中に、この概念を裏付ける彼らの言葉を見出すことができる。彼らと対話を重ねれば、これに対する確証をさらに得ることができるだろう。キーニーの研究は、この幅広い見方を提唱するうえで重要な仕事だ。

それは光の中へと開かれた見方だ。それはちょうど、ジュンツォアンのヒーラーたちが治療をするときに、「胸を開く」ことに専心するのと似ている。ジュンツォアンの文化をより深く理解し、またその理解への入口を広げるために、これから多くのことができるだろう。彼の仕事はそのプロセスの重要な始まりだ。彼の仕事は、ジュンツォアンの人たちのヒーリングの伝統に関する、最も斬新な、そしていろいろな意味で方向性を決める研究と言うことができる。

私は、ブッシュマン・シャーマンは一貫して「トゥル」の過程を活性化させようとしているということに気づいた。ブッシュマン・シャーマンは、先祖のスピリットがひとつの姿から別の姿へと変わるのを助ける。彼らは、先祖のスピリットが基本的には私たちを助けようとしていることを知っている。先祖がとりうるすべての姿、願い、そしてすべての意図を総合すると、そこにあるのはただ愛と、地上にいる私たちが生きていくのを助けたいという願いだけだ。

さらにまた、シャーマンは先祖のスピリットの助けなしには治療できない。シャーマンは、先祖としっかりつながっていると感じることが必要だ。亡くなった最愛の人への思いが、シャーマンの心を開く主な原動力となっている。村で人を治療しようとするとき、ブッシュマン・シャーマンは先祖のスピリットの愛と援助を感じる。同時に、シャーマンは先祖のスピリットがもたらしているかもしれない障害を防ぎ、取り去るのだ。そう、ここで援助と障害という二元論的な見方をするのは矛盾している。ここでは、それらが円環的につながっているという認識論について考えているのだから。

《生きている人間・シャーマン》

日常生活のレベルでも、人はみな、円環的につながるふたつの側面をもっている、とブッシュマンは見ている。

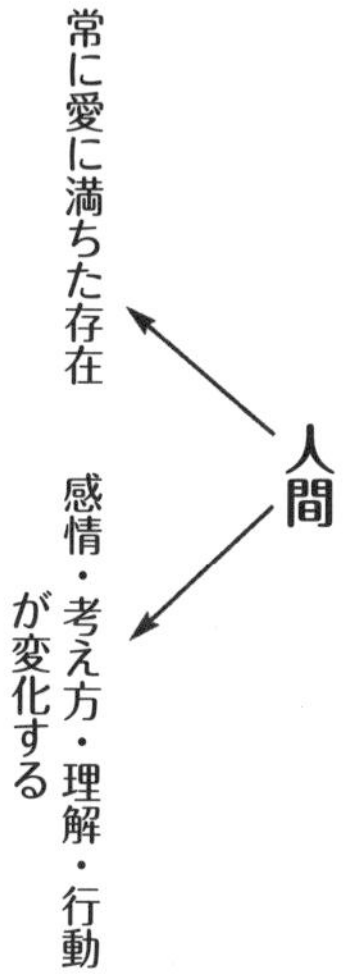

生きるということをブッシュマンの言葉で定義すると、「私たちがトリックスターのようにさまざまな姿に変化し続ける中で、いかにして安定して愛に満ちた人生を維持していくか」ということになる。ここでいう変化する姿には、幸せ、悲しみ、嫉妬、自己犠牲、誘惑、反発など、人間が抱く幅広い感情が含まれる。人間の感情は常に変化し、人との関係のパターンも常に変化していることを、ブッシュマン・シャーマンはよく知っている。たとえば、夫婦間の感情も必ず変化していく。最初は強い愛情で結びついていた関係も、怒りと反発に変わりうる。さらに、助け合ったり、子供を育てたり、友達のようであったり、その他さまざまな要素が加わっていく。ブッシュマンにとって、健康で元気でいるということは、変化を促す「トゥル」が働き続けているということだ。変化し続けている限り、あるいは円環的な道筋に沿って動いている限り、その関係には生命（すなわち愛）がある。すべての可能な姿を全体としてとらえると、それは安定し

た健康な関係ということになる。システム論的な視点をもつ家族療法家も、これと似た考え方を概念化してきた。ブッシュマン・シャーマンにとって、どれかひとつの姿を最大にする（あるいは別の姿を最小にする）努力は、生命をもたらす「トゥル」の動きを止めることになる。そうなることを、シャーマンはできるだけ避けようとしている。

ブッシュマンは、生命の世界に属するすべてのもの――この世で命をもつものだけでなく、神々や先祖のスピリットも含めて――は常に変化しなければならないと考えている。彼らの見方は、サイバネティクス思想家ハインツ・フォン・フェルスター［注3］の実際的な知恵と響き合う。

「自分を見つけたいと望むなら、変わりなさい！」

この言葉に頭から抵抗する人には、次のメッセージがある。

「今のままでいなさい。そして自分を見失いなさい（症状を続けなさい）。」

多様な姿からなる円が動きを止めると、その円を形作っていた糸は必ず切れる。治療が必要となるのはこのときだ。

ブッシュマン・シャーマンは、いろいろなレベルで変化し、変容することができる。彼らも普通の人と同じように、感情が天候のように移り変わるが、先祖のスピリットや神々と融合することもできる。シャーマンの体がそのような移行への動きを見せ始めるとき、生命が内包する相違や対立が交錯するダンスが始まる。このとき「トゥル」は、内側と外側の両方をつかみ、一方の極を他方に変化させたり、両方を一緒にしてかき混ぜたりする。シャーマンの体は震え、ぴくつき、震動する。その動きは「トゥル」そのもの、「トゥル」の実現であり、シヴァのダンスのカラハリ・バージョンだ。震える手を人に当てることによって、相手の中で「トゥル」を活性化させる。この回転する混合物の中で、汚れた「矢」はヒーリングとインスピレーションと活力をもたらす新しい「矢」に入れ替わる。

シャーマンは、この仕事をひとりではできない。彼らは、先祖のスピリットや神々とつながっていなければならない。そして、このつながりによって、シャーマンは大いなる神の愛の中心へと導かれる。彼らは神聖な大いなる愛の中に吸収され、震える手は誕生と死と再生を伝える道具となる。

ブッシュマンの「十分に円環的な」見方によれば、生命とは、さまざまに変容した状態や、同一性や、特殊性をすべて含む完璧な円だ。考えうるすべての形を互いに結びつける線は、多くの円が集まった円、母なる地球のような球体を形作っている。グレゴリー・ベイトソンの比喩を用いると、この「自然の心」は、「スケールの大きい相互関係」ということができる。そこでは、すべての命ある存在が交流に参加する。このような円環的な見方によって、私たちが地球という共同体の外部ではなく内部にいることを自覚するようになり、地球環境を搾取するのではなく、それを守る責任があることに気づくようになる。

円環的に理解することによって、私たちは硬直した心身二元論への強い癒着から解放される。心身に関する古来の謎を理解するための、次頁の新たな枠組みをみていただきたい。

ここでは、相互に作用し合う体（存在）の「やりとり」の総和が、心《マインド》を形成する。この理解のしかたは、心を体の外に位置づけるというのではなく、心が広くさまざまなものの中に表れうることを示している。そしてこの移動によって、私たちは、自己中心的な幻想のためにものが見えなくなった状態から抜け出して、結びつきが何にもまして重要であることを理解するようになる。

カラハリのダンスにおける相互のやりとり（そこでは言葉は発せられない）は、次のように理解できるだろう。

心《マインド》（相互のやりとり）⇄体（個々の存在）

（ヒーリングダンス⇄震え相互に影響し合う体）

そこでは、「トゥル」の表出である震える体が、ダンスの世界を生み出す。それは、愛の「矢」によってすべての先祖や創造物が居合わせる永遠の瞬間だ。

ブッシュマンは、生命同士の結合や生命の全体性が、永遠に変化する多様な姿の循環によって生み出されていることを、おのずと知っている。ンツォム、クンダリニー、気、そして精霊のパワーはすべて、エゼキエルの輪〔注4〕のような、決して回転をやめることのない無数の円によってもたらされる。それぞれの円はそれ自身を飲み込んで、それらの円自体を作った円環プロセスを生み出す。このプロセスの中では、「自然の心」は「自然の体」と切り離すことができない。両者を結びつけるのは「トゥル」であり、それは、形・心・実態をもたない存在だ。ここで私は、神秘そのものについて話していることにご留意いただきたい。それは、実際にその腕の中に包まれたことのない人には認識されないし、言葉にされることもない。

もしトリックスターが姿を変え続けることができずに「トゥル」が停止したときには、円の形をした糸は崩れる。ブリークとロイドによる『ブッシュマンの民話集成』〔注5〕に記されたツァム・ブッシュマンの言葉をみてみよう。彼は白人の農夫に傷つけられて死にかけていた。

「私はあなたに言おう。私の考えの糸がまだ生きているうちに。」

切れた糸は死を意味するだけでなく、糸でつながっていた対極が互いに逆方向にひっぱり合っていたことも示す。ブッシュマンの友人が言うには、他の文化の人たちは、自分自身とつながっている糸を切ってしまっている。それは、互いの関係が円環的・相互的ではなく、一方的に押したり引いたりするものになっているということだ。黒人の文化であれ白人の文化であれ、そのような文化では、動物や植物とつながる糸が切れている。そこでは、それらとの間で尊敬しあうことも、学びあうことも、協力しあうことも、そして愛しあうこともない。ブッシュマンは、私たちとは異なる生き方をしている。ブッシュマンは生命の多様な円の内側に住んでいるのだ。彼らは「トゥル」に身をゆだねる。それは大いなる神の内部にいるための方法だ。

ナミビアに暮らすジュンツォアンのブッシュマンは、神にも、悪魔にも、そして先祖のスピリットにも、同じ言葉「ガオアン」を使う。表面的にみれば、ひとつの言葉にこれらの異なる意味が含まれるのは、混乱し、矛盾しているようにみえるかもしれない。しかし「悪魔」という言葉が、(善悪のうちの悪を示すのでなく)単にブッシュマンのスピリチュアルな世界におけるトリックスター的な一側面をさしていることに気づけば、彼らの理解が二元論的ではなく、非合理的でもないことがわかる。繰り返すが、ブッシュマンの理解は円環的なのだ。そこでは、常に変容し続ける過程によって、さまざまな側面や異なる姿が生まれている。

ガオアンは、「トゥル」を決してやめない最高のシャーマンだ。ガオアンは、その最も広い表現形をもつ。すなわち、形を変えるトリックスターと安定した天上の神の、両方の姿をとりうるのだ。この陰陽の補完的な関係から、先祖のスピリットが生まれる。そして先祖のスピリットもまた、安定した信頼できる側面と、利益だけでなく不利益をもたらしうるトリックスター的側面をもっている。

最後に、シャーマンの「トゥル」についてみてみよう。ここでも、一方では人を助けることに専心する信頼できる存在だが、他方では光と影、神聖なヴィジョンとばかげた戯れ、動と静の間を動くトリックスターだ。

シャーマンは「トゥル」の達人であり、ダンスの中でさまざまの領域を往き来できる。シャーマンは、善が悪を生みうること、そしてその逆もありうることを知っている。これを知っているシャーマンは、人間の多くの苦しみが二元論という堅苦しい法則によってもたらされるとみている。そこでは、善と悪、神と悪魔は明確に区別され、宗教戦争では、一方が他方を破壊するよう運命づけられている。これが人間の世界の愚かさだ。これは、壊してしまうべき壮大な錯覚、社会全体の病だ。そこから抜け出す方法は、世界を円環的に見ること、すなわち、すべてのものは関連していて、それらの相互関係によって創られていることに気づくことだ。片方を破壊すれば糸は切れる。そうすると、糸の両端とも死んでしまう。

バリでは、「善と悪のあいだに働く緊張」のことを「サクティ」と呼ぶ。バリのシャーマンによれば、力やパワーと同じ意味合いでサクティをもっている人はいない。スピリチュアルな人というのは、「サクティをもっている」というよりも、「サクティのために戦っている」と言うほうがより正確だ。バリの友人たちが言うように、「あなたにはサクティがある」と言うとき、それは実際には、「そのための戦いの中にいる」ことを意味しているのだ。もし「攻撃してくる悪」がなかったら、そこにはサクティはない。しかし、だれかが人を殺そうとしていて、その人がまだ殺されずに生きているなら、その人はサクティの中にいる。これはバリ人にとって、そして、バリ文化を研究している（が理解はしていない）アウトサイダーにとっても、非常に重要な概念だ。人は決してこの戦いに勝ってしまうことはない。重要な戦いはずっと続くからだ。もしあなたが「今まさに勝ちつつある」と現在進行形で言うなら、そこにはサクティがある。

同様に、だれも実際にはンツォムをもっていない。しかし、シャーマンとして体を震わせ、線を曲げて円にしようと闘っているとき、そこにはンツォムがある。そのときシャーマンは、すべての想像しうる反対物の、ちょうどまん中にいる。そこは、風が吹き、スピリットが呼吸し、ンツォムが流れる場所だ。

シャーマンの体は、すべての対立や違いを手放さず、すべての立場とその声を抱えこんでいる。これら多くの対立する極の内側に、回転する風が発生し、シャーマンを一方の側から他方へと吹きとばす。エネルギーの波は、人間がもつ内的矛盾の現われだ。愛と憎しみは隣りあっていて、どちらも相手のすぐそばから離れることはできない。愛と憎しみの輪はまわる。自己犠牲と利己主義は対決するが、互いにその境界を踏み越えることはない。自己犠牲と利他主義の輪もまわっている。善と悪は互いに向き合いながら、それぞれの立場を貫く。善と悪の輪もまたまわり続ける。

対立の中に進歩がある。シャーマンの体の中で生命（そして死）の輪がまわり、スピリットの電流が発生する。

［注］

1 本書の原題は、Gods are crazy. 映画「コイサン・マン」（一九八〇年）の原題 Gods must be crazy を模している。

2 Katz, Richard, Megan Biesele, and Berna St. Denis. *Healing Makes Our Hearts Happy:* Rochester, Vermont: inner Traditions International, 1997.

3 ハインツ・フォン・フェルスター（一九一一～二〇〇二年）は、物理学者で、電気工学・生物学にも精通。セカンド・オーダー・サイバネティクスを提唱した。

4 エゼキエルの輪：本書２２４ページに、エゼキエルがヴィジョンの中で生命の輪を見せる記述がある。

5 Bleek, W.H.I. and L.C. Lloyd. *Specimens of Bushmen Folklore.* London: George Allen & Co., Ltd., 1911.

十九　トリックスター・シャーマン

一九八〇年代にさかのぼるが、大学で仕事を始めて間もない頃に、私はユダヤ神秘主義の本、ゾハール〔注1〕のことを初めて教わった。それから長い年月がたって、私はゾハールの夢を見た。その夢がきっかけとなって、一五五八年にできたゾハールの初版本が、ベニスのユダヤ社会のレナトマエストロ古文書館にあることを見出した。私は古文書館に連絡をとり、そこでボランティアとして働いている人に会う約束をとりつけた。保管庫で初版本をみつけた人だ。イタリアまで行って古文書館を訪ねる前夜、ホテルのベッドで休んでいるとき、スピリットの電流が私の内部に流れ込むのを感じた。私はドリームタイムに入っていった。

小麦畑が数キロにわたって続く一本道を車で走っている。ヒッチハイカーを乗せる。若者はもの静かでいかにも善良そうだ。ひと言も交わさず車を走らせ、道は黒いゲートにさしかかる。それは公園の入口で、中ではたくさんの子供たちが遊んでいる。若い男は言う。

「止めてください。ゲートを開けに行きます。向こう側へ行くにはここを通らなければならない。」

特に反対する理由はなく、男の言うままに公園に入る。

公園を途中まで走ったところで男は言う。

「止めてください。やらないといけないことがあります。」

車を止めると男は飛び降り、後部座席に置いてあったスーツケースを取り出して開ける。恐ろしいことに、男は斧を手にする。男の表情は一変して、狂人の形相だ。男は悪魔にとり憑かれ、子供たちを傷つけようとしているのだ。私は男に走り寄る。そして、自分が勇気をふりしぼってこの男に憑いている悪魔を追い祓わなければならないことに気づいて慄然とする。深い呼吸をして両手を男の胸におき、左手を男の心臓の上におく。斧にはまったく注意を払わず、男の目をまっすぐ見据えながら大声で話しかける。男の目は激しい怒りを放つ火の玉だ。私は活字にはできないある言葉を口にする。私の言葉は確かな威厳とともに男に伝わる。

強力な電流が私の体内を足から腹に向かって流れる。それが腹の中にあるスイッチに達すると、内部のエネルギーが急膨張して波となって数回拍出され、エネルギーが背骨をまっすぐのぼって頭から出ていく。その電流はあまりにも強く、私の内部をすべてもっていってしまう。

ブッシュマン・シャーマンからこんなことを教わったのを思い出す。人を癒すには、その人の中にある「汚れた矢」を取り除かなければならない。人から「汚れた矢」を取り除いたときには、自分のなかにある「汚れた矢」も取り除かれる。他人を浄化しながら、自分自身も浄化されるのだ。しかしこの夢で若い男の悪魔祓いをした私は、浄化されただけでなく、内部がすっかり抜き取られてしまった。中身がなくなり、皮だけになってしまったのだ。驚いたことに、残された私の皮膚は、人間の皮膚ではなかった。まるで魚の皮だった。私は、食事が終わったあとに皿に残された魚の残骸のようだった。

目を覚ましてもなお、エネルギーが生々しく脈打っていた。私は夢で体験したことに驚き、どう理解してよいかわからなかった。すると声がした。

光は常に闇とともにあり続けるだろう。しかし上手に闇を選んでひき受けることもできる。これまで多くの人がしてきたように、生きる苦しみを味わっている人たちとともにいることができる。その苦しみが不当な行いによるものであっても、貧困によるものであっても、重い病気によるものであっても何でもよい。そのような苦しみを味わっている人たちとともにいなさい。そうすれば、闇はあなたの光とうまく折り合うだろう。もし自分から闇を選びとらなければ、闇のほうからその姿を現そうとしてくるだろう。それは地獄の業火そのものかもしれない。

このような夢を見た翌日の午前中に、案内されてゾハールの古書を見に行った。古書には各ページの周囲にたくさんの書き込みがあり、手書きのページには一五五八年と記されていた。私は、これはユダヤ教神秘主義の研究にとって重要な発見かもしれないと思った。ゾハールには善と悪について書かれた部分があり、次のような教えが記されていた。

「破壊的な闇の力に自分の姿を見られないよう注意しなければならない。」

案内してくれたラビは、前夜のドリームタイムで聞いたのと同じ話をしてくれた。そして、ゾハールの次の一節を示してくれた。

輪《ホイール》が存在する以前に、輪の観念《イデア》があった。思考は影響力をもつ。……それは世界を動かす。……世界をまわす。

シャーマンはしばしば神に出会うが、そのとき必ず闇の力がすぐ近くに隠れていることに気づく。イエスは、砂漠で断食をして祈る間に次々にサタンの誘惑に見舞われる。スウェーデンボルグは神の夢を見るが、肉体への欲求もなくならない。サンクティファイド派教会の信徒たちは、日曜の朝、主のために踊るが、平日には太った猫野郎（人々を押えつける腹黒い政治家たち）を憎む。「小さいことは美しい《スモール・イズ・ビューティフル》」と唱える社会活動家は人に援助を申し出るが、そのあと、内に秘めた所有欲のままに新たな買い物をする。私たちはみな、同じ地上にいる。聖者も罪人も同じだ。神の目には、ラマもヨギも、宣教師もラビもシャーマンも、罪人と何ら変わらない。みな同様に、苦しみを通して直接この闇の存在を学ぶのだ。

不安定な両極のどちら側とも距離を保てるようになるためには、何度も死を経験しなければならい。善悪いずれの極にいるかは問題ではない。そのいずれであろうと、「喪の部屋」に入って死と再生の経験をぐぐり抜けなければならない［注2］。このようにしてシャーマンは、死を避けるあらゆる努力をしながらもなお、死ぬために生きるのだ。苦しい十字架を背負うたびに、新たな生と貴重な知恵が得られる。シャーマンは、信頼できる真の善人であると同時に、あらゆる姿をとって戯れ、別のものに変わり続ける、信頼できないトリックスターでもある。シャーマンは、「歩く竜巻」、「四つの風の化身」だ。彼らは、自身を含むすべての人を崖っぷちへ、すなわち、私たちの知・信頼・信仰・創造性・意外性・赦しの限界を超えた、さらに向こうへと駆り立てる。彼らは私たちに、崖から飛んで一緒に死ぬよう迫ったり、あるいは、私たちを置き去りにして苦しめたりする。しかしそのあとやって来て、私たちがスピリチュアルな誕生のための産道をくぐりぬけるのを助けてくれる。

私たち自身が苦しみから抜け出そうとするとき、あるいは苦しんでいる人を職業的に援助するときに使う常識的な方法を、シャーマンは粉々に砕いてしまう。彼らは、全面的な善は常に悪であることを示し、他方では、特定の悪は必ずスピリチュアルな教訓をもたらすことを示す。シャーマンは、学校を中退するよう迫ることもあれば、葬式で笑わせたり、祝いの席で泣かせたりもする。彼らは、本当の夫婦の愛が、互いに憎み合うという必要な経験を潔く受け入れたときに生まれることを教えてくれる。彼らは、罰はあってはならない、赦すだけだと教えてくれる。私たちは人を裁くには小さすぎる。そしてその小ささと無知が最大の財産なのだ。だからこそ私たちは謙虚になることができ、スピリットがもたらす贈りものに近づくことができる。

トリックスターとしてのシャーマンは、信頼・愛・平安・思いやりなど、心や魂に係わる重要なことがらが、複雑な相互関係の、つかみどころのない逆説的な動きの背後に隠されていることを知っている。それらは、ビジネスの約束ごとや法律の原理には支配されない。クレージーな（途方もない）シャーマンの視点からみると、人間であるための本質を抽出すれば、それは常に上下逆であり、鏡像だ。それは常識の逆転だ。たとえば、「私を信じなさい」と言う人を、それがどんな人であっても信じてはならない。他方、「あなたのことが信じられない」と誠意をもって言うことは、信頼を築く基礎となりうる。トリックスターのクレージーな知恵とクレージーな信頼からみれば、何も考えずに愛国心や法律や義務をもち出す人は要注意だ。その一方で、敵を愛そう、地球を大切にしよう、みんなで激しくダンスしようと煽動する変わり者たちの声に、私たちは真剣に注意を向け、耳を傾けるようになる。

◎

私はトリックスター・セラピストとして、クライエント（患者）にばかばかしい経験に頭から飛び込むよう促した。治療を小劇場へと転換させて、新たな動き方を試みる機会にしたのだ。私は、クライエントに言葉やイメージを書いた紙を自宅の枕の中に置かせたり、テレビにひもをつけさせたりといったナンセンス・混乱・甘い狂気を処方して、毎日の習慣に大きなゆさぶりをかけた。

ルイジアナの自然に囲まれた町で、ウェンデル・レイ博士と一緒に治療したケースは、病院で精神科医に「精神病的」と診断された元プロフットボール選手だった。その元選手は、前妻からかけられたヴードゥーの術によって自分の人生が「凍結」していると思い込み、再婚した今もなお彼の人生は凍結していた。たとえば、彼は前妻のときに使っていた寝室の家具をそのまま使っていて、それを手離せなかった。呪いから彼を解放するために、私たちは寝室のランプシェードを小さく切り刻んで捨てさせることから始めた。

結局、彼はすべての家具を取り除き、自由を取り戻した。そのあとすぐ、私たちは彼に、別の家族の治療に協力を求めた。その家族には、「精神病的」であるために精神科医から入院を勧められている十二歳になる娘がいたが、この家族は全員フットボールが大好きだった。家族は元フットボール選手に連れられて競技場に行き、彼の指導のもとでフットボールの試合をした。私たちは、彼らのまったく儀式的なパフォーマンスをビデオに撮った。いつのまにか、参加した家族はみな全力でポジティヴに生きようとしており、そのことにみずから気づいていた。

トリックスター教師であった私は、ときどき学生たちを混乱させた。たとえばあるとき、学生たちに本を読むことを禁止した。ただし一冊の本をランダムに開いて、目にしたひとつの文だけを読むことを許可した。そして、その文を使ってナンセンスな遊びを指示した。その文を書きとめて、それを自分の家の冷蔵庫に入れなさいと言ったのだ。こんなことをしているうちに、学生たちの凍りついていた想像力は溶け始め、本の残りの部分に対する興味がふくらんでいった。

ずいぶん前に、私は博士課程の学生にこんな提案をしたことがある。「実際に出版するどころか、書いてもいない（これからも決して書くことのない）一冊の本について、意図的に宣伝してみてはどうだろう。ひょっとすると、サイコセラピーの専門家たちに揺さぶりをかけることができるかもしれない」と言ったのだ。学生と私は、「サイコセラピーに伝統的な研究法を適用することを批判する本を私が書いた」という噂を広めた。その後四年近くの間、雑誌の特集を含めて、この攻撃からサイコセラピーの研究を守ろうとする論文がいくつも書かれた。実際にはそのような本は書かなかったのに！　これがトリックスターの戯れがもたらす「パワーの蜃気楼」だ。

芸能の世界では、『デヴィッド・レターマン・ショーの風変わりな見方』というジョーク満載の本を書いたのがきっかけで［注3］、レターマンがアカデミー賞の司会をしているちょうどその時間に、ＣＮＮのスタジオに呼ばれたことがある。私はスタジオでショーを見ながら、缶詰のハムでどうやって遊ぶかについてあれこれ議論した。治療セッションであれ、学校の教室であれ、路上であれ、ポピュラーな芸能番組であれ、トリックスターとしての私の役割は、意外性で人に衝撃を与えること、そして、見る人を見られる人に逆転させることだ。見る人と見られる人という区別を溶解させると、人は日常の枠から自由になり、インスピレーションが働きやすくなる。このテレビ番組でのパーフォーマンスをきっかけに、雑誌『ウトネ（Utne）』から執筆依頼がきた。そこで私は、どのようにすればクレージーな知恵が私たちの人生に浸透するか、そこからどのようにしてスピリットの革命が生じ、新しい発想と遊びの輪が心の中でまわり出すかについて、何度か記事を書いた。

歴史を通して常に、聖なる愚者である道化師は、人生の最も神秘的な真実の逆説的な側面を演じてきた。

彼らは、意外性や正反対の動きで見物人を驚かせた。厳粛な儀式でいちゃついたり、法廷で笑ったり（ありがとう、アビー・ホフマン［注4］）、冗談で泣いたり……。いずれにしてもトリックスターは、ばかばかしさでのみ表現できる真実を明らかにする役割をみずからひき受けてきた。中国の詩人でシャーマンでもある老子は、このことを次のように書いている。


全体的な存在であり続けるために、ねじれなさい。

まっすぐになるために、すなおに曲がりなさい。

いっぱいにするために、空《から》っぽになりなさい。


シャーマンは失っていた魂をとり戻すだけではない。彼らは魂にあふれる表現を生み出す。

シャーマンはＳＦ映画のようなスリルを楽しむだけではない。彼らは絶望して地面に突っ伏し、スピリチュアルな慈悲に拾い上げられる。

シャーマンはパワーを手にしようとするだけではない。彼らは愛のためにたやすく自分を投げ出す。

シャーマンは特別な知識をもっているわけではない。彼らは無知の畑を耕す。

シャーマンは過去・現在・未来を理解し、それに影響を及ぼすだけではない。彼らは大いなる神秘を見て、驚きのあまり言葉を失う。

シャーマンは鬨《とき》の声をあげる戦士であるだけではない。彼らは見つけてもらってうれし涙を流す、迷える巡礼者でもある。

シャーマンは人に実際的な助言をするためにスピリットと交流《チャネリング》するだけではない。彼らは沈黙やナンセンスが無理なく流れる、スピリットに富む水路《チャネル》でもある。

シャーマンは足に付けたガラガラを震わせるだけではない。彼ら自身がしばしば震える。

シャーマンはめったに答えない。むしろ彼らは質問を変えさせる。

ドラムを叩く著者

［注］

1　ゾハールは、モーゼ五書（旧約聖書の最初の五章）に関する中世の神秘主義的研究書。

2　「喪の部屋」は、セントヴィンセントのスピリチュアルバプテストが断食の儀式で使う部屋。本書第十三章を参照。

3　*The Lunatic Guide to the David Letterman Show: 100 Wacky Ways to Go All the Way with Dave*. Station Press, 1994.

4　アボット（アビー）・ホフマン（一九三六～一九八九年）は、アメリカの政治活動家。ベトナム反戦デモで逮捕されたが無罪となった。法衣を着て出廷したり、裁判官にＬＳＤを勧めたりするなど、奇抜な行動や発言が衆目を集めた。

二十　糸を修復する

ブッシュマン・シャーマンの世界は糸でいっぱいだ。垂直に伸びる糸やロープは、天上の大いなる神へ直接つながる。地上を水平に走る糸は、別の場所へ旅をするための糸だ。それらは別の村や、地球上の別の場所、あるいは、水の中や、星々の間や、地図には書かれていないスピリットの世界へと人を導く。さらに、糸は人を、他の人やすべての動植物と結びつける。シャーマンがその知恵を深めていくにしたがい、個々の人や「もの」（植物・動物・場所を含む）の知覚はだんだん背景に退き、代わってそれらを結びつける糸が光って見え始める。彼らは、結びつける糸という側面から生命を理解するようになる。

分離した個々よりも関係を大切にするこの世界では、シャーマンは結ばれた糸に沿って旅をするようになる。彼らは自分の意識をある場所から別の場所に移すだけでなく、自分のアイデンティティが存在する場所をも移動させる。狩に出る前のダンスでは、シャーマンは、結ばれた糸を利用してその動物になる。そのようにして、動物を射止めるにはどこへ行けばよいかを知るのだ。先祖のスピリットに会うときには、先祖のスピリットがいるところまで糸をのぼって行って、先祖のスピリットと融合する。そうすると、亡くなった愛する祖父母はシャーマンの内部で生き生きとよみがえる。これは、亡くなった最愛の人との融合だ。同様にして、大いなる愛の内部に吸収されると、大いなる愛と一体になったと感じる。

ロープをのぼる旅は、乗り物や足を使って移動するような旅ではない。それは、自分と他者を区別するアイデンティティの意識から、非二元論的意識への変容だ。シャーマンは、神々や先祖のスピリットの内部に、あるいは狩をする動物や治療する患者の内部に吸収される。直線的な分離から円環的な融合への過程が、ブッシュマンの変身だ。それは、関係のあり方の移動であり、「他人と切り離された私」から「他人と切り離せない私」への変容だ。

ブッシュマン・シャーマンの仕事は、切れた糸を修復して強い糸にすることだ。シャーマンがエクスタシーを感じながら心を開いて他者の心とつながったとき、糸はより強く、より太くなる。開かれた心とともに体は震え、エネルギーが高まるのを感じる。「アフリカの電気を帯びた身体《アフリカン・ボディ・エレクトリック》」は、内部の熱と震動の表出だ。そのとき人は、無数の糸であらゆる方向へひっぱられる。この体験が強ければ強いほど、体は小さくなるように感じ、物質性がより希薄になって、ついには電気を帯びた雲になったように感じる。これが起こると、糸はさらに太くなる。そしてついに、閾値を超えて絶頂に達したその瞬間に、その糸をたどって関係のもう一方の側へ行くことができる。いったんそこへ行くと、シャーマンはそちら側の存在となる。この変容の過程「トゥル」によって、シャーマンは糸を強くし、関係をより生き生きとさせる。細く弱くなっている糸はこのようにして太く強くしなければならず、それによってその関係は守られ、新たな命が吹き込まれる。

他方、シャーマンは自分の心を狭くして糸を細くすることもできる。そのようにして糸から降りることもできる。心が狭くなって糸が細くなったとき、シャーマンは愛ではなくパワーそのものを使う。これは邪悪な行為だ。意図した結果を得るためにパワーを乱用すると、糸は切れ、関係が傷つく。悪いシャーマンは、人を支配しコントロールしようとし、人の開かれた心を閉じさせ、愛を小さくする。他方では、特定の目的を達成するパワーが自分の中にみなぎっていくように感じる。これを放置しておくと、トラブルと病気と悪が広がる。

ブッシュマン・ドクターは、大いなる神が自分たちを「最初の人間《ザ・ファースト・ピープル》」にしたのには理由があると考えている。神の計画の中で彼らの役割は、糸を修復して強くすることだ。そうすることによって自然の生態系は生き続けることができる。ブッシュマン・シャーマンによれば、他の多くの文化（や悪いシャーマン）の非円環的な思考や活動は、糸を切り、自然界の存続を脅かしている。彼らによれば、未来に対する人類の希望は、ダンスを続けて糸と深くかかわり続けることだ。西洋の世界が糸を切って大切な関係を切断し続けているなかで、ブッシュマン・シャーマンは、ダンスを続け、世界を再びもとどおりに糸でつなぎあわせようとしている。

糸というのは関係の暗喩《メタファー》だ。そして、糸で結ばれた関係の一方の側から他方の側への移動が「トゥル」、すなわち変容の過程だ。最高の糸は、大いなる神のところへひっぱりあげてくれる糸だ。ひっぱりあげる力は、大いなる愛を求める気持ちの強さに比例する。あるいは、先祖のスピリットと結びついている糸もある。亡くなった先祖に会えないことを私たちが寂しく思うのと同様に、先祖たちも私たちに会えないのを寂しがっている。先祖にひっぱられるときは要注意だ。双方が互いに相手を強く求めすぎると、再び一緒になるために私たちの方が病気になって死ぬことさえあるのだ。狩をするときには、ブッシュマンのハンターは、動物につながる糸を追って行く。ハンターは糸に引っ張られて、肉の供給源となる動物のところへ導かれる。人間関係の中では、ある人と性的に結合したいという願望は、糸にひっぱられているのだ。人と親密になりたいという願いも同じことだ。関係や相互作用に関連するものはすべて、糸が係わっている。開かれていない意識のレベルでは、糸のもう一方の端と自分とは別々の存在だが、シャーマンの開かれた意識のレベルになると、相手と自分との結びつきに気づくとともに、さらに、自分が糸のもう一方の存在になる可能性に気づく。私たちはそこで相手に耳を傾け、見つめ、そして相手に触れることによって、自分が何者なのかを知る、と同時に（円環的な見方を完成させるなら）自分が自分ではなくなりうることも知るのだ。

ブッシュマンのモラルはシンプルで、裁くことをしない。すべての人間社会と同様にブッシュマンも、ときには口論したり、盗んだり、喧嘩したり、人を傷つけたりもするし、婚外の情事もある。しかしこれらの行為に罰が必要とはみなされず、汚れた「爪」や「矢」を持っていたために悪い糸にひっぱられたにすぎないというふうに、好意的に理解される。

過ちを犯した人への対応は、ダンスを召集し、シャーマンが汚れた「爪」と「矢」を取り除いて、きれいな「爪」と「矢」を入れることだ。人間の性質をこのように好意的に理解するブッシュマンの社会は、犯罪者に対して現代の文明社会よりも寛容だ。現代社会では、自分たちとは違う人や、問題がある人や、挑戦的・不適切・間違っている・悪い・邪悪などと判断された人たちに対しては、それを正面からとりあげて罰を与える。ブッシュマンの場合は、どのような困難であっても、ダンスで大いなる愛を地上に呼び降ろすことによって、それを乗り越えるのだ。誰も正真正銘の犠牲者や犯罪者にされはしない。体の病気であれ、心の病気であれ、社会的な問題であれ、ブッシュマンは、汚れた「爪」や「矢」をダンスによって取り除き、再び「良い糸」に沿って動けるようにする。

ブッシュマンの長老トマは、次のように説明してくれた。ブッシュマン・シャーマンは、別のシャーマンが「悪い糸」で動いているのを見るのがつらい。そんなとき、みんなの前でそのシャーマンを辱めたり叱ったりはせず、その人のところへ行って、きれいになるよう勧める。そして、汚れた「矢」を取り除くためにダンスを召集する。良いロープから落ちてしまったドクターは、洞窟の夢を見ることがある。洞窟はヒーリングのための空間であり、そこではスピリットになったシャーマンたちが、汚れた「矢」を取り出してきれいな「矢」と入れ替える。良い糸から落ちたシャーマンが、スピリットの夢の中で、あるいは実際のダンスの中で浄化されて新たな命を吹き込まれると、他のシャーマンたちは、「もう大丈夫、これで再び良いシャーマンとして力を取り戻した」と村人たちに宣言する。

いったん良いロープから落ちたあと、連れ戻されて浄められ、魂の健康をとり戻したシャーマンは、強力なシャーマンになる。彼らは自分の過ちと回復の過程から知恵を得ており、それは落ちたことのない者には得られない知恵だ。良いロープから落ちたシャーマンに罰ではなく共感と浄めを与えたシャーマンも、より強く賢くなる。

ブッシュマン・シャーマンは、さらに次のように言う。大いなる神は非常に賢明で、救いを見つけさせるための逆説的な方法として、意図して人間を失敗するように作った。すなわち、疲れたり病気になったり、あるいは、怒りや盗みや性犯罪などいろんな過ちを犯すことは、自身を浄化して、汚れた「爪」や「矢」を新しく入れ替える必要があることを思い出させる手段なのだ。

このようにして、トリックスター的な神もまた、私たちが健康を保つための方法を示してくれるのだ。あるとき、トコエ・トゥイが私に言った。

「人間はすごく愚かで怠け者なのよ。だから、自分に悪いことが起こらないと、自分の矢や爪を大切にしようとしないのよ。」

トリックスターでもある神は、人々をそそのかして悪い道に誘い込み、あらゆる悪いことをさせる。しかしそれは、ダンスに行かせるための手段なのだ。ダンスは、ヒーリングとスピリチュアルな若返りをもたらす。これを知っているブッシュマン・シャーマンは、トラブルが起こったときや、症状や病気が出たとき、あるいはよくない行為をしてしまったときも、それをちょうどよい機会ととらえる。そのような事態が起こったとき、ブッシュマンはシャーマンとダンスをする。そして新鮮な「矢」と「爪」によって新たな生気を吹き込まれ、再調整されて、良い糸の上に復帰するのだ。

ブッシュマン・シャーマンが大いなる神から初めて「爪」を受けとるとき、彼らは通常、神聖な光を見て、スピリチュアルな力によって自分が作り変えられたと感じる。そのような体験ののちに、シャーマンとして仕事をする「器《うつわ》」となるのだ。ブッシュマン・シャーマンはこれを、「自分のロープにつながったとき」と言う。彼らによれば、十九歳のときの私の至福体験はこれと同じ体験だと言う。その後は、大いなる愛と先祖のスピリットが人生を導いてくれる。大いなる神に直接つながる大いなる糸を得ると、ほかの糸もその糸とつながる。足や尻、腕や手に付いている糸もあれば、頭の先から腹へ降りたあと喉を通って口から出ていく糸もある。これらがすべて、頭上の大いなる糸とつながる。大いなる神はこの糸を引っぱってシャーマンにダンスさせ、シャーマンの体を人を癒す道具として使う。これが、「アフリカの電気を帯びた身体《アフリカン・ボディ・エレクトリック》」に対するブッシュマン・シャーマンの説明だ。

チョコエのブッシュマンの村への何度目かの旅で、こんなことがあった。ある夕方、私は村のシャーマンたちと話をしながら過ごしていた。しばらくして、私たちは互いに抱き合い、「爪」を与え合い始めた。そのとき肩越しに、ツァクォ・ダームという名の若い男が、私たちの方を熱心に見ているのに気づいた。まるで、彼の体が「触ってくれ」と言っているようだった。私はツァクォに近づいてその体に触れ、震動を伝え、震わせた。濃密なエネルギーが伝わる瞬間に、私はシャーマニックな「矢」と「爪」をツァクォの腹に入れた。彼は叫び声を上げ、急に激しく体をぴくつかせ、飛び跳ねた。「爪」を受け入れたのだった。村人たちも事態を注視していた。というのは、そのときまで「爪」を受け入れた若者はおらず、シャーマンになりたいと真剣に願い出る者もいなかったからだ。若者たちはシャーマンになるのを怖がっていたし、噂に聞く物質文明への誘惑に心を奪われる機会が多すぎた。

翌朝、長老たちは、ツァクォが何を言うか聞こうと集まってきた。ツァクォは、昨夜眠りにおちてから普通でないことが起こったと言った。肩とお尻の痛みに気づき、その部位に糸が付いているように感じた。その糸は彼を上へひっぱり始めたため、驚いてその動きを止めようとしたという。自分の中で何かが変化したとツァクォは言った。そして、シャーマンになるために必要なことを自分の体に施してほしいとシャーマンたちに頼んだ。

長老たちはツァクォを祝福し、導く用意はできていると言った。私も、ツァクォにその道を歩んでいくようにと励まして、こう言った。

「村人たちは、若い人が良い糸に乗ってみんなを導いてくれるのを心待ちにしている。君は良いシャーマンになるだろう。人を助けたいと思っているし、何事にも真剣に取り組むし、よく働く。それに冗談も言えるし、そして何よりも、『爪』をほしがる体をもっているから。」

長老のひとりトマも言った。

「我々は、行くべき道を示してくれる偉大なシャーマンを待ち望んでいる。おまえがそうなってくれたらとてもうれしい。」

二十一　愛の輪

夜、再びカラハリでダンスしている。私の内部は燃えている。太陽神経叢［注1］は張り詰め、けいれんしている。この緊張をもう我慢できない。汲み上げ運動が始まる。上へ下へと腹の内部が動く。下向きの大波のようなひきつけに続いて、上への突っ込みがくる。今夜のダンスは強烈だ。女性たちの手拍子が私の内部を上下にゆさぶる。皮膚のすべての穴から汗が流れ出る。私は純粋な火とエネルギーそのものだ！

シャーマンのダンスは始まったばかりだ。たき火の中へ入って行きたい。赤く燃える木の上を裸足で歩いても何も感じない。少しも熱くないと思う。またすぐたき火のところに戻りたくなる。

チョコエでのジラフ・ダンス

老シャーマン、ツォンタのように、前かがみになって顔を火の中に突っ込みたい。私は顔を火のほうにもっていこうとするが、年配の女性たちに引き戻される。

女性たちは亀の甲を取り出して、その中の粉薬で私を落ち着かせようとする。それは香水のような香りがする。しかしダンスの輪に戻ったとたん、旅を続けさせようと待ち構えていたエネルギーに体をぐいとつかまれ、思わず野生的な叫び声をあげる。汲み上げ運動がまた始まる。私は大いなる愛を感じる。ここにいるすべての人を愛したい。トコエ・トゥイを見る。年配の女性シャーマンだ。トコエと私はこれまでにシャーマン同士の親密な結びつきを何度も分かちあっている。彼女と熱い「矢」を交わしたい。トコエを見つめながら高まる感情が頂点に達した瞬間に、体をぴくりと動かして彼女の腹に「矢」を送り込み、「一緒にダンスしよう」と無言で伝える。トコエは即座に立ちあがって、ダンスしながらこちらにやって来る。ふたりがテレパシーと呼ぶようなものを送り合いながら、私たちは言葉を使わずに語り合う。それは超心理学的な現象でも何でもない。「矢」を使ってメッセージを送っているだけだ。強いシャーマンはみなこれを知っている。これは地球上で最も古い郵便だ。

トコエが来る。私は彼女の腰に腕をまわし、背中から彼女を包み込む。私たちは一緒にシャーマンのダンスを踊る。ふり返って向き合い、手を握り、「矢」を同時に放ちあう。私たちは「矢」を指先からも、目からも、そして拍動する体からも放ち合う。ふたりの間に「矢」が行き交う回路ができる。これ以上強い電流はない。それはあまりに強いため、意識を失いそうだ。これはスピリチュアルな愛の営みだ。まるでこの世のすべての愛がふたりの中を通っていくように感じる。しかしこの愛はふたりだけのものではない。ダンスしているすべての人に送られる。トコエの夫でこの村のチーフであるボーにも送られる。ボーは嬉しそうに微笑んでいる。私は彼の名前をもらった。私のそばに立つメヴにも送られる。メヴはトコエ・トゥイの名をもらった。私たちがもらった名前がそうであるように、この愛は特定の人だけのものではない。それは空から降る雨のように、空の下にいるすべての人に届けられる。

　すべてのシャーマンがあのロープを一緒にのぼる。私たちはたき火のまわりで、火に近づいたり、離れたり、再び近づいたりしながらダンスしている。そしてくるりと向きを変えて、シャーマンを取り囲んで座っている村人たちと向き合う。母に背負われている赤ん坊、お年寄り、そして若者たち。みんな、シャーマンの力強い震える手と、けいれんする体で触ってもらうのを待っている。私は他のシャーマンとともに、村人たち一人ずつに触れ、叫び声をあげながら汚れた「矢」を取り出し、新しい「矢」と「とげ」を入れる。その間ずっと祈り、愛を送りながら。

　シャーマンのツォンタに助けが必要だ。私は他のシャーマンと一緒になって地面に倒れ、ツォンタにおおいかぶさったり、地面をころげまわったり、みんなでけいれんしたり、別世界からの野性的な声を出したりして、彼の魂を生き返らせる。私たちは互いに汗をぬぐい合う。汗は強力な薬《メディスン》だ。息を吹きかけ、吸いつき、歌い、鳥のように叫ぶ。星がちりばめられたこの空の下では、足のガラガラも羽根も骨も必要ない。神の意思を表現するために使うものは、内部の熱と震える皮膚と開かれた声だけで十分だ。

　私の体は消えてなくなりそうだ。もはや重さを感じない。私は雲になる。あるいは、エネルギーを拍出する霧と言ってもよい。この非物質的な形をとるとき、私はどこにでも「飛ぶ」ことができ、ライオンから先祖まで、何にでもなれる。自分を伸ばして細いひもにして空へも行ける。これは陶酔の域を超えている。ときどきメヴに優しくさすってもらってクールダウンしなければならない。他のブッシュマン・ドクターも、意識を現実に戻すのを助けてくれる。私はまるで自分のコーナーに走って帰るボクサーのようだ。ときどき顔に水をかけてもらう。私を励まし、呼びかけてくれる声が意識の中を通り過ぎる。そして次のラウンドへと立ち上がる。

始まりは、全身の筋肉に突然生じる震動だ。ふくらはぎ・ひざ・太もも・腹・腕・手・頭が急に震え始める。そしてそれが全身の汲み上げ運動に変わる。それはあまりに強いため、体が傷つくことも少なくない。おそらくこれはある種の出産だ。シャーマンの体がスピリットを産もうとしているのだ。その移行状態を初めて経験する人は、死ぬのではないかと感じる。しかし私たち経験者は、その試練を純粋なスピリットになる喜びの代償として受け入れることができる。苦痛から解き放たれたあとは、最速の震動が頭に降りてくる。そうなると、蒸気だけ、夜どおし震動する白い光だけだ。

拍動する雲となったシャーマンは、霧の中でスピリチュアルな目をとおして見る。その目は、嗅覚や味覚、聴覚、触覚と完全には分かれていない感覚だ。年配のシャーマンはこれを次のように言う。「我々はどんな病気もかぎ分けられる。」シャーマンはまた、人々の願望や魂をかぎ分けられる。それは原初の脳にできる非常に原初的な感覚だ。この雲は、ときには、四つんばいになって悪いスピリットに飛びかかって、吼えたり取っ組み合いをしたかと思うと、急に姿を変えて、優しい子守りになったり高貴な聖職者になったりする。性別や人種や文化による区別はなく、種や生命の形態による区別さえない。この雲は、予告なしにどんなものにでもなれるし、無にもなれる。驚きと予測不能性を体現するシャーマンは、自分を含むすべての人をそそのかして、慣れ親しんだ世界の外へ突き落とす。天上から神秘が呼び降ろされるとともに、地下にある同じ――しかし異なる――領域からも神秘が浮上する。時間は蒸発してなくなり、体の境界も消えてしまう。

ここで神が登場し、聖と俗のあいだをダンスする。神は途方《クレージー》もない存在だ。明と暗、喜びと苦しみ、歓喜と恐怖、そのほか存在しうるすべての対極を丸ごと包含していなかったなら、それは神とはいえないだろう。神は途方《クレージー》もない存在でなければならない。それこそが、神が神であるゆえんなのだから。途方もない神は、私たちに崖から飛び降りるよう誘いかける。思考や経験の限界をすべて乗り越えて、盲目的にわが身を神の非合理な心の中へ投げ入れるよう促す。そしてシャーマンは、正気を失って神の招きに身を投じるのだ。

カラハリで私たちは、大地と天空を祝福する旅人となる。そこでは、すべての知的理解が霧散し、生と死の運動が生まれる。そこに私たちは、神の愛の途方もなさを感じる。愛の犬、愛のコヨーテ、愛のライオン、そして愛の神々が勢ぞろいして、無限の愛を込めて月に吼える。すべての制約から解放されたこの愛の交歓の中で、ある長老は微笑みをうかべながらこんなことを言った（何年か前に私は実際に聞いた）。

「ダンスであまりに強く愛を感じすぎて、妻を盗んだ男まで愛してしまう。」

ここに、シャーマンが行う最も強力な治療を見ることができる。自分の敵まで愛させてしまうのだ。現代テクノロジーが届かないはるか離れたこの荒野で、スピリチュアルな回線がすべて接続される。袋に入れて背負える以上の物は所有しないけれども、他の地域の人がどんなに多くの教育を受け、富を持ち、スピリチュアルな知識を集めても得られないものを彼らは知っている。私たちが会っているのはそんな人たちだ。私はここで、一度も本を読んだことのない長老たちから人生の最も重要な教えを学んだ。

現代まで生き残ったこの最古の文化の人々が、最初のスピリチュアルな火を何千年も絶やさず燃やし続けてきた。その火はおそらく、だれにも説明できない何かによって保持され、世界各地に伝えられた。奴隷船でも運ばれて海を越えたにちがいない。肉体を深く傷つけた鉄の枷《かせ》も、この内なる炎を消すことはできなかった。

ブラジルの民間治療者で九十九歳の女性、オタヴィア・アルヴェス・ピメンテル・バルボーザは、アフリカから連れてこられた奴隷を何人か知っていた。奴隷たちは、空へのぼる階段の話をしてくれたという。その階段は、彼らが「鳥の世界」と呼ぶところへつながる。そこは先祖のスピリットが住む場所だ。

ジョージア州からルイジアナ州に至る南部農村地帯の教会《ブラック・チャーチ》や、それ以外にもアフリカ系アメリカ人の伝道者がヴィジョンを求めて断食をした湿地帯があるあたりでは、ロープや糸の話を年寄りたちから聞くことができる。宗教的な体験をしたときだけ見ることができるクモの巣があって、それに引っかかったというような話が、彼らの祖父母から伝わっているのだ。

ブッシュマン・シャーマンのスピリチュアルな真実は、カリブの人たちのダンスからブラックチャーチのイエスまで、地球上のすみずみに広がっている。彼らは叫び声をあげてスピリットを動かし、心を開いているすべての人々にスピリットを送り込む。それは、タイで出会った僧が暮らす洞窟の寺にもある。彼は寺と森の木々とを長い糸でつなぎ、それをスピリットのハイウェイにしていた。空にのぼるロープは、オーストラリアの先住民も見ている。オーストラリアのシャーマンもまた、ロープをのぼってドリームタイムに入る。

　ブッシュマンのスピリットの世界における水平の線や垂直の線は、聖書に記されている「銀のひも《シルバーコード》」［注2］と同様、物質世界のものではない。超自然的なものを物質的なもののように取り違えると、スピリチュアルなヴィジョンに含まれる意味を見逃してしまう。スピリットの世界では、歓喜《エクスタシー》の体験が起こるときにはすべての感覚がつながり合う。ブッシュマンのロックアート（岩絵）は、スピリットの知に触れた心が生み出した表現だ。そこに描かれた線は、神の音楽に心臓を貫かれ、からだ全体で神の音楽を感じたときに見える線だ。中心に心を宿している神秘的な視覚によって見ることができる「銀のひも」や、結合の線や、「神へのロープ」は、長さが測れるような線ではない。それは神聖な結びつきを示すものであり、二つのものを結びつける線だ。これらの線はあらゆるところへ伸びており、スピリチュアルな旅をする人に多くのことを教えてくれる。その線を曲げると円になり、円は私たちの違いを消し去って、大いなる愛への扉を開けてくれる。これをシャーマンは繰り返し学ぶのだ。

　スピリットの世界では、すべての場所や生きものは無数の光の糸によって一緒に織り込まれ、無限の結合の網の目となって回転している。そこでは、魂は生命のどんな側面をも自由に「感じて・見て・聞いて・におって・味わう」ことができる。互いを結びつける線は、生命のより大きな円の円弧だ。これらの円が「自然の心」を構成する。それらが相互に作用し合うさまはあまりにも複雑で広汎なため、私たちはそれを「大いなる神秘」としか言いようがない。それは多くの聖なるものや神々の複合体であり、私たちが認識し理解する範囲をはるかに超えていて、それをかいま見ることさえむずかしい。それを感じたとき、私たちは言葉を失って黙りこむか、あるいは、もし一言だけ言えるとすればこんな言葉になるだろう。

「神は本当に途方もない《クレージー》。」

白昼夢で祖父と会う。私は祖父の古い牧師館で座っており、十二歳に戻っている。

「おじいさん《パパー》、ぼくは大人になっても宣教師なんかになりたくない。それよりもぼくは楽しいことをして遊んでいたいんだ。」

「そう、そういうものだ。わしにはわかりすぎるほどわかるぞ。しかしいつかおまえは知ることになるだろう。すべての心の迷いから解放されるためには、たくさんの苦しみや痛み、苦悩が必要だということを。我々は、『苦しいからやめる』などと言ってはならんのだ。いやなことでもなんでも、とことんやり尽くしてしまわねばならん。そのために病気になって、それまでの幻想や価値観をひっくりかえされて、すっかり空《から》っぽになってしまうまでだ。そうしたのちに初めて、正しいことが無理なくできるようになる。」

私は祖父が何を言おうとしているかよくわからなかったが、私なりに推測してみた。

「おじいさん《パパー》が言っているのは、たとえばぼくがサーカスに行ったとき、ぼくが食べたいと思った物を全部注文して食べてしまって、家に帰ってから気分が悪くなる、そんなことを繰り返しているうちに、そんなにたくさん注文してはいけないことに気づくというようなこと?」

祖父《パパー》は笑いながらうなずいた。

「いつの日か、わしが死んで何十年もたって、おまえの骨や関節がわしのと同じように痛み出してから自分の長い人生をふりかえったとき、おまえもわしと同じように感じるだろう。そのときにはもはや、おまえはどんな経験をしてもあれこれ考える必要がなくなっている。おまえは自分のいる場所に満足し、自分に対して心静かにしておれるだろう。自分の帰るべきところに帰ってきて、自分が求めてきたものがすべてそこで辛抱強くおまえを待っていてくれたことに気づくだろう。」

私は祖父の言おうとすることを理解しようと努めた。

「でも、自分の目が見えていないことをわかるために長い旅をしないといけないんじゃないの?」

「そうだとも。我々は二重の意味で見えていないのだ。自分が見えていないということが見えていない。わしはおまえに言っておく。そして死ぬ前にもう一度言うだろう。おまえは人生の中でいろんなことをして、たくさんの経験を重ねるだろう。それからおまえはすべてを失うだろう。そのときにこそおまえは目覚め、自分が何者なのかを知り、なぜ自分が生まれてきたのかを知るだろう。」

私はわからなくなった。しかしそのとき、祖母から一度聞いたことのある話を思い出した。

「あなたのおじいさんは、宣教師になりたいとはまったく思っていなかったんだよ。あの人はオートバイでカンザス州の岩山を走り回っていたんだよ。そして家に帰ってきて、それからスピリットがあの人に働きかけ始めたんだよ。あの人は昼も夜もスピリットと闘った。ほんとうはあの人は別のことをしたかった。そしてある夜、あの人は大声をあげて目を覚まして、こんなことを言ったのよ。『どうしても止められない。おれは宣教師にならなければならない』ってね。」

祖父《パパー》は話し続けた。

「そう、みんな自分自身になるために闘うのだ。本当の真実を発見したとき、それは実際に私たちの心を貫き通す――そういうふうに神は私たちを作られたのだ。それを見つけるためなら、一生懸命働かなければならなくても、あるいは何度も危険な目に遭うことになっても迷わず突き進む。いつか、おまえは真実に目覚めて言うだろう。『なぜ自分が生まれてきたのか、そして何をしなければならないのかがわかった』と。こんな話をするのはな、わしがおまえを深く愛しているからなんだよ。わしはおまえの中にわし自身を見る。そして、おまえのこれからの長い人生の旅路に対して、今注意しておかなければならないと感じているのだ。しかし、わしはいつでもおまえに話しかけることができるということを憶えておきなさい。わしの手はいつもおまえの手が届くところにあるし、わしの心臓はおまえの心臓のすぐそばで動いている。いつかおまえにもわかるだろうよ。」

再びカラハリの星の下でダンスしている。今回は女性シャーマンたちと一緒にグワ・ダンスだ。拍動する

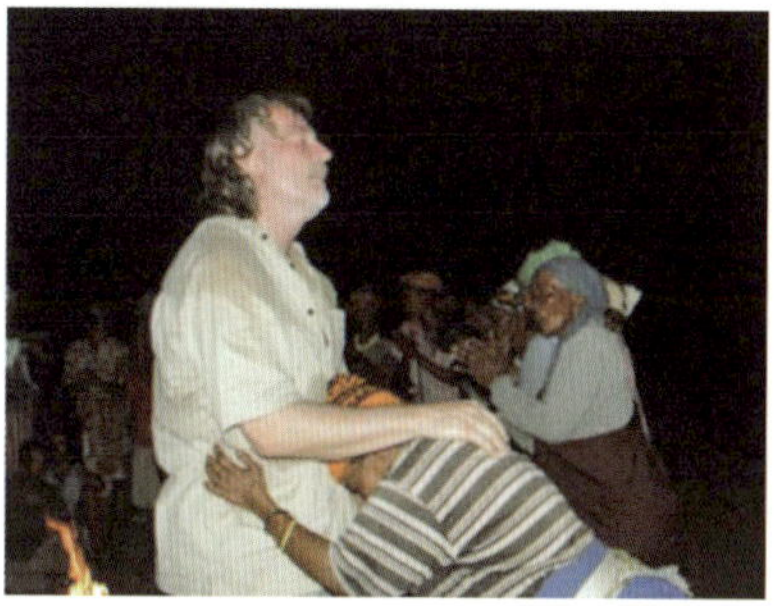

チョコエでのグワ・ダンス

ドラムが産まれるという、女性シャーマンにとって神聖な夢を見た私は、ダンスに入ることを許された。このダンスでは、ダンスしながら火のまわりをまわりをまわることはしない。ダンスで激しく身を震わせていると、足は地面に根を下ろしていく。このダンスは、グワという植物の歌に由来している。その根は彼女たちを大地につなぎとめている。男性が踊るジラフ（キリン）・ダンスでは、たき火のまわりに円を描いて踏み跡ができるが、グワ・ダンスではそれはない。テカエは言う。

「私たちは不思議なパワーをこの植物の根からもらっているの。だからダンスでも、地面の下に伸びていく根のように立っているのよ。」

文化人類学者の多くは、ダンスは男性シャーマンの方が強いと考えてきた。しかしそれは必ずしも正しくない。女性は自分たちがスピリチュアルなヒーリングに関与していることをほとんど口にしないが、女性こそが男性の背後に存在するパワーなのだ。私が会ったなかには、「女性は男性よりも強い」、あるいは、「男性と女性は同じパワーをもっている」と言った女性もいた。強い女性シャーマンは、決して「男性の方が女性より強い」とは言わない。私は、女性シャーマンとダンスする方が楽しいと感じたり、女性の方が心が豊かで奥深いと感じることも少なくない。

私は女性シャーマンたちの中に立っている。ンツォムの電流が足から入ってきて、頭に向かって波打ちながら流れる。ロープが見える。女性の長老たちがやって来て抱き合い、一緒にロープをのぼる。

私たちは天空の村に入って、愛する肉親と会う。祖父母や両親、兄弟姉妹、息子や娘たちが、私たちと一緒にダンスしようと待っている。

祖父《パパ》と祖母のドエと会う。そして曽祖父のキーニー。曾祖父とは小さい頃に会ったことがある。愛する義母のルースもいて、火の近くで笑って手招きしている。彼女は自然と深くつながっていた。彼女が森へ入って行って手を差し出すと、そこに小鳥が止まりに来ていたのを憶えている。ルースは空を見上げ、それからしっかり私を見つめて、娘のメヴに贈り物があると言った。

「あの娘《こ》に言ってほしいの。私は今も小鳥が大好きよ。毎朝きっと裏庭を見てちょうだいってね。」

そのときは知るよしもなかったが、数ヵ月後、私たちの家の裏庭にアリゾナ州トゥーソンでは珍しいコザクラインコの親子が棲みついた。この鳥は今でこそアリゾナにも棲息しているが、原産はナミビアだ。そこは、私が一緒にダンスしているブッシュマンが住んでいるところだ。

私はルースを抱きしめる。それから祖母を抱き、祖母にやさしく頭をなでてもらうのがどんなにうれしかったかを話す。ブッシュマン・シャーマンたちも同じことをしている。彼女たちも母親や祖母にねだってやさしく頭をなでてもらったという。それは彼女らが子供の頃にいちばん好んだことなのだ。私たちは、愛する人との再会に感動して胸が張り裂けそうになる。そして、胸が張り裂けるような思いがなければ、心を開いて大いなる愛を受け入れることができないことを改めて知る。私たちは、悲しみと喜び、別離と再会、失った時間と永遠の回帰に震え、涙を流す。これが神の心への入口だ。

ダンスしながらたき火の周りをまわるジラフ・ダンスだけが、真のふるさとを見つける唯一の方法ではない。自分が今立っているところで、足元の根と土を感じればよい。そうすれば自分が足を下ろしているその場所から神のもとへまっすぐのぼって行くことができる。女性シャーマンはこれを知っているのだ。彼女たちのほとんどは、子供を産んだ経験がある。母親というものは、自分の体の中に、子宮という真のふるさとをもっているのだ。

私たちはみな地面に倒れ、一緒に泣き、一緒に震える。年配の女性シャーマンが私の両手をとって乳房の上にもっていく。温かいミルクが再び頭の中に注ぎ込まれるのを感じる。それは、頭の先から足の先を通ってまっすぐ大地に流れ込む。神聖なミルクでできた根は地面に流れ込むとともに、そこから流れ出てあらゆるところへ伸びていく。それは、空にかかる糸のように見え、あのイクトミのクモの巣のようにも見える。あるいは、神を包摂しながら回転する球体の網の目のようにも見え、縦横に織りなす糸のようにも見える。あるいはまた、長く伸ばした腕で世界中の人々を包み込む聖なる十字架にも見える。そこでは、肌の色や話す言葉は無関係だ。

私は溶けて大きな拍動の中に吸収され、世界全体がひとつの心臓の鼓動で動いているように感じる。その瞬間、突然祖父のことを思い出す。私は涙を流しながら言う。

「これが私が生まれてきた理由だ。」

身を震わせる母親たちが折り重なるただ中で、聖歌が生まれるのを感じる。それは祖父母を祝福しているかのようだ。その歌から次第に歌詞が消えていき、ほどなく、歌もその夜の即興的な音の一部となって、私は現実のその瞬間にひきもどされる。そこには母親たちから流される涙の川がある。彼女たちは、私を神の愛という大海の中に沈める。

チョコエの男性たち

［注］

1　太陽神経叢は自律神経の集まりで、胃の裏あたりにある。

2　銀のひも（シルバーコード）」は、旧約聖書の「伝道の書」に出てくる言葉。「その後、銀のひもは切れ、金の皿は砕け、水がめは泉のかたわらで破れ、車は井戸のかたわらで砕ける」（第十二章六節）。霊魂が肉体から離脱するときに両者が銀のひもでつながっているのが見え、これが切れると死ぬという。

二十二　原初の存在に会う

ひと晩中ブッシュマンの人たちとダンスをして、一時間しか寝ていない。目が覚めて起き上がろうとしたとき、声がした。

「首を右に少し傾けなさい。」

その指示にどんな意図があるのか考えもせずに従う。首を傾けたつもりだが、実際には首がまったく動いていないのに気づく。不安になり、いったいどうなっているのだろうと考えた。すると再び声がした。

「心配することはない。楽しむがよい。『ずっと進んで行けるように』と願うことだ。それだけは忘れないように。」

安心をもたらすような声のおかげで、私はすぐにリラックスできた。そのとき、私は浮かび上がり始め、二メートルほどの高さの空中にとどまった。実際の私の体のほうは、依然として寝袋の中に横たわっていた。

もはや不安はなく、むしろ飛べる可能性にうきうきしていた。私は大きな声で言った。

「ずっと進んで行きたい。」

その瞬間、私はまっすぐ空へ舞い上がり、雲間を通り抜けて大気圏を脱出した。ほどなく、私は宇宙の広々とした暗い空間にいた。非常に速く飛んでおり、すい星になったように感じた。長い光の尾を後ろに引きながら、スピードをあげて宇宙を飛んだ。

どこに目をやっても輝く星や惑星が見えた。しかし注意をひいたのは、遠くに見える巨大なかがり火だった。その炎はまるで呼吸をしているかのように拍動しており、途方もないパワーを内にもつ宇宙の竜のようだった。私はその影響から自由だと感じた。私はその引力から抜け出して、いま一度願った。

「ずっと進んで行きたい。」

どんどん速く進んで行った。そして、以前もこのような場所に来たことがあることに気づいた。グアラニーのシャーマンに送り込まれたのだった。他のスピリットが何度も来たことがあった。北米先住民ラコタのスピリットを呼ぶ儀式や、スピリットが躍動する田舎の教会の祈祷会などだ。明るい星と光の筋で満たされたこの黒い無限の空間を、私は以前から知っていた。しかし、あの巨大な火はこれまで一度も見たことがなかったし、これほど遠くまで来たこともなかった。

この飛行は非常にスリリングだったので、止まることなく飛び続けたとしてもまったく気にしなかっただろう。しかし何の前ぶれもなく、私は不毛の砂の上に着地した。見える範囲には灌木《ブッシュ》も草もなく、足元には砂だけが広がっていた。私の前にはキャメルソーンの木が数本立っていて、枝に少しだけ緑をつけていた。私は息をひそめてじっとしていた。見られているように感じたからだ。もの音ひとつしないにもかかわらず、空中にはスピリットの電流が流れていた。

その電流が私の中に入ってきて、頭が震え始めた。電流は脊髄を降りて足の裏に達した。私はぬくもりを感じ、まもなく腹が震え、ぴくつき始めた。そしてその電流は上がってきて声となって流れ出し、私は力強く震動する声で歌い始めた。

目は閉じていて何も見えなかった。ただ震える声だけが聞こえていた。そして何も聞こえなくなった。感じることができるだけだった。ンツォムだけを感じていた。ンツォムに吸収された。

どれだけの時間、そのような心の状態にいたかわからない。次に憶えているのは、ブッシュマンの女性シャーマンたちに囲まれていたことだ。彼女たちは私に寄り添って歌を歌い、腹をさすってくれていた。私はいったいどこに行っていたのだろう、そして今どこにいるのだろうと思った。

その旅で、私はずっと先へと運ばれて行った。行き着いたのはカラハリのような場所だった。しかし、今いるここがカラハリのはずだ。私は終わりの場所へ旅したのだろうか？　あるいは始まりの場所へ？　あるいは過去へ？　それともあれは現在の

ロープをのぼるイメージが描かれた岩絵

ことだったのか?

見あげると、ツォンタ・ボーとトマ・ダームが微笑んでいた。トマが尋ねた。

「どこへ行っていたんだい?」

私は、星々の間を飛んで行ったことを話した。

「そうか、それはとてもいいことことだ。」

とトマは応じた。

「火を見たかい?」

ツォンタ・ボーは、私が言う前に即座に聞いてきた。

「ああ、見た。しかし近づいて行きたいとは思わなかった。その火のすぐ近くを通り過ぎたんだ。」

ツォンタ・ボーは答えた。

「それはよかった。その火は原初の祖先の火だ。それはあなたの命を奪うこともできる。その火に向かって行こうなどとは決して思わないことだ。ずっと進んで行ったかい?」

「ああ、ずっと進んで行った。飛び始めたときに声が聞こえてきたんだ。その声は、ずっと進んで行けるよう願いなさいと言った。地面が砂地になっているところまで行ったよ。」

「木を見たかい?」

「ああ、少しだけ緑の葉がついた木を何本か見た。」

これを聞いてツォンタ・ボーは非常に真剣になり、慎重に聞いてきた。

「ほかに緑色のものは？」

「いや、ツォンタ、木についた何枚かの葉だけが緑だったよ。私が見た緑はそれだけだ。」

「それはすばらしい。あなたは非常に幸運だ。あなたはすべての始まりのところへ連れて行かれたのだ。そこは原初の存在が住む場所だ。そこにいるのが我々の最初の祖先、最初のブッシュマンなのだ。一部は動物で一部は人間の彼らは、すべての動物や植物と意思を通じ合うことができた。見られているように感じたかい？」

「感じた。」

「そしてあなたは送り帰されてきた。あなたはンツォムについてたくさんのことを教わったのだ。我々にはわかる。」

見上げると、チーフの妻のトコエ・トゥイが近づいて来て、私を抱きしめた。何年も前に、彼女は私にボーというブッシュマンネームをくれた。彼女は優しい声で話し始めた。

「祖先たちがあなたを認めたのです。私たちにはもうこれ以上教えることはありません。あなたは今、祖先たちの手の中に入ったのです。あなたが知る必要があるもの、受けとる必要があるものはすべて祖先から与えられます。あなたは偉大なシャーマンになった。私たちはそれを『ンツォム・カオ』――ンツォムを持つ人と呼びます。私たちの伝統を守るために、大いなる神があなたをここに送ってきたのです。これからは、私たちは先祖に助けられながら一緒に学び合うのです。」

他の女性たちもやって来て、私たちは波打つ震動の塊となって次々に抱き合った。ひとときが過ぎたとき、私たちは一緒にため息をつき、もう一度目を開けた。トコエ・トゥイは再び話し始めた。

「あなたにお願いしたい。大いなる愛のことをたくさんの人に伝えてほしい。体を震わせて心を開くことをみんなに教えてほしい。ブッシュマン・シャーマンがどういうものかを世界中の人たちに示してほしい。」

女性シャーマンたちに助けられながら立ち上がったとき、トコエの夫で村のチーフであるボーが歩いて来た。杖の助けを借りて歩く彼は、私がここに来るたびに年をとっていた。次に来るときにも彼はいるだろうかと思った。

ボーと抱き合い、残りの人たちはまわりに集まって大きな輪をつくった。ボーは言った。

「あなたはカラハリのブッシュマン・シャーマンだ。そのことを、世界中の人に言ってくれ。それが我々の願いだ。ここはあなたのふるさとだ。我々のために語ってくれ。」

二十三　『セイ・アーメン・サムボディ』

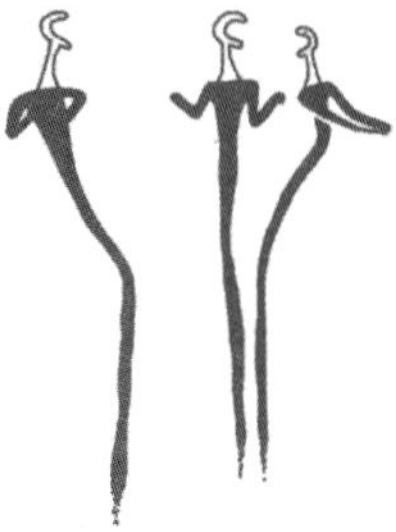

二〇〇四年三月六日土曜の夜、ワシントンDCのオムニ・ショアハム・ホテルの大宴会場で、私はバンドの仲間たちとともにステージの袖に立っている。バンドの目玉はキム・プレヴォスト。彼女はニューオーリンズのジャズ、ゴスペル、ブルースのトップボーカリストだ。他のメンバーは、やはりニューオーリンズから来たギタリストのビル・ソレイと、キーボードのエド・プレヴォスト・ジュニア。ドラマーは、ニューヨークを拠点にしているジェイコブ・ロストボル。みんな集まって互いに腕を組む。私は自分たちだけに聞こえる声で祈りを捧げる。私の内部から湧き上がるカラハリの震動が声を震わせる。

主よ。どうか私たちを御業《みわざ》のための器《うつわ》にしてください。私たちの心を開かせて、今宵集う人たちと大いなる愛を分かち合うために私たちをお使いください。内にある悩みやこだわりをすべて解き放ち、私たちを無にして、御名《みな》を賛美するための浄められた道具にしてください。私たちの心と手と声を、御業《みわざ》のためにお使いください。どうかスピリットを呼び入れてください。あなたの優しい慈しみと、魂にあふれた抱擁に包まれて、今宵を喜び祝う集いにしてください。御光《みひかり》を私たちの上に輝かせ、癒しと気づきをもたらしてください。そして、赦しとゆるぎない愛の力を顕《あきら》かにする使命をお与えください。願いをこめて。

アーメン

目を開けると、天井のシャンデリアが光を落とし、ステージにスポットライトが当てられている。今夜は全米のサイコセラピストの主要な会合のひとつ、年一回のサイコセラピー連絡者会議の、土曜の夜のディナーと講演だ。私は聴衆を驚かせるものを用意している。私たちがスピリットを呼ぼうとしていることを聴衆は知らない。今夜はフォーマルなスピーチはない。専門家らしく意見を講じる儀式は抜きだ。今夜私たちは、みんなをセレモニー空間に連れて行こうとしている。そして、スピリットあふれる賛美の中で浮かびあがるのがどんなものかを実際に体験してもらうのだ。

見渡すと聴衆の中になつかしい顔が見える。十五年近く会っていない教え子たちだ。それぞれ合衆国各地で活躍しており、私は親ばかのような喜びを感じる。何人かは大学院の指導教官をしており、全米家族療法家協会の会長もいる。学部長になった人や、大学の終身教授、研究所の所長や、学術雑誌の編集者もいる。しかし知らない人たちも多い。私は長い間サイコセラピーの世界から遠ざかっており、現在の流れや発展には接していない。

このカンファレンスの会長で、サイコセラピーに関するポピュラーな雑誌の編集をしているリッチ・サイモンがステージにのぼる。彼とはサイバネティクスの理論家だった頃以来、二十年ぶりの再会だ。サイモンが開会のあいさつを始める。

ブラッドは、まず私たちの分野で優れた研究者として仕事を始め、いくつかの大学院で学生を指導しました。そのあと彼は、いつのまにか私たちのところから姿を消し、シャーマンと深く付き合い始めたのです。そして今日、彼は、地球上の伝統的な知恵に関する知識と、音楽と、物語をたずさえて帰ってきました。彼のことを、私は『アフリカのエルヴィス』と呼んでいます。きっと彼は、このカンファレンスが得てきた知をはるかに越えたところへと、私たちを連れて行ってくれるでしょう。この人を紹介できることをうれしく思います。

私はステージに走っていく。バンドのメンバーも遅れずに続く。私は右手にマイクを持ち、世界中のシャーマンから学んだことを伝えることができる喜びを述べる。

私の最も重要な師の何人かは、読み書きができません。それに、持っているものを考えれば地球上で最も貧しい人々と言えるでしょう。しかし彼らは、膨大なスピリチュアルな富をもっているのです。そして皆さんの人生を変えうるもの、困難と苦しみのまっただ中にいる人たちをよりよく援助するための知恵をもっているのです。現代のサイコセラピーは、ヒーリングの伝統の中では世界で最も歴史の浅いものです。今こそ最も古い伝統が何をしてきたのかに注意を向け、彼らに耳を傾けるときです。

私が会ってきたシャーマンたちは、相手の自己評価を高めてあげようなどとはまったく考えていません。原野《ブッシュ》の中に心理学はありません。シャーマンが望むのは、大いなる生命が私たちに強い衝撃を与え、私たちを完全に打ちのめしてしまうことなのです。

私がこう言った瞬間、エドがスタッカートを効かせてキーボードを叩き、これで席を飛び上がる人がいる。

「よし、いいぞ、エド!」

私はうしろにいる彼に叫ぶ。今や私たちは、搭乗口を離れて滑走路へと動き始めている。聴衆に話し続ける中で、ミュージシャンがひとりまたひとりと加わり、情感を込めた伴奏をタイミングよく入れる。キムがハミングを挿入し、そのあとにギターのさざなみ、ドラムの連打。そして、エドのキーボードが言葉に寄り添うように伴奏する。

そう、皆さんに話したいことがあります。これはぜひとも話さなければならない。シャーマンは、私たちが大いなる生命の前に跪くことを望んでいるのです。私たちは跪き、わが身をすっかり落としてしまわなければなりません。再び立ち上がれないかもしれないところまで落ちてしまわなければならない。

こう言いながら私は跪く。バンドがすぐ後ろでやさしく揺れている。

どういうことがご説明しましょう。私は心が壊れるサイコセラピーについて話しているのです。心が壊れるシャーマニズム、心が壊れる神学。作り直されるためにはいったん壊れてしまわなければなりません。真にどん底に落ちたときこそ、救い上げてほしいと真剣に願える唯一のときなのです。キム、私は準備オーケーだ。みんなを連れて行ってあげてくれ。

父親のブラックチャーチで育ったキムは、彼女も準備ができたと歌って返す。
「用意はいいわ、いいわ、そう、主よ、いつでもどうぞ。私は言いたい、今宵こそ……」

最初にシャーマンとはどんな人かお話しします。それは、皆さんが期待するようなものではないかもしれない。マジックや、超能力や、秘密の教えなどとは無関係です。それよりもずっと神秘的で、すばらしいものなのです。シャーマンは、心が壊れてしまった人たちです。そしてそのどん底のときに、死に物狂いで真剣に手を延ばして助けを求めるのです。彼らは、ひとりの人間の個性の力や、人間の集団の力をはるかに超えた、より大きな心に訴えます。彼らは、「大いなるパワー」「大いなる心」が降りて来て自分に触れ、再び自分を全体的な存在にしてくれるよう願います。グレゴリー・ベイトソンが、「心のより大きな全体性《エコロジー》の知恵に身をゆだねる」と言ったのはこの心のことなのです。そう、これを言いたかったんです。
「そう、そう、そうよ、それを言いたかった。」

キムが歌で合いの手を入れる。

これが、私が皆さんに伝えたいことなのです。もし本当にどん底に落ちたなら、そして真剣に助けを求めて叫ぶなら、非常に特別な何かが起こりうるのです。そのようなときにこそ、大いなる神は降りてきて歌を送り届けてくれるのです。そう、歌は、私たちが最も必要としているときに、私たちの心にそっと置かれるのです。歌は、ほかに誰も助けてくれないときに送り届けられるのです。そう、シャーマンは歌を呼び降ろすのです。シャーマンは音楽を呼び降ろすのです。

キムは間奏曲を力強く歌う。

「アーーーメン。みなさんご一緒に！」

お集まりの皆さん、シャーマンは「歌を捕える人《ソング・キャッチャー》」なのです。私たちの張り裂けた心と、不安にさいなまれている魂を癒す、そんな力をもつ歌をうまく捕えるのです。私の祖父と父は田舎の牧師でした。ふたりとも、偉大なゴスペルソングが、ある個人の苦しみの瞬間に生まれたことを知っていました。私自身もまた、歌の贈りものを直かに知りました。私がさまざまな困難と苦悩のまっただなかにいたとき、ひとつの歌が私に届きました。その歌が、私が言おうとしていることを皆さんに伝えてくれます。キムがその歌、『尊い愛《プレシャス・ラヴ》』を歌ってくれます。

キムは、バンドに伴奏されながら、私が人生で最も苦しかったときに生まれた歌を歌う。

私は終わりに来てしまった、すっかり見捨てられている、
私は主に救いを求めて祈る、
どうか助けてください。
私の心は張り裂けています、どうか私をあなたのものにして、作り直してください、
あなたの愛に触れた人間に。
尊いものは、神の愛、
ああ、神の愛のなんと尊いことか。
イエスは私を壊し、作り直す、そして私は知る、
神の愛がいつも私とともにあることを。
尊いものは、神の愛。

キムの歌に合わせてリズムをとりながら、私は長い通路を降りて聴衆の中へ入って行く。聴衆はバラードに合わせて体を揺らし、踊り始める。スピリットが薄明かりのなかにすっかり溶け込み、会場はもやがかかったようになる。

キムが歌い終えると、ビートが終わらないうちに私は叫ぶ。

キム・プレヴォスト

「さあ、ブッシュマンのリズムだ！」

録音されたブッシュマン・ダンスの音声がサウンドシステムをとおして流され、バンドが即興で合わせる。そのリズムに乗るようにして、私はブッシュマン・シャーマンについて話し始める。

「カラハリでは、ダンスは体を震わせる準備にすぎません。そこでは体を震わせることが重要なのです。どういうことかお見せしましょう。」

私は人々の中に飛び込み、会場に満ちているスピリットが私の体を震わせるにまかせる。あちこちで聴衆が立ち上がって体をくねらせたり、身を震わせたりしている。

「皆さん、立ってください。どうするのが正しいかなど心配無用です。正しいやり方などありません。起こるがままにするだけです。冷静でいないで、すましてなんかいないで。何にもとらわれず、震えがあなたに来るのにまかせなさい。」

会場全体が揺れ始める。私は続ける。

「まずダンスして、それから体を震わせるのです。しかしそれでまだ半分です。その震えが腹をしっかりとらえて上下に激しく動くのに身をまかせるのです。さあ、一緒に歩きましょう。シャーマンのように歩きましょう。」

見渡すと、たくさんの人たちが床を蹴って、ブッシュマン・シャーマンの動きをしている。

「さあ、カリブ諸島に来たら、この足の運びと蹴りがあなたを別の世界へ連れて行ってくれます。こんなふうに動かすと、神話の世界を旅することができます。こうやって私たちはアフリカに行くのです。」

演奏は直ちにカリブの音楽に切り替わり、私たちはみなアフリカの動き方をする。

「今度はジャマイカに行きましょう！」

私たちはみな、前へうしろへと跳ね、ジャマイカのリバイバリストのリズムにつかまる。

「そしてセントヴィンセント！」

私はみんなにシェイカーの動きをしてみせる。

「こんなふうに動くと、音がときどき口から出たがるのが感じられます。バンドのみんな、この音がどんなものか教えてあげてくれ。」

今や私たちは、即興でドプションをやっている。喉から出るリズムが、体をより深い動きにひっぱっていく。

「ご同乗のみなさん」

私はアナウンスする。

「ご同乗の皆さん。私たちは輝かしい土地に向かっています。さあ行きましょう。ウムー、フッパ・ウムー、フッパ、いいぞ、ウムー・フッパ、いいぞ……」

会場は動きと音で満たされている。私は走りまわりながら叫ぶ。

「ありがとう、ありがとう、ありがとう……」

いっとき、会場はカラハリのようになり、次はカリブ諸島になる。そしてまた、別の場所へ。私たちはスピリチュアルなドリームタイムを旅している。

「キム、みなさんを教会に連れて行ってあげてくれ！」

バンド演奏は『主のみ手に頼る日は（Leaning On the Everlasting Arm)』のソウルフル・バージョンに切り替わり、中庸のテンポから始まって力強いリズムへと進む。聴衆はスピリットに包まれている。私たちは、みんなをブラックチャーチに連れてきたのだ。

「パワーアップだ。みなさんに見せてあげようじゃないか。ニューオーリンズのやり方を。」

エドが離陸し、ニューオーリンズの父親のブラックチャーチでいつもやっているように、古いゴスペル、『イエスは王道にいます（Jesus Is on the Maineline)』に突入する。私たちは大いなる愛を呼び込んでいる。みんなそれを感じることができる。キムは体を震わせ、ビルも上下に震え、エドとジェイコブはすっかりトランスに入っている。私は祖父のことを思い出し、祖父が大切なものを教えてくれたことに感謝する。

私はマイクで叫ぶ。

「ありがとう、おじいさん《パパー》。ありがとう、大いなる愛を教えてくれて。」

続いて日本の大隅先生のヒーリングについて話す。音楽はまったく別の雰囲気に変わる。そして、次はアマゾン熱帯雨林だ。先住民グアラニーのシャーマンが祈りの歌を呼び降ろすのを、みんなで一緒に祝福する。私たちは現代文明から遠く離れた文化の伝統を次々に訪ねる。それは少し外側の円周上に行くようなものだ。どこに行こうと、音楽の輪の一本一本のスポークが私たちを中心に連れ戻す。中心には、アフリカから世界中に渡った人々《アフリカン・ディアスポーラ》のスピリットの世界がある。スピリットあふれるこの会場のエネルギーを受けながら、私たちは世界中を旅する。

アマゾンからセントヴィンセントへ、そしてアフリカ南部、バリ、さらに別の場所へ――。次々に変わっていく音とリズムに合わせて、聴衆は私と一緒に体を動かしている。私は、「トゥル」の最後に必ずくる言葉に気づく。それは、「形あるものは別の姿に変わることを決してやめない」という言葉だ。変化し続けることによって平安が得られることを、私はふるさとカラハリから教わった。「トゥル」を最も大切にしているブッシュマン・シャーマンは、あらゆる音、リズム、動きを快く受け入れる。私たちは、形を変え続ける、より大きな輪の中にいる。私たちは、「大いなる輪」に属している。

キムはバラードを歌い始め、人々は抱擁しながらダンスする。私はフロアを忙しく動きまわりながら、私たちの時代の偉大なサイコセラピストであるミルトン・H・エリクソン［注1］の令嬢と会ったときのことを思い出す。やはりサイコセラピストであるベティ・アリス・エリクソンと私は、彼女の父親がした仕事の最も本質的な部分を人々は見逃している、と語り合った。ミルトン・エリクソンは、みずからの心を開いて人の成長を助けるヒーラーだった。私たちは、この視点から彼に関する本を書くことに決めた［注2］。それから二、三ヵ月して、エリクソン派の有力者が、「エリクソンをヒーラーとして書いてはならない」と言ってきた。その一週間後、私はエリクソン博士と会う夢を見た。夢での博士の様子をベティ・アリスに電話で話すと、彼女は答えた。

「そうです。私の夢に出てきた父もそうでした。」

さらに私は、彼が私の耳元であることをささやいたとき、全身に強い電流が流れ込んできたことを彼女に話した。夢の中で語られたその言葉によって、私はエリクソンが偉大なヒーラーであることを確信した。ステージ上で演奏が続く中、私はなお人々の中にいて、セラピストたちと次々に抱擁し合う。イタリアのミラノにいた有名なファミリーセラピスト、ギアンフランコ・チキンは自動車事故で悲劇的な死を遂げたが、その知らせを受けた夜に見た夢を思い出した。夢の中で、私は彼から次のような電報を受けとった。

「あと戻りしてはいけない。この仕事をずっと続けなさい。うしろを向かないで。」

また、ファミリーセラピストでカンファレンスの企画運営の仕事もしているフランク・トーマス博士のことも思い出した。彼もまた、本業のアカデミックな仕事を去り、ライフフォースを学ぶ仲間になっていた。私たちは再び親しく付き合うようになり、良い友人になった。

私はミュージシャンたちの方を見た。彼らは、報酬がないことを承知で来てくれている。

力強いリズム、動き、そしてアドリブの演奏。それらは今まさに圧力を高めてエンジン全開で加速して、宴会場の屋根を持ち上げそうな勢いだ。聴衆は自然にコンガの列をつくる［注3］。部屋中がアフリカから《アフリカン・》世界中に渡った《ディアスポーラ》人たちのリズムとサウンドに合わせて震えている。

そう、大いなる愛はしっかりと伝わり、みんなに受け入れられ、祝福されている。サイコセラピストでもスピリットをちゃんと受けとることができるのだ。キム、ビル、エド、そしてジェイコブと一緒に私は叫んだ。

「ありがとう！　ありがとう！　ありがとう！　スピリットを受け入れてくれて！」

私が十四歳のときに祖父が言った言葉を思い出した。

「いつかおまえにもわかるだろうよ。」

三十九年後の今、私は大いなる愛の偉大な神秘を再び目の当たりにしている。サイコセラピストや、友人や、愛する人たちが集うこの場に、「真実の電流」が確かに流れている。それは、吸収することはできるが、決して言葉にはできない。電流を体に吸収したその瞬間、私は無言で身を震わせ、祖父の言おうとしたことが――わかった。

［注］

1　ミルトン・H・エリクソン（一九〇一～一九八〇年）は、催眠療法家として知られる精神科医、サイコセラピスト。

2　ベティ・アリス・エリクソンとブラッドフォード・キーニーの編集による Milton H. Erickson, M.D.: *An American Healer* が二〇〇六年に刊行された。

3　コンガはアフリカの踊りから発達した、キューバの踊りとその音楽。

あとがき

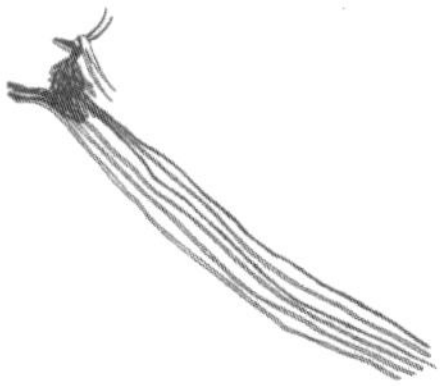

ブッシュマン・シャーマンの心は、太古のスピリチュアルな火を保ち続けている。彼らはスピリットとかかわる最初のシャーマンだった。現代は、人類の歴史の中でも特に、信頼できるものが多く失われており、不安定な経済、恐ろしい感染症、テロリストたちの脅威、大企業中心の政治などが不安をかきたてている。そのような時代に生きる私たちは、長い年月によって証明されたブッシュマンの知恵から、大切なものを学ぶことができる。それは、これからやってくる多くの試練と、それらが必ずもたらす「魂の暗い夜」をきりぬけるための力を与えてくれる。

ブッシュマンの文化は、次々と襲ってくる攻撃を生き延びてきた（戦争をしかけてくる他部族をはじめとして、鈍感な、そしてしばしば残酷な政府の政策まで）。他方、伝道者や社会活動家による支援活動は、ブッシュマンのヒーリングの知恵と深いスピリチュアルなルーツへの敬意を必ずしも示しておらず、それに気づいてさえいない場合も多い。そのような中で、カラハリピープルズ基金はブッシュマンの人々とそのヒーリングの方法を支援してきた。リンギングロックス財団も、カラハリの人たちに役立つ援助をしている。このふたつは支援に値する組織だ。世界がどんどん物質主義的になって自然の尊厳を損ねようとしている中で、ほとんど物を所有しないブッシュマンは、大きなスピリチュアルな富を保ちながら何千年も生き延びてきた。この事実をみんながよく考えて、彼らの声に耳を傾ける必要がある。

私が会ったブッシュマンの長老たちはみな、他の文化がいかに「無知」であるかを嘆いていた。彼らの言う「線の民《ライン・ピープル》」のほとんどが、生命の輪の中でどう生きるかについて何も知らない。ブッシュマンの長老たちは、このことにはっきり気づいている。現代人は、つなぐ働きをする糸を切ってきたのだ。「円の民《サークル・ピープル》」であるブッシュマンは、私たちが目覚め、彼らのヒーリングダンスに加わり、生き方を修正するのを辛抱強く待っている。

この文章を私は、カラハリで男女のシャーマンに囲まれながら書いている。ブッシュマンの未来にとって最も大切なのは、彼らの伝統を生かし続けることだと彼らは言っている。

「我々の真実の光を維持するためには、次の世代のシャーマンが必要だ。」とツォンタは断言する。

「ダンスをとってしまったら私たちには何も残らない。」と年配の女性はつけ加えた。

彼らは、ブッシュマンの医学校を作ってほしいと言っている。まず、スピリチュアルな知識を蓄えておく場所からだ。私たちは、リンギングロックス財団の資金援助と、旅行業を営む親友パディ・ヒルの協力のもとで、このための小屋を村に作ることにしている。そして機材を用意して、生き残っているすべてのブッシュマン・シャーマンが語る証言・物語・教えをデジタルビデオに撮る。小屋には太陽電池パネルを設置して、ＤＶＤプレーヤーを置き、ブッシュマン・シャーマンの教えを収録したＤＶＤライブラリーを備える。

内的な火、偉大な火に関する太古の知識を、将来それを求める人のために保存しておくのだ。ブッシュマンたちはこの場所を「タラ・ジュア」と呼んでいる。それは、「震える家」という意味だ。

本書の収益は、今も生きているブッシュマンのヒーリングの伝統を次代に伝えるために役立てられる。カラハリに燃えるスピリチュアルな火を守り続ける活動に、読者の皆さんも参加していただきたい。

ブッシュマンの村の近くに張ったテントで寝ている。外の物音で目が覚める。木の枝が折れる音だ。入口のフラップを開けて外を覗くと、満月の光の下で、十分に発達した牙をもつ大きなゾウがまっすぐこちらを見ている。その鼻に触れるぐらいの近さだったが、私は動かず、ゾウも動かない。私たちの目はつながり、互いにロックされたように動きを止める。ゾウに聞く。

「あなたが夢を届けてくれているのか?」

ゾウは右の前足を挙げて肯定するように地面をたたき、小さな土煙をあげる。我々は再び見つめあい、この瞬間に生じた関係に、生き生きと拍動する震動を感じる。突然、ゾウはきびすを返して、はるかな地平線に向かって静かに歩き始め、闇の彼方に消えていった。

再び眠りに落ちて、このゾウの夢を見る。

ゾウは、私がカラハリに自分のふるさとを見つけたことを告げる。
「ここにいるのは信頼できる人たちだ。『原初の存在』とつながる彼らは、最も早期の記憶を呼び覚ましてくれる。あなたがここにいるのは、それがあなたの運命だからだ。ブッシュマンとともに過ごし、彼らのスピリチュアルな営みの内側にいることを、自分の運命として受け入れなさい。そして、学んだことをみんなに伝えなさい。ブッシュマンとして生き、あなたが得たスピリットの富を人々に分かちなさい。」

手拍子が始まり、歌が始まり、それに合わせて前へ後ろへとラインが伸びる。私はロープの方へ行く。闇と光が織りなす世界への新たな巡礼のために……。先祖たちはダンスし、教え、癒し、壊れてしまった心、落胆した魂を癒す。私は闇に向かって進んで行く。光に満ちた洗礼を再び受けるために……。

目を覚まし、長い年月の間にブッシュマンの長老たちから学んださまざまの言葉を思い出す。「あなたの肌は我々の肌と同じ色だ」、「我々はあなたを愛し、あなたとダンスするのを夢見る」、「我々は同じロープの上にいる」、「大いなる神を愛する我々の方法を、あなたのところに来る人たちに教えてあげてほしい」、「我々が円の民《サークル・ピープル》であることを人々に知らせてほしい。」

優しい雨のような涙が頬を伝わる。私は再び眠りにおちる。カラハリのドリームタイムから決して立ち去らないことを誓いながら……。

訳者あとがき

ブッシュマンとキーニー氏

ブッシュマン・シャーマンは、アフリカ南部のカラハリ砂漠とその周辺に住むブッシュマンの伝統的ヒーラーをさす。他方では、彼らから「人から教わる必要のない（神から直接教わる）偉大なブッシュマン・シャーマン」と認められた著者キーニー氏自身のことでもある。それに至るまでの歩みが生い立ちから順に記された本書は、キーニー氏の半生の自伝でもある。

ブッシュマンは、アフリカ大陸の最も古い住人と言われているが、最近の遺伝子研究でも、ブッシュマンが現存する人類の中で最も古いミトコンドリア遺伝子をもつことが明らかにされている（文献1）。ローレンス・ファン・デル・ポストがブッシュマンを求めてカラハリ砂漠を探検したドキュメンタリー映画 *The Lost World of the Kalahari* が公開されたのは、一九五六年だった。その当時、二十世紀中頃には、ほとんどのブッシュマンは白人や黒人に雇われるなど他の文化の影響のもとで暮らしており、伝統的な狩猟採集生活を続けていたのは五千人程度だったという（文献2）。それから半世紀あまりを経て、現代文明が世界の隅々にまで浸透しつつある現在、彼らの伝統的な生活や文化は、それを実際に生きた人々の高齢化とともに急速に失われようとしている。そのようななかで、古来のヒーリングの伝統に深く入り込み、その詳細を伝えるキーニー氏の仕事の意義は大きい。

キーニー氏は、ブッシュマン以外にも世界各地のシャーマンと交流している。本書によれば、彼はどこに行ってもまっすぐその伝統の核心に導かれて行く。シャーマンとしてのたぐいまれな素質をもつキーニー氏は、とびきりすぐれた思考力・表現力をも駆使して、シャーマンの内的世界をわかりやすく、そして詳細に私たちに示してくれている。

心理療法家としてのキーニー氏

サイコセラピストであった頃のキーニー氏の著書*Improvisational Therapy*（一九九一年）には邦訳がある（文献3）。その日本語訳に寄せられたキーニー氏の言葉に次の一節がある。

「その場にふさわしく（そして臨機応変の才にあふれて）在るために、おのが心を無にすることの逆説は、日本人の生活と精神性のなかではよく知られています。」

キーニー氏は、私たちも忘れかけているような、このような日本人の心性に着目しておられた。『即興心理療法』の最後に、心理療法家の岡堂哲雄氏と訳者の亀口憲治氏が、対談でキーニー氏を紹介されている。岡堂氏は、家族療法の主要な雑誌『ファミリー・プロセス』誌に一九七九年に載った論文で、初めてキーニー氏の名前を知ったという。当時、キーニー氏は二十八歳。その論文は、「伝統的な医学モデルとは別の診断パラダイムとして、サイバネティクス、生態学（エコロジー）、システム論に準拠する生体機構論（エコシステミック・エピステモロジー）」を提唱したものだった。この論文に続いて一九八〇年代初期に家族療法の代表的な学術雑誌に発表された一連の論文が注目され、キーニー氏は早くも三十歳代前半から世界各国で招待講演やワークショップを行うようになった。一方、亀口氏は、キーニー氏の著書*Mind in Therapy*（一九八五年）について、「オルガ・シルバースタイン、ジョン・ウィークランド、ジェイ・ヘイリー、サルバドール・ミニューチン、ルイジ・ボスコロら、名だたる治療者の臨床事例を、博士独自の視点で分析し、家族療法を中心として心理療法に共通する治療的エッセンスを見事に抽出して見せ」ており、「名人芸の奥の手をのぞかせてもらったという印象」を受けたと評しておられる。

『即興心理療法』が出版された一九九一年の十月、当時四十歳だったキーニー氏は、日本家族心理学会十周年家族療法セミナーで招待講演をしたあと、大隅伊久子氏と会い、やがて心理療法の世界から姿を消して、世界各地の伝統的ヒーラーと交流をかさねることになる。

本書との出会い

ここで訳者の本書との出会いを記させていただく。

一九九〇年頃、アフリカに留学している日本の心理療法家がいるという噂を耳にしたことがあった。その心理療法家、井上亮先生（当時大阪女子大学助教授）が、一九九一年九月に、カメルーンに一年間滞在して行った呪術師のフィールドワークの報告会をされた。講演を聞いた私は、現代の常識を超えた不可思議な世界に興味をそそられた（文献4）。井上先生は二〇〇二年に亡くなられたが、遺品から二つの講演の録音テープをお借りすることができ、カメルーンにおける呪術の概要を知ることができた。今なお行われている呪術もいろいろあるが、いくつかの呪術は何世代か前に失われてしまったという。カメルーンよりも現代文明の影響を受けていないところなら、そういう呪術もまだ生きているのだろうか——と考えてブッシュマンを思い出した。一九九三年夏にナミビアのブッシュマンランドを訪ねたことがあり、郷愁を感じさせる彼らの風貌が、記憶の底から蘇ってきた。

二〇〇四年暮れと二〇〇五年の夏、休暇を利用してボツワナに数日滞在したが、ブッシュマン・ドクターに会うことはできなかった。そんな二〇〇五年夏の旅の帰りに、ヨハネスブルグの大きな書店で店員が嬉しそうに持ってきてくれたのが本書だった。旅では果たせなかったブッシュマン・シャーマンとの遭遇であった。機中で読み始めると目を離せなくなり、日本に到着するまでのほとんどの時間をこの本と向き合って過ごした。英文の理解には限界があったが、知りたいと思っていたことが想像をはるかに超えたところまで書かれていると感じた。

キーニー氏の現在のフィールドがナミビアであることに気づき、二〇〇七年夏、かつてのブッシュマンランド、現在のニャエニャエ保護区を再訪した。そこで複数の人から聞くことができたキーニー氏の噂は次のようなものであった。

「白人のドクターがときどき来る。彼は我々と同じぐらい強いパワーをもっている」、「彼は握手のときからすでに震えている。お金を要求したブッシュマンと握手して、震動でその男を地面に倒してしまった」、「彼は車でドクターを集めてまわり、みんなで一緒にダンスして帰って行く」、「村人たちは彼が来るのを楽しみにしている」。

私もいくつかの村でヒーリングダンスを経験することができた。最後の日に訪れた村では、ダンスを依頼したときに、「私に手を当ててほしい」と頼んでおいた。女性たちの甲高い歌声に包まれながら夜遅くまで続いたダンスの最後に、三人のドクターが一緒になって私の背中や腹に震える手を当ててくれた。そのときは、ひとりのドクターの手が熱いのを感じた程度だったが、三人の手が離れたあとふと気づくと、私の両腕がドクターたちのように細かく震えていた。その夜中、テントの中で目を覚ましたとき、胴体と手足の内部が細かくうごめいているような、震動しているような、これまでに経験したことのない感覚を感じた……。

ボツワナのブッシュマン事情

キーニー氏は、一九九九年頃を境にフィールドをボツワナからナミビアに移しておられるが、これと関連すると思われるボツワナの事情について触れておきたい。

ボツワナのまん中に位置する中央カラハリ動物保護区は一九六一年に制定されたが、当時は、野生動物の保護とともに、ブッシュマンの狩猟採集生活を守る目的も含まれていたという。一九六六年に独立したボツワナ政府は、一九七四年に「ブッシュマン開発計画」を立ち上げた（一九七八年に「遠隔地開発計画」に改称）。これは、ブッシュマンにも他のボツワナ国民と同様の生活を提供しようというもので、一九七六年より、中央カラハリ動物保護区内の数か所で水や食料の供給による定住化が図られた。しかし一九八六年には、ブッシュマンを同保護区の外に移住させる方針に変更され、一九九七年、政府が用意した「再定住地」への大規模な移住が敢行された。二〇〇二年には、保護区内での水や食料の配給が停止され、残っていたブッシュマンもほとんどが再定住地への移住を余儀なくされた（文献5）。

その後、居住権をめぐってボツワナ政府との間で争われた裁判は、二〇〇六年十二月にブッシュマンが勝訴した。しかし、その後も水の供給は停止されたままだという。保護区外への再定住化政策の背景として、ボツワナ政府は、ブッシュマンが保護区内で家畜を飼うようになったことや、土地の領有権争いが生じたことをあげている。しかし他方では、一九八〇年に同保護区内のホーペで金鉱が発見されており、国際的な人権団体は、先住民の居住権問題として注目している。

翻訳にあたって

「ブッシュマン」という言葉は植民地支配者がつけた差別的な呼称のため、一部の研究者によって、「サン」という名称が推奨されている。しかしこの「サン」も、実は、「コイサン」のうちの「コイ」の人たちが、「家畜をもたない人」という意味で差別的に使った他称だという。他方、複数のグループからなる彼らは、統一的な自称をもっていない。最近は彼ら自身が、差別的な意味合いはなくなったとして「ブッシュマン」という名前を好む傾向にあるという（文献5、6）。さらに、この言葉を使っているキーニー氏は、彼らの価値を誰よりも高く評価し、最大の敬意と愛情を抱いている人である。このようなことから、本書では、原著者が使っている言葉「ブッシュマン」をそのまま採用した。

ブッシュマンの使うクリックは舌を鳴らすような「音」で、これが彼らの会話の中に頻繁に聞こえるが、慣れないうちは、とても「言葉」とは思えない。クリックは、ローマ字表記では、「!」「/」「//」「≠」と記される。そのような「音」を日本語に変換することは不可能だが、訳文中にこれらの記号を使って表示するのも不自然であり、本書では、無理に「ツ」や「ズ」を当てはめた。したがって、ブッシュマンの名前や単語の表記には、実際の発音とは異なるものがあることをお断りしておく。

本書のキーワードのひとつである circular という言葉に対して、多くは「円環的」と訳し、一部で「循環的」と訳したが、この言葉に託された意味が伝わりにくいかもしれない。家族療法に関して、「円環的、あるいは、相互作用的診断（circular, or interactional, diagnosis）」との記載があるが（本書41ページ）、circular には、「双方向に作用を及ぼしあう状態がいつまでも続く（そのようにして変化し続ける）」という意味合いが含まれているように思われる。また、wheel は「輪」と訳したが、この言葉にも同様の意味が込められていると思われる。

謝辞

最後に、夢をもつことが難しいこの時代に、とんでもない夢に導いていただいた故井上亮先生に心より感謝いたします。また、本書の訳出にあたり多くの御教示をいただいた新田準氏に、また、出版を快く引き受けていただき、すみやかに作業を進めていただいたコスモス・ライブラリーの大野純一氏に厚く御礼申し上げます。

訳者あとがきの参考文献

1 スティーヴン・オッペンハイマー著　仲村明子訳『人類の足跡10万年全史』草思社、二〇〇七年
2 田中二郎著『最後の狩猟採集民――歴史の流れとブッシュマン』どうぶつ社、一九九四年
3 ブラッドフォード・キーニー著・亀口憲治訳『即興心理療法――創造的臨床技法のすすめ』垣内出版、一九九二年
4 井上亮著『心理療法とシャーマニズム』創元社、二〇〇六年
5 丸山淳子著『変化を生き抜くブッシュマン――開発政策と先住民運動のはざまで』世界思想社、二〇一〇年
6 Blundell G (Ed.): *Origins: The Story of the Emergence of Humans and Humanity in Africa*. Double Story Books, 2006

著作一覧（ほぼ出版年順）

Aesthetics of Change, New York: The Guilford Press, 1983 (Behavioral Science Book Club Selection; cited as one of the major sources on cybernetics in the Encyclopedia of Artificial Intelligence; also published in German, Italian, Spanish, and Portuguese; paperback edition published 2003)

Diagnosis and Assessment in Family Therapy (Editor), Rockville, Maryland: Aspen Systems, 1983

Mind in Therapy: Constructing Systemic Family Therapies (with Jeffrey Ross), New York: Basic Books, 1985 (also published in German, Spanish, and Italian)

The Therapeutic Voice of Olga Silverstein (with Olga Silverstein), New York: The Guilford Press, 1986 (also published in German, Spanish, and Italian).

Constructing Therapeutic Realities, Dortmund, Germany: Verlag fur Modernes Lernen, 1987

Gregory Bateson and Bradford Keeney, Kultur und Spiel Suhrkamp, Ffm., 1988

The Systemic Therapist, Volumes I & II (Editor), St. Paul: Systemic Therapy Press, 1990

Improvisational Therapy: A Practical Guide for Creative Clinical Strategies, New York: The Guilford Press, 1991 (Behavioral Science Book Club and Newbridge Book Club selections, 1992; also published in German, Spanish, Portuguese, Italian, and Japanese.)（亀口憲治訳『即興心理療法：創造的臨床技法のすすめ』垣内出版、一九九二年）

Resource Focused Therapy (with Wendel Ray), London: Karnac Books (U.S. distribution by Brunner Mazel), 1993

Shaking Out the Spirits, New York: Station Hill Press, 1995

The Lunatic Guide to the David Letterman Show (Experiments with Absurd Social Interventions), New York: Station Hill Press, 1995

Crazy Wisdom Tales, New York: Barrytown Press, 1995

Everyday Soul, New York: Riverhead/Putnam, 1996 (also published in Australia, New Zealand, China, and Brazil)

The Energy Break (The Practice of Autokinetics), New York: Golden Books, 1998 (also published in Ireland, Germany, Indonesia, and Spain)

■ **Profiles of Healing Series** (1999-2006)

Kalahari Bushmen Healers, Philadelphia: Ringing Rocks Press and Leete's Island Books, 1999.

Ikuko Osumi, Sensei: Japanese Master of Seiki Jutsu, Philadelphia: Ringing Rocks Press and Leete's Island Books, 1999.

Gary Holy Bull: Lakota Yuwipi Man, Philadelphia: Ringing Rocks Press and Leete's Island Books, 1999.

Guarani Shamans of the Forest, Philadelphia: Ringing Rocks Press and Leete's Island Books, 2000.

Walking Thunder: Dine Medicine Woman, Philadelphia: Ringing Rocks Press and Leete's Island Books,

2001.

Vusamazulu Credo Mutwa: Zulu High Sanusi, Philadelphia: Ringing Rocks Press and Leete's Island Books, 2001.

Shakers of St. Vincent, Philadelphia: Ringing Rocks Press and Leete's Island Books, 2002.

Ropes to God: The Bushman Spiritual Universe, Philadelphia: Ringing Rocks Press and Leete's Island Books, 2002.

Brazilian Hands of Faith, Philadelphia: Ringing Rocks Press and Leete's Island Books, 2003.

Balians: Traditional Healers of Bali (with Wayan Budiasa), , Philadelphia: Ringing Rocks Press and Leete's Island Books, 2004.

Milton H. Erickson, M.D.: An American Healer (with Betty Alice Erickson),, Philadelphia: Ringing Rocks Press and Leete's Island Books, 2006 [Winner of the Best Spiritual Book of 2006 Award in the category of psychology, SpiritualityandPractice.com].

American Shaman: An Odyssey of Global Healing Traditions (Biography of Bradford Keeney written by Jeffrey Kottler and Jon Carlson), New York: Brunner-Routledge, 2004 [Winner of the Best Spiritual Book of 2004 Award in the category of shamanism, Spirituality and Health magazine.]

Bushman Shaman: Awakening the Spirit through Ecstatic Dance, Rochester, Vermont: Destiny Books, 2005.

Shamanic Christianity: The Direct Experience of Mystical Communion, Rochester, Vermont: Destiny Books, 2006 [Winner of a Best Spiritual Book of 2006 Award, Spirituality & Health magazine and winner of the Best Spiritual Book of 2006 Award in the category of imagination, SpiritualityandPractice.com.]

Shaking Medicine: The Healing Power of Ecstatic Movement, Rochester, Vermont: Inner Traditions, 2007.

The Creative Therapist: The Art of Awakening a Session, New York: Routledge, 2009

The Bushman Way of Tracking God: The Original Spirituality of the Kalahari People, New York: Atria Books/Beyond Words, 2010

The Flying Drum: The Mojo Doctor's Guide to Creating Magic in Your Life, New York: Atria Books/Beyond Words, 2011

Circular Therapeutics: Giving Therapy a Healing Heart, Phoenix: Zeig, Tucker, and Theisen, 2012

Creative Therapeutic Technique, Phoenix: Zeig, Tucker, and Theisen, 2013

Seiki Jutsu: The Practice of Non-Subtle Energy Medicine, Healing Arts Press (March 24, 2014)

著者／訳者プロフィール

■著者――ブラッドフォード・キーニー（Bradford Keeney）

一九五一年生まれのアメリカ人心理療法家。十九歳のときの強烈な神秘体験が、その後の人生を決定づけた。若いころからグレゴリー・ベイトソンと親交をもち、三十歳代前半には家族療法の分野で頭角を現したが、四十歳を過ぎた頃に心理学の世界から姿を消して世界各地の伝統的ヒーラーと交流を重ね、行く先々で能力の高いヒーラーとして認められた。なかでも、ブッシュマンと日本の「生気術」の大隅伊久子氏からは後継者の任を託されている。現在は、音楽やシャーマン的手法を駆使した独自の方法で、ワークショップや治療を行っている。流麗なピアノ演奏と力強いドラムは、聞く人の心（と体）を動かす。

著書：*Aesthetics of Change*（1983）、*Improvisational Therapy*(1991)(邦訳：亀口憲治訳『即興心理療法：創造的臨床技法のすすめ』垣内出版、一九九二年）、*The Energy Break (The Practice of Autokinetics)*（1998）、*Profiles of Healing Series*（1999～2006）（全十一冊、アフリカ・南北アメリカ・日本・バリの伝統的ヒーラーからミルトン・エリクソンまで、選りすぐったヒーラーを写真と音声もまじえて紹介）、*Shamanic Christianity*（2006）、*Shaking Medicine*（2007）、*Bushman Way of Tracking God*（2010）、*Creative Therapeutic Technique*（2013）、*Seiki Jutsu*（2014）など多数。

■**訳者——松永秀典**（まつながひでのり）

大阪生まれ。大阪大学医学部卒業。医学博士。総合病院精神科に勤務しながら、精神疾患の内分泌学的病態や、精神疾患とウイルス感染との関連を調べる臨床研究を行う。心理療法への関心からアフリカの伝統医にも興味を広げ、二〇〇五年夏にボツワナを訪ねた際に本書と出会った。
訳書：『精神科救急ハンドブック』（共訳、星和書店）、『旅行者のためのマラリアハンドブック』（凱風社）。
主要論文：*Isotype analysis of human anti-Borna disease virus antibodies in Japanese psychiatric and general population* (Journal of Clinical Virology, 2008)

訳書：『精神科救急ハンドブック』(共訳、星和書店)、『旅行者のためのマラリアハンドブック』(凱風社)。

主要論文：*Isotype analysis of human anti-Borna disease virus antibodies in Japanese psychiatric and general population* (Journal of Clinical Virology, 2008)

「コスモス・ライブラリー」のめざすもの

古代ギリシャのピュタゴラス学派にとって〈コスモス Kosmos〉とは、現代人が思い浮かべるようなたんなる物理的宇宙（cosmos）ではなく、物質から心および神にまで至る存在の全領域が豊かに織り込まれた〈全体〉を意味していた。が、物質還元主義の科学とそれが生み出した技術と対応した産業主義の急速な発達とともに、もっぱら五官に隷属するものだけが重視され、人間のかけがえのない一半を形づくる精神界は悲惨なまでに忘却されようとしている。しかし、自然の無限の浄化力と無尽蔵の資源という、ありえない仮定の上に営まれてきた産業主義は、いま社会主義経済も自由主義経済もともに、当然ながら深刻な環境破壊と精神・心の荒廃というつけを負わされ、それを克服する本当の意味で「持続可能な」社会のビジョンを提示できぬまま、立ちすくんでいるかに見える。

環境問題だけをとっても、真の解決には、科学技術的な取組みだけではなく、それを内面から支える新たな環境倫理の確立が急務であり、それには、環境・自然と人間との深い一体感、環境を破壊することは自分自身を破壊することにほかならないことを、観念ではなく実感として把握しうる精神性、真の宗教性、さらに言えば〈霊性〉が不可欠である。が、そうした深い内面的変容は、これまでごく限られた宗教者、覚者、賢者たちにおいて実現されるにとどまり、また文化や宗教の枠に阻まれて、人類全体の進路を決める大きな潮流をなすには至っていない。

「コスモス・ライブラリー」の創設には、東西・新旧の知恵の書の紹介を通じて、失われた〈コスモス〉の自覚を回復したい、様々な英知の合流した大きな潮流の形成に寄与したいという切実な願いがこめられている。そのような思いの実現は、いうまでもなく心ある読者の幅広い支援なしにはありえない。来るべき世紀に向け、破壊と暗黒ではなく、英知と洞察と深い慈愛に満ちた世界が実現されることを願って、「コスモス・ライブラリー」は読者と共に歩み続けたい。

ブッシュマン・シャーマン
エクスタティックなダンスでスピリットを呼び覚ます

©2015　　訳者　松永秀典

2015年3月19日　　第1刷発行

発行所　㈲コスモス・ライブラリー
発行者　大野純一
〒113-0033　東京都文京区本郷 3-23-5　ハイシティ本郷 204
電話：03-3813-8726　Fax：03-5684-8705
郵便振替：00110-1-112214
E-mail：kosmos-aeon@tcn-catv.ne.jp
http://www.kosmos-lby.com/
装幀　瀬川　潔
発売所　㈱星雲社
〒112-0012　東京都文京区大塚 3-21-10
電話：03-3947-1021　Fax：03-3947-1617
印刷／製本　シナノ印刷㈱
ISBN978-4-434-20450-0 C0011
定価はカバー等に表示してあります。